中国高等学校课程和教学的建设与改革研究

◎ 陈小红　马凤岐　王伟廉　著

广东高等教育出版社
Guangdong Higher Education Press

广州

图书在版编目（CIP）数据

中国高等学校课程和教学的建设与改革研究/陈小红，马凤岐，王伟廉著. —广州：广东高等教育出版社，2012.12
ISBN 978-7-5361-4586-3

Ⅰ.①中… Ⅱ.①陈…②马…③王… Ⅲ.①高等学校-课程建设-研究-中国 ②高等学校-课程改革-研究-中国 Ⅳ.①G642.3

中国版本图书馆 CIP 数据核字（2012）第 272446 号

广东高等教育出版社出版发行
地址：广州市天河区林和西横路
邮编：510500　　电话：（020）87553335
广州市穗彩彩印厂印刷
开本：787 毫米×1092 毫米　1/16　印张：15　字数：315 千字
2012 年 12 月第 1 版　2012 年 12 月第 1 次印刷
定价：39.00 元

前 言

新中国成立60年，是我们不断探索中国特色高等教育发展道路的60年。我国高等教育成绩很大，也犯过不少错误。课程和教学是高等教育的核心工作，到目前为止，在这个领域积累了很多研究资料，但系统的分析和总结不多，这本书希望能在这个方面做一些工作。

所以，本书的目标不是提供详细的历史文献，而是立足我国高等学校课程和教学工作中的重要问题，尤其是当前遇到的现实问题，回溯这些问题的历史发展，以便更深入地了解和更深刻地理解这些问题。在对这些问题的分析中，我们不避讳现在的认识和实践的影响，不准备特别考虑采用“同情性的理解”方式。这或许不是非常专业的历史研究的方法，也可能对历史事件的评价有失公允，但这可以让我们看到历史的现实性。

立足今天的实践，在60年的历史中，我们也可以看到很多很重要的问题，这些问题都有一段跌宕的历史。例如，高等教育的培养目标，经历了从培养高度专门化人才，到培养具有多方面才能的通才，再到强调全面素质教育和通识教育的过程，高等学校的专业设置也经历了从专门化到宽口径的过程；在高等学校的课程结构方面，我们可以看到专门化课程和必修课程比例不断降低，一般教育课程和选课课程比例不断提高；高等学校的教学方法，从强调教师、课堂教学和理论知识的重要性，到完全否定系统知识的重要性，以“典型产品和工艺”组织教学，以实际工作代替教学，再到强调理论与实践的有机结合，培养学生的自主学习能力、实践能力、创新能力；课程与教学的管理方式，新中国成立初期实行中央政府统一管理，1958年“教育革命”中提出群众路线，1962年恢复统一管理，“文化大革命”则将群众路线推向了高潮，1977年又开始恢复1962年的管理方式，1985年之后逐渐地向高等学校下放管理权；课程研究，经历了从经验主导到理论探索、理论初建和发展几个阶段，课程的编制和评价逐渐进入科学研究的视野；我国高等教育是在学习外国经验的基础上建立起来的，新中国成立初期学习苏联，1957 年开始探索自己的道路，但受到政治因素的影响，当时的探索并不成功，改革开放之后，开始在学习西方发达国家经验基础上探索中国特色高等教育的道路。

以上问题至今仍然是高等教育中的热点问题，这是我们在本书中对这些问题给予特别关注的原因。

在开始讨论之前，先说明两对概念。

一对概念是“课程”和“教学”。

在我国 20 世纪 80 年代以前的教育文献中，“课程”概念的使用相对较少，概念的含义较狭窄。这是因为我们当时的教育学是以教学论为中心的。按照这种教育学，课堂教学是学校的中心工作，“课程”基本等同于课堂教学内容，指学生在学校学习的所有科目，或者指其中的一个科目。这种教育学的缺点在于，在强调课堂教学的重要性的同时，忽视了课堂之外的其他活动的重要性。

20 世纪 80 年代以后，我国逐渐引入西方教育学，提高了“课程”的概念重要性，课程的含义也扩展了，课程不再限于指学生在学校学习的所有科目，而是指学校为实现教育目标而有计划地设计并要求学生参与的所有活动，包括课堂教学的各科目（及其目的、内容、范围、分量和进程）、有意安排的各种有教育意义的活动，再扩展一点，课程还可以指学校为学生发展而营造的所有环境。

按照这个思路，课程概念高于教学概念。课程是学校实现培养目标的总的计划和方案，而课堂教学是实现这个方案中一部分内容（教学科目）的活动。学校培养人的活动中，在系统知识传授之外，其他一些活动和安排也是非常重要的。

高等学校不仅要教给学生专业知识和训练他们的专业技能，而且要培养他们的合作精神、社会责任感，培养他们的组织和领导能力。后者与前者同样重要。对于专业知识的学习，课堂教学可能是最有效的途径，而对于合作精神和社会责任感的培养、组织能力和领导能力的培养，课外活动可能比课堂教学更为有效。过去我们重视课堂教学而忽视对学生课外活动的安排，这是片面的。学校课程不仅通过课堂教学完成，也要通过课外活动来完成。

可以看出，课程概念可以完整地涵盖学校培养人的全部活动，使全部活动都受到重视，并得到恰当的安排，而教学概念很难做到这一点。所以，以“课程”取代“教学”作为学校教育工作的核心概念，具有显著的理论意义和实践意义。

但在当前，尽管教育学教科书中已经用“课程计划”代替了“教学计划”，用“课程标准”代替了“教学大纲”，但在高等教育文献中，尤其是在政府和学校的文件中，仍然较多使用“教学计划”、“教学大纲”等概念。鉴于这种情况，本书并未对几个概念严格区分。“教学”与“课程实施”，“教学内容”与“课程内容”，“教学计划”与“课程计划”、“培养方案”有时会交替使用，因为历史上就是这样使用的。教学计划、教学大纲和教科书，在很长时期里被人们使用，现在想一下子用“课程计划”、“课程标准”这样一套东西全部替换也很难。

另外一对概念是“学科”和“专业”。

“学科”是知识分类的结果，对于这一点，人们并无异议。在高等学校，学科建设是一项重要工作，学科建设的主要内容，包括各学科的人员队伍建设、研究条件建设等，主要成果表现为在一些学科领域取得重要的科学研究成果，一些学科在同行中有很高的声誉，以及作为高级人才培养基地的硕士点和博士点数量多，布局合理等。

“专业”（специальность）是20世纪50年代初从苏联引进的概念。当时的教育部副部长曾昭抡在《人民教育》撰文专门解释“专业”概念：“‘专业’是一行专门职业或一种专长。按照苏联高等教育制度，‘专业’是培养高级专门人才的目标……每种专业，各有一套具体的教学计划，按照这种经过慎重考虑的教学计划去学习，学生毕业后，即可成为那一门的专家，立即可以担任起工程师或其他相当的职务……政府按照国家经济、文教、政法等各方面建设的需要，决定全国应该设置的专业。”①

可以看到：当时从苏联引进“专业”的目的，是使高等教育更加直接地适应国家建设的需要，更加直接地适应计划经济的需要；“专业”主要基于社会职业分类，而非基于知识分类或学生的身心发展，专业教育的目标是使学生掌握从事特定社会职业的知识和技能，能够在毕业以后立即适应这种社会职业，课程设置要围绕这个目标。

---

① 曾昭抡．高等学校的“专业”设置问题［M］//陈学飞．中国高等教育研究50年：1949—1999．北京：教育科学出版社，1999：299－300．

这是引进“专业”概念时的基本设想，但在实践中，并非像设想的那样，每个专业都对应一种社会职业。除了社会职业是设置专业的依据之外，知识分类也是设置专业的依据，像中国语言文学、历史学、哲学等文科和物理学、化学、生物学等理科专业。潘懋元、王伟廉两位教授编写的《高等教育学》将专业定义为“课程的一种组织形式”①，很恰当。专业是我国高等学校人才培养的组织方式，高等学校各类人才培养都是以一组课程来完成的，而组织一个专业的课程，可以以相应社会职业的需要为依据，也可以以知识分类为依据。

另一方面，与社会生产生活实践关系直接的知识，一般是按照社会实践的领域、部门或工作范围分类的，比如，机械学、土木建筑学、测绘学、农学、林学、环境保护学、预防医学、会计学等，在这些方面，高等学校的专业设置即使以社会职业为依据，与学科也基本重合。不过在以培养适应专门工作人才的专业的课程设置中，可能需要包括不属于本学科核心知识的其他学科的一些知识，比如，在机械学专业课程中，高等数学很重要，在土木建筑学专业课程中，除了高等数学，力学也很重要。

作为知识分类的学科，是各专业人才培养的基本支撑，在师资队伍、实验条件等方面，专业建设与学科建设也有很多的重合。

所以，在实际使用中，学科与专业的区分是很有限的。教育部公布的《普通高等学校本科专业目录》中，这两个概念是混合使用的。比如1998年的专业目录共列11个学科门类，下设71个二级类（相当于一级学科），249个专业。本书对“学科”和“专业”两个概念，基本上不作区分，这符合我国高等教育领域对这两个概念的使用习惯。

但需要指出的是，我国高等学校中的“专业”与美国高等学校中的“主修”（major）有显著的不同。国内高等教育工作者经常将美国高等学校中的主修与我国高等学校中的专业相提并论，例如，顾明远主编的《教育大辞典》（增订合编本）认为，专业“大体相当于《国际教育标准分类》的课程计划或美国高等学校的主修”②，似乎并非十分准确。

美国高等学校中的主修，有几个特点：第一，灵活和多样化，主修的设置可以以社会职业为导向，或者以知识分类为导向（但一些主修是跨学

① 潘懋元，王伟廉．高等教育学［M］．福州：福建教育出版社，1995：128.

② 顾明远．教育大辞典（增订合编本）［M］．上海：上海教育出版社，1998：2 127－2 128.

科的），也可以以学生个人兴趣为导向，且可以根据学生兴趣和社会职业变化随时调整。第二，每个主修的学习量比较小，甚至小到几十课时，或者几门课，这为学生跨主修学习创造了条件。第三，美国高等学校中的集中在特定领域的主修，与学校提供的一般教育（或通识教育）不是截然分开的。一般教育的一些课程为主修提供基础性学习，而主修课程也要实现一般教育的目标。在主要的研究型大学，本科教育的基本任务是为学生提供通识教育，通识教育包括一些普通课程，比如，核心课程和选修课程，与这些一般课程相配合，通常要求学生根据自己的兴趣和个人目标，在学校提供的学科定向和跨学科领域中，选择一个领域深入学习，使学生掌握科学的思维方式，了解获取知识的方式，学会深入思考的方法，并为学生进一步学习或工作打下基础。这个集中深入学习的领域，就是主修。在这种情况下，主修甚至可以看作通识教育的一部分。

在以上方面，我们都可以看出我国高等学校的专业与美国高等学校的主修的不同。

第一次尝试采用从现实问题回溯历史的方式书写新中国高等学校课程和教学史，可能不专业、不成熟，也可能会有错误，请读者批评指正。

马凤岐

目 录

第三部分　新中国成立60年高等学校课程和教学研究

第一部分

新中国成立60年高等学校课程和教学的建设与改革

第一章　高等学校课程和教学的发展历史

第一节　新中国成立到“文化大革命”前

一、高等学校课程和教学的指导思想

1949 年 9 月 21—30 日，中国人民政治协商会议第一届全体会议在北京举行，会议通过了当时具有宪法性质的《中国人民政治协商会议共同纲领》(简称《共同纲领》)。《共同纲领》第五章“文化教育政策”规定：“中华人民共和国的文化教育为新民主主义的，即民族的、科学的、大众的文化教育”，“中华人民共和国的教育方法为理论与实际相一致。人民政府应有计划有步骤地改革旧的教育制度、教育内容和教学法”，“以应革命工作和国家建设工作的广泛需要”。这些要求成为 20 世纪 50 年代高等学校课程和教学的基本指导思想。

按照这个指导思想，确定当时高等教育的主要任务是适应国家工业化的需要，而具体的措施是学习苏联国家统一管理的“专业教育”模式。宏观上，国家统一确定高等学校人才培养目标与要求，统一确定学科、专业，统一招生、统一培养直至统一分配，统管人才培养的全过程。微观上，统一教学模式，从教学计划的制订、教学大纲的编写、教材的编写和选用、教学方式的选择等，都是由教育行政部门统一管理。

1956 年，社会主义改造基本结束，我国开始独立探索，在高等教育领域，逐渐离开苏联模式。在课程和教学指导思想方面的主要变化是，将各专业统一教学计划和教学大纲，改为参考性文件；提高生产劳动在高等学校教育工作中的重要性。但是，由于在高等学校教育工作中师生参加生产劳动过多，造成教育质量的下降，1961 年开始，又重新强调课堂教学的重要性。

1966 年“文化大革命”运动爆发，八届十一中全会通过的《中共中央关于无产阶级文化大革命的决定》(又称《十六条》)的第 10 条专门谈“教育革命”，规定“改革旧的教育制度，改革旧的教学方针和方法是这场无产阶级文化大革命的一个极其重要的任务”。我国高等学校从一开始就被卷入了这场席卷全国声势浩大的政治运动，学校秩序也因此陷入了极度混乱中。

二、高等学校的课程设置与编制

新中国成立前，我国高等学校只设系科，不分专业。新中国成立后，我国高等学校仿照苏联高等学校按专业培养专门人才，废除原有系科，设置专业。“专业”就是一行专门职业或一种专长。按照苏联高等教育制度，设定“专业”是为了培养高级专门人才。1952 年，我国基本上采用了苏联高等学校的专业目录，开始按专业培养专门人才。1953 年，全国高等学校设置专业 215 种，1957 年扩大到 323 种。这一时期的专业设置趋向于越分越细，但与经济建设的需要联系比较紧密。新的“专业”设置制度，使高等学校培养专门人才的目的性更为明确，教学的组织领导也更为科学合理，教学的效果更能贯彻理论联系实际的原则。①

全面学习苏联后，高等学校按专业培养人才，专业的培养目标是由教学计划来实现的。当时，人们普遍认为制订全国统一的教学计划是教学改革中的首要工作，是保证教学质量的重要步骤之一。

1952—1955 年，我国高等学校以苏联高等学校的教学计划为“蓝本”，将苏联五年的教学内容和安排，精简和压缩在四年内，制订出我国的本科专业教学计划。具体情况是，从 1953 年开始，我国高等学校开始学习苏联，实行按专业培养高级科学技术人才。1954 年 3 月 17 日，高等教育部发出《关于修订高等工业学校四年制本科及二年制专修科各专业统一教学计划的通知》，提出本科四年制的培养目标为“工程师”，二年制专修科的培养目标为“高级技术员”。后来，在实践中发现，四年培养“工程师”的目标使学生负担过重，难以实现，于是 1955 年 5 月 19 日，全国文化教育工作会议确定高等工业学校改为五年制。而在此前，在苏联专家指导下，高等教育部分别委托各有关学校参照苏联相关专业的教学计划，制订和颁发本科及专科教学计划 193 种，其中工科 119 种（本科 89 种、专科 30 种）、理科 11 种、农科 19 种、医科 5 种、文科 5 种、政法 2 种、财经 12 种、师范 20 种。

由于不少专业的教学计划是参照苏联相关专业五年制教学计划制订的，加上我国高等教育基础薄弱，在实践中出现了教师工作负担和学生学习负担过重的问题。从 1956 年起，高等教育部要求对教学计划进行适当精简，减少课程门数与学时数；专业和专门化的辅助课程或改为加选课或改为讲座；有的专业和专门化课程可改为加选课或选修课；过多的课程设置和课程作业适当地减少。这些要求旨在解决高等学校学生学习负担过重，

① 曾昭抡．高等学校的“专业”设置问题［J］．人民教育，1952（9）．

知识面窄，独立思考和独立工作能力不强的问题。1958 年开始的“教育革命”[①] 中劳动课程和政治课程大量增加，基础课程和业务课程大量缩减，甚至“以劳动代教学”，造成高等学校教育质量严重下降。1961 年中央提出实行“调整、巩固、充实、提高”的方针，同时在文化教育等方面也进行了政策调整。同年 9 月，颁布了《教育部直属高等学校暂行工作条例（草案）》（简称《高等学校六十条》）。《高等学校六十条》试行后，高等教育部对教学计划进行了修订，修订的指导思想总的来说是要切实做到既要提高教学质量，又不使学生负担过重；要遵循“少而精”的原则；要明确课程主次，适当减少总学时、周学时，加强基础理论、基本知识的教学和基本技能的训练；要减少课程门数，将次要的课程改为选修课，适当减少专门组课程的学时，规定专门组的必修课程。1962 年 5 月 24 日的高等工业学校教育工作会议决定采取三个原则性措施：一是削减总学时和周学时的时数，把五年制教学计划的总学时数控制在 3 200 学时以下；二是明确每门课程的基本要求；三是适当增加练习题、实验、绘图、运算、作业等基本技能训练的时间。[②]

教学大纲是教师进行课程教学的主要依据，是规定学生关于各科课程应获得的知识、技能和技巧范围的文件。教学大纲具体规定了各门课程的性质、任务、讲授内容及其深度和广度，规定了各章节的学时分配，规定了实验的次数、内容和要求，规定了教科书、教学参考书及其他参考资料。从 1952 年下半年至 1953 年上半年，高等教育部组织各校教师译出了以工科为主的苏联教学大纲 700 种，分发各校使用。

1954 年底，高教部颁发的综合大学各课程教学大纲拟订方案指出：①拟订教学大纲时，应首先明确该门课程在教学计划中的地位、作用和特点。既要保证该课程的科学系统性，亦须反映出专业的要求，并注意与其他课程之间的衔接与关联。②拟订教学大纲时，要深入学习苏联同一课程或同类性质课程的教学大纲，并需研究各校有关该门课程的教学情况及经验。③教学大纲的内容应具有高度政治思想性，即以马克思列宁主义为指

---

① 1958—1961 年，我国教育领域出现了一场历时三年之久的教育大革命。1958 年 9 月 19 日，中共中央、国务院发出了《关于教育工作的指示》（简称《指示》）。《指示》突出强调了“两条路线之间的斗争”和“克服教育工作中的右倾思想和教条主义思想”，提出大鸣、大放、大字报、大辩论应当成为中等以上学校“普遍和经常的方法”，提出“必须把生产劳动列为正式课程，每个学生必须依照规定参加一定时间的劳动”。在教育事业发展中，提出从大区到省、地、县都要建立比较完整的教育体系，要求在 15 年左右时间内普及高等教育。“教育革命”的主要内容是进行教学改革，坚持教育与生产劳动相结合，开展勤工俭学。

② 刘英杰. 中国教育大事典［M］. 杭州：浙江教育出版社，1993：1 220.

导思想。④教学大纲应贯彻爱国主义与国际主义精神，说明该门科学在中国历史上的发展，正确地反映我国经济上、文化上的特点及我国、苏联和其他人民民主国家在文化、科学的最新成就。⑤有实验的课程应拟订实验大纲。每个教学大纲应注明教学进度，并附有必要的参考书目。[①] 根据以上原则，对教学大纲进行了修改。截至1955年6月高等教育部组织制订并颁发的统一教学大纲有348种，其中工科教学大纲210种，农科教学大纲44种，医科教学大纲57种，理科、文科教学大纲16种，师范教学大纲21种。[②]

1961年以后各专业的教学大纲以《高等学校六十条》为指导，又根据教学计划的修订作了较大修改。实践中，各高等学校按照统一性和灵活性相结合的原则修订教学计划和教学大纲，既克服了之前高等学校在全国实行硬性统一的教学计划和教学大纲中的被动局面，又克服了“教育革命”（1958—1961年）时期将教学计划和教学大纲搁置一旁的缺点。

20世纪五六十年代，我国高等学校参照苏联模式，将课程分为基础课、专业基础课、专业课三个层次。在课程编排上采取了基础课—专业基础课—专业课的“三段式”线形模式。这种课程模式以重视专业教育为其特征。1961年后我国高等学校在课程设置上经过了很大的调整，但依然是“三段式”课程设置模式，不过在课程实施环节上，相对减少了理论课的课时，而加强了实践环节的课时。以1961年新拟订的汉语言文学专业教学方案为例，其中教学时间约占70%，生产劳动时间约占18%，科学研究约占12%。[③]

教材方面，最初是组织教师翻译苏联教材，在短短的几年内把上千种俄文教材翻译成中文，使读者克服语言障碍，掌握各种先进的科学知识，为我国的科学发展打下了良好的基础。从1956年就开始在苏联教材的基础上结合中国实际自己编写教材。有不少大学提出“三结合是编写教材的好方法”，即采用党组织、教师、学生三结合的方法编写教材。

三、高等学校课程的实施

在课程实施上，为了使所培养的专门人才能够符合建设部门的要求，毕业后马上能从事实际工作，新中国成立初期开始，我国高等学校就特别重视生产实习等实践性教学环节。1950年7月28日政务院通过的《教育

---

① 熊明安．中国近现代教学改革史［M］．重庆：重庆教育出版社，1999：427.
② 刘英杰．中国教育大事典［M］．杭州：浙江教育出版社，1993：1 255－1 263.
③ 中国教育年鉴（1949—1981）［M］．北京：中国大百科全书出版社，1984：255.

部关于实施高等学校课程改革的决定》中指出："为促进加强教学与实际结合，高等学校应与政府各业务部门及其所属的企业和机关，建立密切的联系。高等学校的教师应与上述部门的工作、生产和科学研究，做适当的配合；应该有计划地组织学生的实习和参观，并将这种实习和参观，作为教学的重要内容。政府各业务部门为了有效地培植国家建设人才，应以通过教育部，协助高等学校的教学、实习和研究，作为自己部门本身业务的构成部分。"①

从1952年开始，在学习苏联教育过程中，重视实践性教学环节仍然是我国高等学校教学的突出特点之一。1953年5月，马叙伦部长在政务院作了《高等教育部关于高等学校院系调整计划、改进高等学校领导关系和加强高等学校及中等技术学校学生生产实习工作的报告》，提出当时安排所有高等学校学生实习面临实习场所不足的困难，高等学校的领导、教师、学生以及接收学生实习的机关企业要充分认识到实习环节在人才培养中的重要性，对学生实习要统一领导，并妥善解决实习经费问题。② 政务院同日作出了《关于加强高等学校和中等技术学校学生生产实习工作的决定》，指出"高等学校和中等技术学校的生产实习是使学生的理论知识密切联系实际并使学用一致的重要方法之一"，并"责成高等教育部根据本决定精神制定'高等学校与中等技术学校学生生产实习暂行规程'"。1955年11月高等教育部下发了《关于高等学校部分专业初步固定实习场所、编制三年（1956—1958）实习场所分配方案的原则和办法的通知》。在实习安排上，首先是增加了实习时间。如工科学生在校学习四年，需参加认识实习、生产实习、毕业实习等三四次，一般共占20周左右时间，经济类学生要参加统计实习、经济实习和教育实习等。同时，增加了实习内容，明确了教学要求和考查标准。

当时不少大学也认识到，理论教学必须联系实际。人们认为："第一，结合实际斗争学习理论的目的明确，是自觉的学习，因而理解得深，不会出现死记硬背的现象。第二，理论是实际经验的概括，只有联系实际才能学会理论，不然，就是记住了理论的词句，也不能算掌握了理论。第三，理论是行动的指南，结合实际斗争学习理论才能学以致用。第四，学习理

---

① 教育部. 关于实施高等学校课程改革的决定［J］. 人民教育，1950（5）：67.

② 马叙伦. 高等教育部关于高等学校院系调整计划、改进高等学校领导关系和加强高等学校及中等技术学校学生生产实习工作的报告（1953年5月29日马叙伦部长在政务院第180次政务会议上的报告，并经同次会议批准）［R］//中央人民政府高等教育部办公厅. 高等教育文献法令汇编（第一辑），1954（6）：43.

论必须改造思想。”① 也就是说，实践不但使课堂学到的理论知识在生产实际中得到验证，从而巩固了学习成果，而且使不少学生学会了一些业务技能。实践不仅使学生在专业知识上有了收获，而且对学生的政治觉悟的提高和专业思想的巩固也发挥了作用。更重要的是，高等学校通过实践所培养的人才，毕业后走上工作岗位只需要用较短的时间就可以发挥作用，这是与我国急需大量技术人才的实际要求相适应的。

从1956年起，我国高等学校重点解决的问题是学生学习负担过重、知识面窄、独立思考和独立工作能力不强等。《高等学校六十条》提出：“高等学校必须以教学为主，努力提高教学质量。”② 很多高等学校都在教学方面进行了改革，包括精简课程、增加教学计划的灵活性等，对课程实施各个环节进行了改革。例如，有的高等学校贯彻“少而精”原则，精选教材内容，将“飞机构造与设计”一门专业课程的教材从56万字删到28万字。③ 精选了教学内容，还对教学方法进行改进。有的学校提倡实行启发式教学，并且意识到不同的课程有不同的特点，如有的课程是理论性的，有的是描述性的，有的是实践性的，性质不同，内容不同，教学方法也应该有所不同；而且从学生的实际出发，不同的对象，应该采用不同的启发方法，因此强调“因课制宜，因对象制宜”④。南京师范学院为了更好地培养学生的独立思考能力，改进了各种教学环节，包括考试方法。⑤

然而，回顾新中国成立初期到“文革”这段期间，在一些时候，我国高等学校对“理论联系实际，教育与生产劳动相结合”的教育方针的理解，可以说是走向了极端。1958年9月9日中共中央、国务院发布《关于教育工作的指示》指出，“教育工作在一定的时期内曾犯过教育脱离生产劳动，脱离实际，并且在一定程度上忽视政治、忽视党的领导的错误。”并提出：“在一切学校中，必须把生产劳动列为正式课程，每个学生必须依照规定参加一定时间的劳动。”⑥ 在实践中，一种办法是走出去：工科的到工厂、工地现场教学，由技术人员、工人向学生边操作边教学，文科的到社会搞调查；另一种办法是请进来：请“土专家”、劳动模范、生产能

---

① 吉林省教育厅高等教育局. 吉林高等教育［M］. 长春：长春教育出版社，1958：9－10.

② 中国教育年鉴（1949—1981）［M］. 北京：中国大百科全书出版社，1984：237.

③ 杨洵之. 贯彻“少而精”精选教材内容——一门专业课程教材从56万字删到28万字的初步体会［N］. 光明日报，1964－12－01.

④ 南京大学教务处. 要更加扎实地搞好课程改革工作［N］. 光明日报，1965－06－30.

⑤ 陈鹤琴. 对改进高等学校教学工作的意见［N］. 光明日报，1956－08－06.

⑥ 中共中央、国务院关于教育工作的指示（1958年9月19日）［A］//《中国教育年鉴》编辑部. 中国教育年鉴（1949—1981）. 北京：中国大百科全书出版社，1984：688.

手到学校上课，让工农登上大学讲台。这些本来是很好的培养学生动手能力的方法，但用过头了而使其效果走向了理想的反面。有的学校用单科独进的方式组织教学，即在一段时间内只上一门课，学完一门课后再学另一门课；有的学校否定课堂教学的作用，主张自学、讨论、辅导为主要教学形式；有的学校否定教师在教学中的作用，主张有些课程可以学生集体备课、学生轮流上讲台讲课等。例如，1958年吉林某大学政治系就提出了“教学工作可以用群众运动的方式进行。教学形式必须有分散，有条件的要深入下基层锻炼。基本的教学方法是大鸣、大放大辩论”①。

虽然这一时期一些“左”的做法在1959年被初步纠正，但到1960年“反右倾”时又出现反复。

当时高等学校的教学还特别重视毕业生的毕业论文设计。经过与苏联专家讨论，人们认识到毕业论文是教学计划的重要组成部分，是整个学习时期的总结，是理论能否结合实际和毕业生到工作岗位上能否马上担当起专业技术工作任务的重要环节。北京大学为此也作了《关于毕业论文的规定》，其中指出：“毕业论文是高等学校学生学习的最后总结，其目的在于使学生将其理论知识加以巩固、扩大知识和系统化，并对所学专业知识的某一方面进行深入的研究，发展学生独立工作的能力与习惯，并培养学生进行科学研究工作的能力。”②

在贯彻“教育与生产劳动相结合”方针的过程中，清华大学在“真刀真枪”做毕业设计、进行校内外“三结合”等方面进行了有益的探索。从1958年开始，清华结合生产任务，以承担和完成某项实际生产或科研任务，作为学生毕业设计的课题。学生在校学习最后阶段，把模拟的设计训练发展为“真刀真枪的实际作战”，使教学、科学研究、生产实践有机地结合起来，收到良好效果，从此成为清华教学活动的重要环节。这既提高了师生理论联系实际的能力，又取得了生产和科研成果；并带动科研工作的发展和一批新学科的建设，开创了为经济建设和社会服务的新途径。③

四、高等学校课程和教学改革的评价

我国高等学校课程和教学改革从新中国成立初期到“文革”前，可以说经历了两个阶段，第一个阶段是“改造与借鉴（1949—1956）”，第二个阶段是“探索与调整（1956—1966）”。新中国成立之初，随着对教育事业

① 吉林省教育厅高等教育局．吉林高等教育［M］．长春：长春教育出版社，1958：16－18.
② 北京大学关于学年论文和毕业论文的规定［J］．高等教育通讯，1954（20）：28.
③ 金富军．清华校史连载之十五　培养社会主义合格接班人［J］．清华人，2008（6）.

的改造和向苏联学习基本方针的确定，我国高等学校的课程开始了全面学习苏联的模式，废除了不少旧课程，充实了新课程，采用苏联的教学计划、教学大纲和教材，形成了高度集中统一的课程体系。1958 年开始，虽有所调整、变化，主要体现在精简课程，强调课程直接与生产劳动相结合，更好地为政治服务，增加劳动课时等，但“培养现成的专家”的目标没有变，基本的课程框架、体系没有变。

这个时期，我国高等学校形成了“专业教育”的模式。这种模式曾经较好地适应和促进了社会主义经济和社会的发展，是我国高等教育发展史上一次影响深远的重大改革。回顾新中国成立初期到 20 世纪 60 年代中期的高等学校课程教学改革，可以看出其出发点是正确的。因为旧中国高等教育制度与模式，包括高等学校的课程和教学，显然已经严重地不适应社会主义建设的需要，社会主义工业化事业要求高等学校培养出政治上过硬、业务上掌握现代科学技术知识和身体健康的专门人才。随着第一个五年计划的执行，我国开始大规模经济建设，急需各方面专门人才。我们选择了学习苏联，建立与专业教育相适应的课程教学模式，不仅仅是经济发展的需要，更是政治因素影响下的一种选择。因此，它有一定的合理性。这次改革扩大了高等教育的规模，加强了国家迫切需要的系科、专业的发展，为我国独立自主、自力更生地发展经济提供了所需的人力保证。1958 年后的高等学校课程和教学改革，则主要是针对 1952 年改革形成的苏联模式，解决教学管理体制过于集中、理论与实践脱节等问题进行的。

这个时期我国高等学校课程和教学改革的问题体现在：

（1）片面强调政治因素。当时提出的“教育必须为无产阶级政治服务”的指导理论在阶级斗争已经不是主要矛盾和国家的主要任务的时期，显然是片面地突出了教育为政治服务，而后来更是忽视了教育应该为社会主义经济建设服务的功能。教育变成跟着政治运动转，政治运动冲击了正常的教学秩序，削弱了基础理论课教学，严重影响了教学质量的提高。在对课程大合大并的改造中，严重地破坏了课程体系的系统性和科学性。在教材的编写中，严重违背了教材编写的原则，因为编写教科书是一项学术性很强的工作，需要在一定的教学理论、心理学原理、课程理论等的指导下，在学科专家的参与下，在总结教学经验的基础上刻苦认真、精心加工的。而这时的高等学校课程教学改革则是把编教材当成一个政治任务，变成了赶时间赶进度的急就章。例如，吉林大学物理系四年级的同学在“大编教材的初步总结”中就提到，他们“响应了党支部提出的‘苦战二天二夜，拿出讲义定稿’的行动口号，各个鼓足干劲，以革命者的姿态参加了这场与时间比快慢的战斗，把运动推向高潮。"①

（2）过于片面理解"教育与生产劳动相结合"。当时原有的教学计划和教学大纲被放置一旁，生产劳动代替了学习。在实践中还出现了把"教育与生产劳动相结合"错误地理解为让知识分子大量地去从事一些简单的、原始的体力劳动，这影响了他们的正常的创造性脑力劳动，也影响了高等学校基础理论课程的教学。

（3）过分强调了大一统和集权性，忽视高等学校办学自主性和积极性。新中国成立后到"文革"前，我国高等学校的一切改革都是在党和政府的统一领导和组织下进行的，高等学校基本上没有自主权。国家有关政策法规对高等学校教育教学的方方面面都有具体详细的规定，表现在专业设置、课程调整、教学计划的制订、教学大纲的编制、教材的编写和出版等都由党和政府统一指令，改革的内容和步骤也由党和政府计划安排。这种计划性和集权性，使高等学校完全成为教育行政部门的附属单位，在办学中忽视了高等教育规律和人才成长规律，难以发挥广大干部和教师的主体性和创造性，也因此，全国高等学校都形成了大致相同的办学模式，各高等学校学科之间、专业之间、课程教学之间都出现了"千校一面"的情况。

（4）"以教学为主"的学校改革原则没有真正落实。"文化大革命"前，从1958年起教育部门就对"建立教学、生产劳动、科学研究三结合的新体制"进行过探索，但是在"大跃进"中学校的生产劳动是以改造知识分子、突出阶级斗争为目的，结果造成了生产劳动与教学脱离。科研活动也以出政治成果、样板为目的，流于浮夸，未能与教学有机结合。结果反而降低了教学质量。学校"以教学为主"的原则是合乎教育客观规律的，但是不能靠搞运动去解决，更不能以改造知识分子和搞阶级斗争的方式去推动。

第二节 "文化大革命"时期

一、高等学校课程教学的指导思想

1966年5月到1976年10月的"文化大革命"，正如中共十一届六中全会《关于建国以来党的若干历史问题的决议》中指出，它"不是也不可能是任何意义上的革命或社会进步，而只是一场由领导者错误发动，被反

① 吉林省教育厅高等教育局. 吉林高等教育［M］. 长春：长春教育出版社，1958：33.

革命集团利用，给中国共产党、中华人民共和国和全国各族人民带来严重灾难的内乱”。十年内乱中，我国高等教育从理论到实践，从精神到物质，从干部到群众都受到极为严重的破坏、摧残，是“文革”的“重灾区”。

“文革”时期，林彪、“四人帮”一伙破坏高等学校课程的理论基础是：“改革旧的教育制度，改革旧的教学方针和方法，是这场文化大革命的一个极其重要的任务。”① 从1964年春节到1966年5月提出的“五七指示”的两年多时间里，毛泽东对教育现状进行了一系列抨击：教育脱离生产劳动实际、脱离阶级斗争实际、理论脱离实践、考试方法以学生为敌人、分数第一等。② “五七指示”成为“教育革命”的基本论调。“四人帮”用“两个估计”（即“文化大革命”前17年教育战线是资产阶级专了无产阶级的政，是“黑线专政”；知识分子的大多数世界观基本上是资产阶级的，是资产阶级知识分子）全盘否定了建国以后的教育工作，提出要“彻底改变资产阶级知识分子统治我们学校的现象”。他们还提出：“课程设置要精简，教材要彻底改革，有的首先删繁就简。学生以学为主，兼学别样。也就是不但要学文，也要学工、学农、学军，也要随时参加批判资产阶级的文化革命斗争。”③ 他们的目的是使学生有时间“随时参加批判资产阶级的文化革命斗争”。在培养目标上，“四人帮”一伙一再强调，大学要培养“与工农画等号”的“普通劳动者”，其实是只培养盲目听从他们摆布的“工具”。可见这次课程改革的出发点和目的都是错误的。

二、高等学校的课程设置与编制

“文化大革命”时期课程设置和编排遭到严重破坏。这一时期的教学计划或根本没有或形同虚设，原有的教学大纲也弃置不用，开设课程几乎没有遵循教育上的原则。

“文化大革命”初期，从1966年5月起到1968年工宣队进驻学校止，是所谓“停课闹革命”时期。在这长达两年多的时间里，“以毛主席著作为教材，以阶级斗争为主课，并参加社会阶级斗争、生产劳动和学军事”，“砍掉脱离实际的专业和课程”④ 的口号在高等学校广为流传。其间也出台了形形色色的教改方案，如1966年《人民日报》7月12日公布中国人民

---

① 刘光．新中国高等教育大事记［M］．长春：东北师范大学出版社，1990：251．

② 周华全．“文化大革命”中的“教育革命”［M］．广州：广东教育出版社，1999：48．

③ 中央教育科学研究所．中华人民共和国教育大事记（1949—1982）［M］．北京：教育科学出版社，1983：405．

④ 周华全．“文化大革命”中的“教育革命”［M］．广州：广东教育出版社，1999：60．

大学的文科改革方案，7月14日公布文科、农科、工科大学的教改设想。[①]但这些方案均因“停课闹革命”而停留在口号阶段。“复课闹革命”后，高等学校教学计划被搁置一旁，而搞起了“打破老三段，火烧三层楼”，打破了传统教学组织形式，否定了行之有效的课程设置衔接顺序，提出要“边干边学”。理工科主张用什么学什么，实行“结合典型产品组织教学”；文科实行“结合战斗任务组织教学”，文科专业课教学多被取消，只开设政治课，且多以原著为基本教材，其余时间要学生搞社会调查。这种在课程设置上的实用主义做法，造成知识的系统性和组织性被打乱。教学由浅入深、循序渐进的规律被抛弃，基础课被大大削弱，专业课支离破碎，学生知识面越来越窄。

1971年4月的《全国教育工作会议纪要》(简称《纪要》）中提出“建立教学、生产劳动、科学研究三结合的新体制”，但名不符实。《纪要》还规定实行“开门办学”，结果是高等学校的“门”的确向工农开放了，但学校的教学受到极大的破坏，造成了“两个突出一个削弱（突出‘阶级斗争主课’、突出生产劳动课、削弱‘主学’文化课)”。例如，同济大学“五七公社”结合典型工程组织教学，搞什么工程就学什么课程，物理课程被取消，高等数学和基础力学分别从过去占总学时11.9%和10.7%下降为占3.7%和2.6%。再以同济大学为例，工业与民用建筑专业每周劳动(主要是工地体力劳动）3天，政治学习2天，外语和体育教学半天，初等数学和房屋建筑基础知识教学1天半。3年期间安排学生参加劳动实践的时间占总学时的2/3，而教学时间仅占1/3。中文系的中国古代文学史被砍掉，历史系的中国古代史只安排几次讲座。

三、高等学校课程的实施

在课程实施途径方面，“文化大革命”中“教育革命”期间，“四人帮”一伙蓄意从“左”的方面曲解“教育与生产劳动相结合”的教育方针，割裂理论与实践的统一，片面理解教学的认识规律，要求在培养途径方面要事事从直接经验开始。“四人帮”一伙要求所有高等学校都要“开门办学”。文科院校要以“社会为工厂”，“在斗争中学，在斗争中用”，结合“战斗任务”组织教学。北京大学采取“读原著、学样板、肃流毒”的方法进行教学。复旦大学文科学生从入学到毕业，“战斗任务”不断，专业课教学取消。理工科院校“开门办学、厂校挂钩、校办工厂、厂带专业”，“结合生产、科研任务中的典型工程、典型工艺、技术革新等”组织

---

① 周华全．“文化大革命”中的“教育革命”［M］．广州：广东教育出版社，1999：75．

教学。医药院校，走赤脚医生的道路。学生刚进校报到，就忙着安排他们到人民公社、生产大队开门办学，提倡“一根针、一把草（中草药）”，“一身汗，两腿泥”，明知到生产队一天碰不上几个病人，师生普遍反映下去没事干，浪费时间，但仍然要坚持。后来多数变成了“只开门，不办学”，教师组织学生在劳动之余学习、辅导，被斥之为“课堂搬家”而加以批判，造成了“教师业务荒疏，学生不刻苦学习”。①

强调劳动实践和开门办学，从教育上看有一定的积极意义。但如果以此来否定教学，以干代学，就必然使事情走向反面。在这样的情况下，学生的文化知识水平低得让人不敢想象。北京市曾对11所高等学校招收的工农兵学员文化程度进行调查，发现初中以上文化程度的占10%，初中文化程度的占60%，相当于小学文化程度的占20%。为此，北京市革命委员会科教组发文在高等学校试办补习班。国务院科教组将此做法转发全国。后亦被斥之为“复辟”、“回潮”而予以批判。同济大学1972年9月曾对1971级1班33人进行学习质量检查，发现有1/3的学生学习特别困难，连0.01等于百分之几，1/2的平方等于多少也弄不清楚。② 毕业生分配到基层单位，适应能力和独立工作能力普遍反映差，分配在科研部门的毕业生，更是难以开展工作。

四、高等学校课程和教学改革的评价

“文化大革命”期间，我国高等学校的教育也是在专业教育模式思路指导下开展的，只是这时的专业很多已经丧失了其学术或科学的意义。“文化大革命”时期，“左”的指导思想发展到了极端。在这种特殊的政治大气候影响下，高等教育事业遭到了严重损害。林彪、“四人帮”一伙打着把学校办成无产阶级专政阵地的幌子，把教育为无产阶级政治服务曲解为教育只为“政治革命”或“政治运动”服务，要把高等学校办成政治大学，把学生培养成“头上长角、身上长刺的造反勇士”，这种培养目标是对社会主义办学方向的偏离。受这种形势的影响，高等学校课程成了被攻击被“打倒”的对象，课程与教学改革遭到了严重挫折。1966年8月8日《中共中央关于无产阶级文化大革命的决定》（即《十六条》），更是对教育教学改革目的的歪曲。《十六条》第十条专门对“教学改革”作了规定：“改革旧的教育制度，改革旧的教学方针和方法，是这场文化大革命的一个极其重要的任务。在这场文化大革命中，必须彻底改变资产阶级知识分

---

① 周华全．“文化大革命”中的“教育革命”［M］．广州：广东教育出版社，1999：149.

② 余立．中国高等教育史（下册）［M］．上海：华东师范大学出版社，1994：99.

子统治我们学校的现象。”① 可见林彪、“四人帮”一伙是要求高等学校课程与教学改革为其政治目的服务的。1971 年 4 月的“两个估计”更是他们混淆是非、颠倒黑白的产物。在“文革”期间，虽然有过以周恩来、邓小平为代表的正确主张，有过纠正极左思潮的努力，有过以邓小平为主要领导的全面整顿，但最后都未能从根本上扭转局势。

诚然，尽管在“文化大革命”时期，我国高等学校的课程教学改革存在着较深的“左”的错误，但很多实际工作者遵循教育教学发展规律进行的一些探索，今天看来还是有一定价值的。例如在教学计划中结合那些对学习效果有促进的生产劳动；在教学中安排一定的现场教学，深入实际进行调查研究、参与实际工作；向第一线专家、劳模、生产能手学习；结合生产搞设计，等等，对改变高等学校脱离社会实际的缺点，推进教学改革和提高教学质量都起到一定的积极作用。

第三节 “文化大革命”结束到20世纪80年代末

一、高等学校课程教学的指导思想

“四人帮”倒台后的教育界还是被“左”的思想所束缚，到1978 年初教育部门所做的只能是用“前 17 年的教育”反对“文革”时期“教育革命”的 10 年。

1978 年 12 月的中共第十一届三中全会成为我国各方面改革的转折点。全会高度评价了实践是检验真理唯一标准的大讨论，提出了解放思想、实事求是的思想路线。在邓小平同志的直接领导下召开的全国科学大会和全国教育工作会议，迎来了科学和教育的春天。1978 年 4 月，教育部召开全国教育工作会议。小平同志对新时期教育工作提出了明确要求，其中包括：提高教育质量，提高科学文化的教学水平，更好地为社会主义建设服务。培养人才的质量标准，就是使受教育者在德、智、体几方面都得到发展，成为有社会主义觉悟、有文化的劳动者。

1982 年，中共十二大胜利召开。十二大第一次明确地将教育作为国家经济、社会发展的三大战略重点之一，提出了经济发展必须坚定不移地依靠科技进步和劳动者文化素质的根本提高。这极大地激发和促进了高等教育事业的改革和发展。1982 年前后，我国开展了关于培养能力的讨论，这主要是基于面对现代科学技术迅猛发展，知识量剧增，知识更新周期的加

---

① 刘光. 新中国高等教育大事记［M］. 长春：东北师范大学出版社，1990：251.

快，高等学校必须着重于培养学生的能力和创新精神，而当时有人批评我国高等学校的教学出现了“高分低能”的问题。从此，课程教学改革真正直接涉及教学改革。

1983 年邓小平同志为北京景山学校题词：“教育要面向现代化、面向世界、面向未来”，为我国高等学校的课程教学改革指明了方向。也就是高等学校的课程和教学是要培养具有世界先进水平的、适应未来发展需要的高级建设人才。

为贯彻十二大精神，1983 年，国务院批准教育部、国家计委《关于加速发展高等教育的报告》。1983 年 5 月，教育部召开了新中国成立以来第二次全国高等教育会议。会议认为，高等教育工作的根本指导思想是从我国实际出发，走自己的道路，努力为社会主义建设服务，逐步形成中国特色社会主义的高等教育体系。

1985 年，中共中央国务院颁布了在中国教育史上具有划时代意义的《关于教育体制改革的决定》(简称《决定》)。《决定》总结了新中国成立以来中国教育正反两方面的经验教训，吸收了世界教育发展中的先进经验，从教育思想、教育体制、教育结构、教育内容、教育方法、学校内部工作等各方面提出了一系列宏观改革思路，奠定了面向新世纪的中国教育改革发展格局。《决定》明确提出，要改变过去长期以来形成的政事不分、政府包办替代高等学校和束缚学校发展的弊端，要扩大高等学校办学自主权，使之逐步成为面向社会自主办学的实体。这大大解放了高等教育发展的思想，自此以后，高等学校开始了全面改革的新探索。

1985 年《中共中央关于教育体制改革的决定》指出：“高等教育……专业设置过于狭窄，不同程度地脱离了经济和社会发展的需要，落后于当代科学文化的发展……要针对现存的弊端，积极进行教学改革的各种试验，例如改变专业过于狭窄的状况，精简和更新教学内容，增加实践环节，减少必修课，增加选修课，实行学分制和双学位制，增加自学时间和课外学习活动，有指导地开展勤工助学活动等等。”此后，我国高等学校的改革更加明确地集中在培养目标和规格上，如提出要培养“开拓型”、“创造型”、“T 型”人才，还展开了关于通才和专才的讨论。

1988 年 1 月，全国高教会议召开，提出要把竞争机制引入高等学校。在这个思想引导下，一场使高等学校能更加适应社会主义初级阶段的，发展和商品经济社会的需要的改革全面展开。这场改革包括加强学校与社会的联系，加强社会参与，主动适应社会需要，调整高等学校的系科、专业结构，改革人才培养模式和课程、教材、教学。

二、高等学校的课程设置和编制

“文化大革命”结束以后的一个时期，首先是本科教育的恢复问题。20世纪60年代初期的本科教育政策被修订后重新执行。1978年10月教育部发出《关于讨论和试行全国重点高等学校暂行工作条例（试行草案）的通知》。1979年发出《关于高等学校理工科教学工作若干问题的意见》和《关于高等学校文科教学工作座谈会纪要》。对高等学校的分科和专业结构进行了调整，使之渐趋合理。1979年文科学生占8.5%，1980年上升到8.8%，以后逐年增长。①

在课程设置方面，1978年以后提出要加强基础理论、基本知识的教学和基本技能的训练。注意到课程间的系统性和连续性，突出和加强“主干”课程。适当减少必修课程，增加选修课程，使学生在学习上有一定的选择余地。从学生的实际出发，培养和提高学生的自学能力、思维能力、研究能力和表达能力。

20世纪80年代中期以后，经济与教育体制改革不断深化，大学本科教育越来越重视社会急需的实际应用人才的培养，对过去培养目标过高、专业设置过窄的情况进行了调整。改革体现在高等学校人才培养目标的修订与调整上，同时，在教学改革中，不断拓宽专业口径、改革专业设置，修订教学计划、调整课程结构。

1978年，南京大学决定从78级起把学时制改为学分制，把课程设置分为必修课、指定选修课和任选课三种。必修课一般为总学分的60%～70%，指定选修课为20%～25%，任选课为10%～15%。②

1985年，北京大学提出了“加强基础，淡化专业，因材施教，分流培养”的教改方针，在全校建立低年级通识教育和高年级宽口径专业教育相结合的本科课程体系，同时进行学习制度的全面改革，实行在教学计划和导师指导下的自由选课学分制，实行课程学分制的弹性学制。复旦大学则提出“通才教育，按类教学”的本科教育指导思想，强化本科教育的基础性和通识性。③

三、高等学校课程的实施

“文革”结束后，高等学校开始加强在课程教学过程中学生的独立性、自主性的培养，有些高等学校开始尝试了选课制和学分制，使课程和教学

---

① 周华全．“文化大革命”中的“教育革命”[M]．广州：广东教育出版社，1999：382.

② 新华社南京．南京大学从七八级起实行学分制［N］．新华日报，1978－12－09.

③ 黄兆信．大类招生：现代大学人才培养新趋势［J］．中国高教研究，2004（2）.

中有了一些“柔性”。1978 年 3 月，当时任国务院副总理的方毅在全国科学大会上第一次正式提出：“有条件的高等学校要实行学分制。”① 当年，教育部也提出高等学校可以试行学分制。这都推动了我国高等学校学分制的试行。

1978 年 6 月在武汉召开的全国高等学校文科教学工作座谈会指出，在有条件的学校试行“学分制教学方案”，允许学生跨专业选学有关课程，必修课和选修课比例大体为 7∶3，学生修满学分，即可毕业。1980 年教育部颁发的《关于修订部属综合大学理科专业（四年制）教学计划的意见》（简称《意见》）贯彻了因材施教的原则，使学生生动活泼地主动地学习，扩大了选修课的比例。《意见》指出，学年制教学计划，选修课程不低于课程总量的 10%；学分制教学计划，选修课程不低于课程总量的 30%。工科的教学计划也提出要积极开设选修课程。

1978 年以后，清华大学、上海交通大学、浙江大学、北京航空学院、武汉大学、南京大学、暨南大学和南开大学等都开始了以学分制为重点的教学管理改革。其中，武汉大学于 1978 年后逐步试行学分制、导师制、主副修制、插班生制等，教学质量不断提高。② 当然，20 世纪 70 年代末我国高等学校的学分制还是很不完善的。

1980 年 12 月，教育部在天津召开了全国教育工作会议，提出逐步推广学分制的意见。此后，学分制的试行范围扩大了。

1985 年《关于教育体制改革的决定》更明确地提出，要针对现存的弊端，积极进行诸如“实行学分制”等各种教学制度改革的实验。1987 年 2 月，国家教委发出了《部分高等学校试行学分制工作座谈会纪要》，指出：“试行学分制是高教改革的一个重要方面，试行 8 年以来对改革教学和人才成长有许多优越性，但目前尚属实验阶段，各地要因地制宜而不要一哄而上。”并且指出建立适合中国国情的学分制要做到加强对学生选课的指导、实行学分绩点制、完善选课制、试行主辅修制度等。20 世纪 80 年代末，由于我国在社会和经济发展方面强调有计划的商品经济，实行计划管理和市场调节相结合的体制，以及在政治方面强调批判和抵制资产阶级自由化思潮等以维护高等学校的稳定，这些举措都弱化了对学分制的关注；此外，由于高等学校本身强调教育的统一性和确定性，以及很多大学生习惯于在安排下学习等因素减弱了学分制的发展势头。直到 1992 年党的十四大召开后，我国高等学校实行学分制的道路才进一步拓宽。1993 年《中国

① 杨德广，王锡林. 中国学分制［M］. 上海：上海科学技术文献出版社，1996：12.

② 杨德广，王锡林. 中国学分制［M］. 上海：上海科学技术文献出版社，1996：13.

教育改革和发展纲要》的发布和1993年李岚清副总理在与南京部分高等学校领导座谈时提出了要逐步将学年制改变为学分制的意见后，1994年开始，实施学分制成了我国高等学校改革的又一热点。此后，学分制才真正在我国高等学校推行。

我国在新中国成立初期，由于全盘学习苏联，而苏联在20世纪50年代以前是把培养专家和科学研究两项任务分别赋予高等学校和科学院，形成了教育与科研分离的体制。因而我国是在“文革”结束之后才逐步在“教学与科研结合”的道路上进行探索的。如1981年教育部《关于试行高等师范院校三个文科专业教学计划的通知》就明确提出“学生参加科学研究，目的是对学生进行综合的专业训练和科研方法的初步训练”。

在课堂教学中，各高等学校提出了低年级学生结合课堂教学，适当组织课外活动。课堂教学内容要有点探索性，实验要带点设计性，考试要看点创造性，并且提出了要让学生早期进入科研。有些高等学校注意到了要有充分的学术自由，活跃的学术讨论，才能培养学生的求异思维，比如一门课程可以选用不同的教材，体现不同的学术观点和风格。

总体而言，从20世纪80年代初开始，我国高等学校在课程教学方面进行了一系列改革，几乎在每个教学环节都有新的创造。在课堂教学中，提出要精选内容，改进教学方法，实行启发式教学，努力克服“满堂灌”的现象。并提出要适当增加课堂讨论等教学环节的时间，切实加强基本训练。例如，南京大学根据学科发展更新了教学大纲，规定有培养学生能力应采取的措施；教材则改变了学生抱一本书学一门课的状况；教学方法改变了过去单纯的“满堂灌”，实行启发式和讨论式，启迪学生思维；教学手段尽可能广泛应用幻灯、投影仪、电影、电视录像等；考核方法也做到科学化，考核形式多样，注重平时作业、组织课堂讨论、进行笔试和口试，全面评价学生的学习成绩。①

四、高等学校课程和教学改革的评价

十年动乱期间，极左思潮泛滥，原有的专业设置模式与课程体系被打破，课程建设停滞甚至大倒退。“文革”结束后至80年代初期，在高等学校课程教学改革中，我们采取的态度是基本肯定“文革”前17年的成绩，但是要改革。这一阶段，我国高等学校的课程建设得到恢复与发展，但基本上还是沿用了20世纪五六十年代的高度集中、统一的课程模式。

20世纪80年代初期，我国高等学校的教学内容仍然存在很多问题。

---

① 杨开民．南京大学六十多门课程建立教学标准［N］．光明日报，1986－08－28．

许多高等学校课程仍然是50年代或60年代建立起来的体系，内容反映的是那个年代的科学，更新得很少，内容比较陈旧，且与社会需要脱节。教材中知识密集、相关课的内容重复烦琐，理论脱离实际，教学内容多但时间少的矛盾十分突出，学生的负担重。另外，由于以前的课程教学主要以培养专家为目的，强调的是专业对口，因此高等学校课程教学专业面窄，文理工隔离。而且，受新中国成立以来传统的影响，各高等学校的课程教学模式仍然存在着“一刀切”“齐步走”“统一模式”的问题，教学与科研相脱离，在人才培养上出现了“高分低能”“平而不尖”的情况。

改革开放以后，高等教育获得了前所未有的良好发展环境，各高等学校大胆解放思想、面向世界，不断创新教育教学理念。从20世纪80年代开始，很多高等学校开始转变人才观和教育教学方法，把学生能力的培养作为人才培养目标的主要内容，从课程设置、教学活动和教学方法等方面展开了探索。

1980年教育部颁发的《关于修订部属综合大学理科专业（四年制）教学计划的意见》出台后，我国高等学校的课程教学进行了一系列的改革。这次改革无疑有着积极的意义，但同时也存在着一些弊端。第一，大学课程的设置围绕狭窄的专业来安排。大学本科的课程分为基础课、专业基础课、专业课，以专业课为轴心来组织专业基础课与基础课，往往排斥掉了基础课中对专业课不是直接有用的教育内容，容易导致学生的知识面狭窄，适应能力差。如工科本科教学计划中由于增设了一些新课程，又受到四年制课内总学时限制，部分专业削减了某些技术基础课分量，如电类专业削减了机械类课程，非化工类专业削减了化学课程等。第二，课程结构上必修课偏多，选修课少；分科课程多，综合课程少；理论课多，实践与操作课程少。选修课、综合课、实践与操作课少导致人才缺乏个性与特长，缺乏实践能力、开拓精神与创造能力。第三，课程设置强调统一性。各专业的教学计划是统一的，不同专业的学生几乎学同样的课程；各科的教学大纲基本上采用由国家统一编写和审订的大纲；教材品种不多，且较为统一。过分强调统一性，造成培养的人才类型与规格单一，不能适应社会发展对人才的多样化需求。①

20世纪80年代末期，我国高等学校教学出现一些令人担忧的现象，一部分学生厌学，教师厌教。《武汉晚报》1989年1月21日刊登的《1989：中国教育的新曙光》一文，引用了一首“新陋室铭”：“分不在高，

① 康全礼．我国大学本科教育理念与教学改革研究［D］．武汉：华中科技大学博士论文，2005：146.

及格就行；学不在深，作弊则灵。斯是教室，唯吾心清。小说传得快，杂志翻得勤，琢磨下围棋，寻思看电影。可以打扑克写家信，无书声之乱耳，无复习之劳神，虽非跳舞场，堪比游乐厅。心里云：混个文凭。”这就是当时很多高等学校师生的状况，《光明日报》1988年11月8日在“寻找失落的价值”中说得形象：“眼见教书的越来越穷，愿意教书的渐少；分明读书的越读越穷，愿意读书的渐少。”

当然，也有不少高等学校意识到了学生学习风气的问题，进行优化育人环境，健全育人机制。《南京大学报》对学生进行了抽样调查，发现学生学习风气有好转，玩棋、玩牌的明显减少，搓麻将的几乎很少看见，晚自习的人数在90%以上，不乏“挑灯夜读”者。①

第四节　20世纪80年代末到1997年

一、高等学校课程和教学的指导思想

20世纪80年代后期，在借鉴国外办学经验，吸取现代教育科学研究成果的基础上，我国高等学校普遍认识到，高等教育在为社会培养各类专门人才时，应注重和强调大学生的能力培养和素质教育，即在传授科学文化知识和基本技能的同时，发展学生的能力和智力，培养学生形成科学的世界观和崇高的理想及良好的道德品质。1992年国家教委颁发的《关于加快改革和积极发展普通高等教育的意见》指出：“要继续拓宽专业面，加大教学内容和教学方法改革的力度，逐步建立和完善适应我国社会主义建设和现代科技、文化发展趋势的教学内容体系和课程结构，着重培养学生的素质和能力。”

20世纪90年代以后，通才教育思想、文化素质教育思想、素质教育思想、人文教育思想、通识教育思想深刻地影响了大学本科教育。传统的“专业教育”的弊端已经充分地被人们认识到。我国高等学校逐渐形成了“厚基础、宽口径、强能力”的教育理念。在不断变化的社会背景下，及时地调整本科教育的目标与定位：从高级专门建设人才到未来高级专门人才，从专业口径过细的人才到基础宽厚、适应面广的复合型人才，从狭隘的专业教育到知识、能力、素质协调发展的素质教育；本科教育的社会适应性在不断地增强，原来僵化的专业教育模式逐渐被打破。

1994年初，国家教委高教司制订并完成了《高等教育面向21世纪教

① 方延明．校园里吹进了清新的风［N］．人民日报，1989-11-08．

学内容和课程体系改革计划》。面向21世纪教学内容和课程体系改革计划，几乎覆盖文、理、工、农、医所有学科和专业。其内容包括：研究21世纪对人才知识、能力和素质结构的要求，转变思想观念，改革人才培养模式；研究和改革各专业或专业群的人才培养目标和规格；研究和改革主要专业的教学计划和课程结构；研究改革基础课程、主干课程的教学内容和体系。最终成果是：制订新的教学计划和人才培养方案，实现主要专业或专业群教学内容和课程体系的整体优化；编写出版一批高水平、高质量的“面向21世纪课程教材”。翌年，这一计划正式全面启动，国家教委正式批准立项221个大项目，近千个子项目。

总的来说，从20世纪80年代以来，我国大学教育思想经历了从以政治为本位的教育到以经济（科技）为本位的教育的转变，从单纯传授知识的教育到注重能力培养的教育的转变。伴随着这次转变，先后出现了“为经济建设服务”的教育价值观、“教师为主导，学生为主体”的师生观、“面向现代化，面向世界，面向未来”的教育时空观，以及“产—学—研”相结合的教育实践论等观点。①

二、高等学校的课程设置和编制

随着改革开放的浪潮，20世纪90年代以后我国高等学校进行了较大的课程改革。其主要目标和内容是课程的现代化、综合化和多样化，试图建立以经济建设为中心的社会主义课程改革模式，培养适应面向21世纪的人才。

针对高等学校按照行业、产品甚至岗位设置专业的弊端，我国曾于1987年和1993年两次修订专业目录，并于1998年进行了一次幅度最大的专业调整。随后，按照新的专业目录编制出了一些以整合和优化课程结构和教学内容为目的的改革方案，并且出版了一系列“面向21世纪课程教材”。

不少高等学校对专业结构进行了调整，扩大了专业课，增强学校对社会需求的适应性；另一方面，根据社会对应用型人才的需要，不少高等学校利用自身优势，改造老专业，力求在学科交叉重组中培养适应社会需要的人才。例如，南京大学依据“扬优、支重、改老、扶新”的原则，以基础学科为依托，改革学科专业结构，大力发展现代应用学科、新兴交叉学科、高新技术学科和现代工程技术学科，力求使其学科专业结构同经济建设和社会发展需要相适应，同世界科技发展趋势相适应。从1988年开始，

① 刘以恒，伍贻兆．人文精神与大学教育思想的转变［J］．上海高教研究，1997（8）．

学校就有选择地新建了中文秘书、环境规划与管理、电子学与信息系统、材料科学等应用学科、交叉学科和高新技术学科专业；对22个专业的培养方向进行了调整，新增了近百个本、专科人才培养方向。①

在人才培养模式和课程设置上，不少高等学校提出拓宽专业口径和调整服务方向，促进理工渗透、文理兼容，使学生具有较宽的知识面、较强的能力和较高素质。有的学校实行“按系招生、强化基础、淡化专业、分流培养”的人才培养途径。在本科生培养中不少高等学校推行双学位、本科加专科主副修制。各高等学校都提出加强基础课教学，如南京大学在1989年就成立了基础学科教学强化部，试图在基础人才培养方面走出一条新路。学生进校后在一年级不分方向，重在强化学习基础知识，然后在四年学习中有四次选择的机会。② 基础学科强化部的学生前三年学习不分专业，理科内容（数学、物理、化学、生物等）都要学。第一次选择是在二年级分数理、生化两大类；第二次在三年级，分到一级学科方向，主要还是一个“宽”字；第三次进到课题组；第四次是免试攻读研究生，选导师。为此，南京大学还把素质教育制度化，把素质教育与课程改革结合起来，改革课程结构，压缩必修课，扩大选修课，选修课学分已超过30%。学校还实行主副修、双学位、本加专、硕博连读等措施。③ 这些措施都有助于学生打好基础，增强适应能力。

与此相适应，各高等学校的课程设置从单一的重点课程向课程群、系列课程发展。即除了重视基础课和主干课（如：外语、计算机、高等数学、电工学等课程）外，还对先期基础课、必修课和后期选修课进行了整体优化组合，构成不同的课程系列模块，以保证学生学习的系统性、连续性和知识结构的完整性、科学性。例如，南京大学、苏州大学等校的课程建设从单一的课程建设逐步发展为注重课程结构整体优化，努力探索基础课、主干课的小型化、个性化、边缘化；东南大学在进行系列课程建设，以求课程整体优化的同时，在93级教学计划中又明确了各专业的学士学位核心课程，以此作为课程的重点。④

在教材内容方面，随着经济体制的转换和对外开放的深入，我国高等学校部分学科的观点和内容都已发生变化，不少教材显得陈旧。为了使教

---

① 江苏省委办公厅．南京大学综合改革的基本做法［N］．人民日报，1992－12－14.

② 方延明．为二十一世纪培养优秀基础性人才［N］．中国教育报，1996－10－17.

③ 方延明．南京大学全面提高学生素质［N］．中国教育报，1996－05－21.

④ 黄玲，卢红兵．深化教学改革，努力提高人才培养质量——江苏省高等学校教学改革热点述评［J］．江苏高教，1995（2）.

材建设和教学内容达到培养目标的要求，多数高等学校以“更新教学内容，提高教材质量”为指导思想，强调新的教材建设必须紧密结合课程设置的要求以更新教学内容，要与社会实际需要相吻合，要更多地反映国内外的先进科研成果，强调教材建设必须遵循市场经济的规律以及高等教育本身的规律及原则，使教材建设扎根于坚实的基础理论之上，同时应突出应用性。在教材建设中，要体现“不断线”，即重视“积累加强”，使原有的知识在一个新的高度中复活、升华。① 而且，还要重视“后延性”，即充分考虑大学生未来的发展，为他们打下坚实宽厚的基础，还要接触学科前沿，使教学和科研更好地相结合，培养学生的科学思维能力，使他们具有自我更新的能力以及终身教育的要求。

三、高等学校课程的实施

高等学校的课程和教学上更加强调综合化，表现为课程与教学内容的综合、人与社会的综合、课程与学生发展的综合、学科专业的综合等。高等学校课程综合化既是现代科学技术日益综合的反映，也是高等学校与社会发展的关系日益紧密的必然结果。② 高等学校教学内容提倡要“如博大宏伟的建筑”，要基础厚、专业面宽，使学生毕业后适应性更强。创新性人才的培养在专业方面要精，内容上要新，鼓励学生多思考，提出自己的独立见解。

不少高等学校为顺应市场经济改革的浪潮，对课程设置进行了改革，以培养大批一专多能，全面发展的有用人才。在南京大学，一股选修课热悄然兴起，其中经济贸易、微机、公关类选修课最受学生欢迎。学生们比较注重知识的实用性、先进性，渴望能带一技之长走上社会。③

为了使教学达到培养目标的要求，多数高等学校的课程实施都以“更新教学内容，提高教材质量”为指导思想。有的学校建立了校、系教材建设委员会，聘请专家教授对学校的教材、讲义建设规划进行咨询和评优，以减少教材建设过程中的盲目性和随意性。

在课程教学实施中，不少高等学校开始注重对学生能力和技能的培养，包括创造力、动手能力、解决问题的能力等，还重视激发学生学习的积极性及培养学生的科研能力。在教学中下力气抓外语、计算机等课程的

---

① 吴常德．高等学校教学内容调整与教材建设［M］//高等教育改革与教学理论研究．武汉：湖北教育出版社，1989：200.

② 王伟廉．高等学校课程综合化的途径与方法［M］//高等教育改革与教学理论研究．武汉：湖北教育出版社，1989：181.

③ 王月清．南大校园选课热［N］．光明日报，1993-01-13.

教学。例如，南京大学的大学物理课教学，将力学、电学、热学、近代物理四门课合一，形成一个互相渗透、前后照应的有机整体。在课堂教学中突出一个“活”字，鼓励学生随时提问或提出新想法，培养其创造性思维。在考核上则采用小论文的形式，要求学生自己选题、自己查参考书、自己想办法解决问题。在上课时直接用英语进行教学，以提高学生的外语水平，并且强化计算机教学，要求学生能自如运用计算机。①

为了培养学生动手能力、实际操作能力和初步独立解决问题的能力，各高等学校都对校内实习基地，重点是对实验室进行了设备更新和改造；并且通过加强同社会的联系，在互惠互利、合作育人的原则下建立了各种校外实习基地。并建立了一大批“产学研”合作基地。如南京大学加强了教学实验室、特别是“产学研”合作基地的建设，每年从合作基地聘请50位有实践经验的专家来校讲课或参与指导毕业论文（设计）。②

四、高等学校课程和教学改革的评价

长期以来，我国高等学校实行的是计划经济体制下按设专业的“专才”教育模式，培养出来的人才缺乏社会适应力和创造力，造成人才素质下降。

1987年全国教育工作会议前，原国家教委组织开展了对本科教育的调查工作。调查发现，前几年本科生教学的质量在某些方面有所加强，如外语水平提高、科学技术信息增多、电子计算机的应用水平提高。在某些方面，而且是重要的方面则有所下降，如实践能力下降，某些专业知识下降，思想道德水平下降。③

在调查研究的基础上，原国家教委于1988年3月发布《关于加强普通高等学校本科教育工作的意见》（简称《意见》）。《意见》肯定了拨乱反正、改革开放以后本科教育所做的工作和所取得的成绩，认为学生培养“多数基本达到了国家的培养要求，政治思想上主流是好的，业务质量的某些方面有明显的提高，体质也有所增强，在社会主义建设、改革中发挥了积极的作用，初步改变了由十年动乱造成的人才青黄不接的局面”。《意见》还提出了加强本科教学工作的10条主要措施。

从20世纪80年代末到90年代末，我国高等学校形成了“厚基础、宽口径、强能力”的人才培养思想。在这种思想指导下，我国高等学校的课

---

① 方延明．师德馨香——记南京大学教授卢馨德［N］．中国教育报，1992-09-05．

② 方延明．南京大学教学工作有声有色［N］．人民日报，1994-06-23．

③ 潘懋元．正确对待商品经济对高等教育的冲击［M］//高等教育改革与教学理论研究．武汉：湖北教育出版社，1989：27．

程教学不断地进行改革。宏观方面，修订了专业目录，拓宽了专业口径；微观方面，修订了教学计划，调整了课程结构。各高等学校积极进行本科教学改革，拓宽专业面、优化专业方向，加强基础、促进学生全面素质的发展。这些举措，在一定程度上增强了本科教育的适应性。

但是，随着社会主义市场经济体制改革的深入，加上世界科学技术的飞速发展，社会对高等学校人才培养工作的要求也在发生变化，我国高等学校的课程和教学已经越来越不能适应时代的形势和要求。概括起来，其主要弊端是：专业口径过窄；人文教育薄弱；教学内容偏旧；教学方法呆板；人才培养模式单一。①

第五节　1997 年到 2009 年

一、高等学校课程和教学的指导思想

新时期我国高等教育的指导思想从以经济（科技）为本位的教育转变为以人的全面素质为本位的教育，从而实现教育的本体价值。这个指导思想归根溯源是基于马克思主义关于人的全面发展的理论。这次高等教育指导思想的转变是改革开放以来的第二次，科技、经济和社会的发展，都指向一个中心——人的全面发展。这个阶段我国高等教育学科专业调整是要满足“以人为本”的人的发展需要的。② 2003 年 7 月 28 日胡锦涛总书记提出“坚持以人为本，树立全面、协调、可持续的发展观，促进经济社会和人的全面发展”的科学发展观，我国高等学校的课程教学改革即以“科学发展观”为指导思想。

20 世纪 90 年代后期以来，我国高等学校课程教学改革的重点是推进教学内容和课程体系改革，以适应社会发展的新要求，并把推进素质教育与提高人才培养质量结合起来。

1999 年颁布的《中共中央国务院关于深化教育改革全面推进素质教育的决议》（简称《决议》）是高等学校开展素质教育的重要文件依据。《决议》提出：“高等教育要重视培养大学生的创新能力、实践能力和创业精神，普遍提高大学生的人文素养和科学素质。”并提出：“高等教育要加快课程改革和教学改革，继续调整专业结构和设置，使学生尽早地参与科技

---

① 周远清．加强理论研究　力争改革有所突破：总序［M］//面向 21 世纪 加强高等教育教学改革与研究．北京：高等教育出版社，1999：3.

② 国家教育发展研究中心．2008 年中国教育绿皮书——中国教育政策年度分析报告［M］．北京：教育科学出版社，2008：178.

研究开发和创新活动，鼓励跨学科选修课程，培养基础扎实、知识面宽、具有创新能力的高素质专门人才。”

2000 年，教育部出台了“新世纪高等学校教育教学改革工程”，强调要用“先进的科学与文化知识成果教育学生，将文化素质教育渗透到专业教育之中，普遍提高大学生的人文素质、科学素质、创新精神和创业、实践能力”。

2006 年 5 月 10 日国务院第 135 次常务会议提出，“切实把重点放在提高质量上”，随后发布的《国民经济和社会发展第十一个五年规划纲要》明确要求“把高等教育发展的重点放在提高质量和优化结构上”。高等教育更加重视人才培养质量，更加重视培养既会做事又会做人，既掌握先进技术和生产技能又素质全面的人才。更重要的是教会他们如何做人。

2001 年，教育部根据我国高等学校本科教学的实际情况和社会发展对人才培养的要求，下达了《关于加强高等学校本科工作提高教学质量的若干意见》，提出“要牢固树立人才培养的质量是高等学校生命线的观念”。

2005 年教育部印发了《关于进一步加强高等学校本科教学工作的若干意见》，提出“必须坚持科学发展观，实现高等教育工作重心的转移，在规模持续发展的同时，把提高质量放在更加突出的位置，培养数以千万计德智体美全面发展的高素质专门人才和一大批拔尖创新人才”。

2007 年 1 月，教育部召开直属高等学校咨询工作委员会第十七次全体会议，会议的主题是“管理、质量、特色”。时任国务委员的陈至立在“质量”部分的第一点谈的是“加快学科布局和专业设置调整，满足社会需求”。2007 年 1 月 22 日，教育部、财政部联合下文，决定投入 25 亿元实施“高等学校本科教学质量与教学改革工程”。

二、高等学校的课程设置和编制

自 1994 年“高等教育面向 21 世纪教学内容和课程体系改革”实施以来，我国高等学校课程改革全面展开，并向纵深发展，其中以课程设置的改革、课程内容的改革尤为显著。

早在“八五”期间（1991—1995），我国高等学校课程改革的重点是对学生培养质量影响较大的基础课。在理顺自然科学教育课程体系、德育教育课程体系、外语教育课程体系、计算机教育课程体系及实践教育课程体系的同时，将一部分学科主干课程纳入重点建设的课程规划。

“九五”期间（1996—2000），高等学校的课程改革开始由单门课程发展到系列课程，教学改革由局部发展到整体。这就形成了课程改革的新思路：系列建设，整体优化，与国际教育接轨。系列建设就是要从面向 21 世纪、面向世界、面向社会，从我国高等教育所培养的大学生应该具有的知识结构、能力结构和素质要求出发，形成一个结构合理、层次清晰的课程体系；然后集中力量，有计划、有步骤地对各个系列进行建设，以加强课程内容体系结构的科学性、系统性和综合性，达到加强联系、减少重复、压缩学时、增强效果，提高教学质量的目的；最终使课程系列达到整体优化，教学计划达到整体优化，教学活动达到整体优化。① 这一改革最重要的是解决系列课程之间的内容重复、前后衔接和专业课的内容更新等问题。这一改革目的是通过结构化的课程提升学生的专业能力。许多高等学校都认识到加强通识教育的重要性，减少了专业课程，增加基础课程。一至二年级基础课基本打通；到三年级第五个学期，再由学生自主决定专业方向。

例如，华中科技大学（华中理工大学）1997 年以来在方向性、增强适应性、坚持科学教育与人文教育融合、整体优化、统一性与多样性结合、因材施教等原则的指导下，制订了新的培养计划，构建了新的课程体系，加强了基础类课程，课程体系由通识教育课程、学科基础、专业方向三块构成。②

北京大学就提出教学最主要的是要把学生的基础打好。他们的做法是加强通识课程，包括人文、一般科学和工具技能课程。这些都是重要的基础课程。北京大学的课程体系把通识课程、基础课程、专业课程等细分为若干模块，如，思想政治、人文、一般科学、语言文字工具及计算机、身体心理知识、专业基础知识、专业理论、实践环节、分流课程等，每个模块又分为若干课程或教学活动。学生必须学习所有模块，但每一个模块中的课程允许学生自由选择。课程体系尽量做到给学生以较大的自由度，切忌排得太满，不让课程负担占满学生所有时间。③

“十五”（2001—2005）期间，我国高等学校的课程改革确立了各类课程设置的指导思想；公共基础课程建设进一步加强，课程结构要综合化，真正做到文理渗透、理工结合，学科交叉；在加强基础的同时，更新教学内容，解决好迅速发展的科学技术与相对滞后的基础理论教育之间的矛盾；学科基础课进一步拓宽，逐步做到按一级学科设置；专业力求前沿

---

① 陈璐，刘奇军．近十年来我国高等学校课程建设理论与实践述评［J］．吉首大学学报：社会科学版，2007（3）．

② 文辅相．论大学素质教育［J］．高等教育研究，1995（3）．

③ 王义遒．以创新为灵魂　改善与优化学校整体育人环境［M］//面向 21 世纪 加强高等教育教学改革与研究．北京：高等教育出版社，1999：147．

化、边缘化；选修课则应个性化、特色化，力求体现学科的交叉。[①] 在课程设置上，减少必修课程的门数和教学时间，提高选修课程的比重，大量增加选修课程和扩大学生选课的自由度。教学计划过分统一的状况也得到改变，各校根据所开设的不同选修课组或专业方向制订了多样的教学计划。北京大学、清华大学等著名高等学校在这方面已做出了有益的尝试。

2003 年，教育部启动了国家精品课程建设，并把精品课程建设作为高等学校教学质量与教学改革工程的重要组成部分。教育部指出，国家精品课程是具有一流教师队伍、一流教学内容、一流教学方法、一流教材、一流教学管理等特点的示范性课程。教育部还指出，各省级教育行政部门和各高等学校要根据《教育部关于加强高等学校本科教学工作提高教学质量的若干意见》精神，建立各门类、专业的校、省、国家三级精品课程体系，特别是要对国家精品课程实行上网，建立“中国高教精品课程网站”，免费共享精品教学资源，扩大受益面，充分发挥课程建设与改革的示范作用。这一举措，无论是从广度还是从深度看，对全面提高我国高等教育的教学质量和人才培养质量都具有重大意义。

三、高等学校课程的实施

进入 1997 年以后，各高等学校结合本校实际，在厚基础、宽口径的指导思想下，进行了多方面的探索，不断调整本校本科教育的培养目标，制订了各具特色的教学计划。

如浙江大学在 95 级基本上实现按系招生的基础上，从 96 级开始，学校全面实行按类或院（系）招生培养，从原来 26 个系 47 个专业减少到 22 个类（系）。各大类或系第一年按大类设置课程，第 2 ~ 3 年按类统一教学计划培养，按大类、系培养后分若干专业（方向），学生在一定条件下实现自主选择专业（方向）。

再如西安交通大学从 1994 年开始，实行“按系招生，按系培养”；1995 年实行“按院（或专业大类）招生，按院管理，按专业大类培养，学生按需择业”的人才培养模式。学校于 1995 年将原有的 54 个专业调整为 29 个专业或专业大类，1997 年又减为 27 个专业。从 1995 年开始，按照院（或专业大类）制订统一的教学计划，按专业大类培养人才。在拓宽专业的基础上，淡化原有专业界限，并根据社会需要及时调整和增减专业并实行主辅修制，为学生创造宽松的环境。学生进入高年级以后，可根据

---

① 陈璐，刘奇军．近十年来我国高等学校课程建设理论与实践述评［J］．吉首大学学报：社会科学版，2007（3）．

国家需要、社会需求、学校资源和个人志向四个方面的考虑来选择专业模块课程学习及选择辅修专业的学习。

许多高等学校为避免过强的共性制约、抑制学生发展的倾向，在培养计划中充分考虑学生在基础、兴趣、特长、能力等方面的差异，压缩总学分和学时数，加大选修课比重，为学生个性发展、自主学习提供可能性。如浙江大学在改革传统人才培养模式上采取了一系列措施。首先，他们在本科教学上坚持“加强基础，注重素质，突出能力，面向一流”方针，可将其总结为“KAQ”人才培养模式：知识（Knowledge）、能力（Ability）和个人素质（Quality）三者并重。这个模式不但要向学生传授各种知识如文理基础知识、专业化知识，而且还要培养学生应用已有知识开发新知识的各种能力，如外语能力、计算机能力、实践能力、研究能力、创新能力、组织能力、表达能力等。此外，还要培养学生内在素质，如思想素质、道德素质、文化素质、心理素质等。面向新世纪的高水平人才必须具有宽厚扎实的基础和专业知识，以及在此基础上运用知识、组织队伍、使用先进工具分析、综合和实际解决问题的能力，并有较高的道德品性，人文修养和心理素质。并实施了“3M”（多通道、多规格、模块化）人才培养框架和一系列具体改革措施。在教学上，实行外、数、理、化 4 门课的“四统一”，加强了学生的基础知识学习；推出厂校联合培养“3—1—1 新模式”，强化学生工程实践的训练；实行主辅修制，让学有余力的学生在 4 年中掌握更多的知识和新的专业技能。1997 年浙江大学正式启动了“面向 21 世纪教学内容与课程体系”改革，打破传统的按专业招生的惯例，实行按大类招生。浙江大学在培养学生组织和创新能力方面做了不少尝试。在 1997 年通过的“211 工程”可行性方案中，学校投资 2 500 万元建工程设计等 6 个教学实验中心，把传统的“经验式”实验逐步转变为“创新式”、“应用式”。①

为了提高学生的实践能力、动手能力，很多高等学校都加强实践教学环节，包括生产实习、工厂劳动、毕业设计等。而工科学生开展工程设计教育是培养学生实践能力和创新精神的重要途径。许多学校开展“产学研”合作办学，学生到企业进行专业实习和毕业设计，在厂方技术人员的指导下直接参与工程设计、产品制造活动；许多高等学校建立教学实验基地，为本科生进行设计活动创造条件。

从提高学生素质、培养学生研究能力和创新能力出发，许多高等学校

---

① 浙江大学．浙江大学的“KAQ”人才培养模式［J］．高教领导参考，1997（10）．

的教师在教学方法上积极探索、大胆实践。案例教学、对话教学、讨论式教学、学术沙龙式教学[①]等教学方法在许多高等学校开始使用。不少高等学校在教学中注重教师与学生之间的互动，把培养学生的各种能力（如解决问题、分析问题的能力，团队合作的能力，学会学习等）作为目的。在北京大学，评价一位教师的课讲得好不好，标准在于能否激起学生进一步学习的兴趣，能否掌握学习的方法，以便通过自己的主动学习与研究去解决科学发展与应用中的实际问题。[②]

四、高等学校课程和教学改革的评价

20 世纪 90 年代末期，我国高等教育开始步入了大众化发展阶段，实行了高等教育扩大招生政策。在这种大发展的前提下，如何提高人才培养质量、实现规模、结构、质量与效益协调，成为我国高等教育发展一个需要解决的问题。

1999 年高等教育扩招以来，平均增幅超过了以往多年平均增幅，许多高等学校盲目扩大规模，增加专业，客观上存在着高等学校毕业生结构性失业的隐忧。例如，在专业安排上不可避免地产生“满足已有专业”和“发展容易上马专业”的倾向。另一方面，功利主义上升，一些高等学校的扩张就盲目起来，忽视了自己的比较优势，缩小了社会需要的“基础和艰苦行业类”学科专业，而是跟风上了一些与学校传统难以整合的时髦专业。在这种情况下，我国高等教育的办学质量没有明显的提高，甚至出现了质量下降的情况。在学科专业结构调整方面也存在一些问题，如许多新建的本科院校、合并后的高等学校都存在着学科专业优化的问题。在教学内容方面，也存在不少问题。2006 年上海、深圳等地高新技术企业所需要高级专门人才的素质和培养模式调研结果发现，许多企业认为，高等学校对企业技术前沿的发展不太了解，课堂讲授内容与企业实际运用环境严重脱离，知识比较陈旧而且互补性不强，适应性较差。[③]

如何适应社会主义市场经济体制和经济全球化的发展，以及现代科学技术的发展对知识创新的要求，是高等学校人才培养面对的新问题。因此，开展创新教育，继续深化素质教育改革，对大学生进行全面素质教育

① 中国高等教育学会. 改革开放 30 年中国高等教育发展经验专题研究［M］. 北京：教育科学出版社，2008：418－419.

② 王义遒. 以创新为灵魂　改善与优化学校整体育人环境［M］//全国高等学校教研中心. 面向 21 世纪 加强高等教育教学改革与研究. 北京：高等教育出版社，1999：148.

③ 郝克明，马陆亭. 关于培养高素质技术创新人才的探讨［J］. 教育研究，2007（6）.

是新时期的人才培养目标。

在高等学校课程上，我国高等学校目前的课程改革是朝着增强基础、拓宽专业面的方向发展，但课程结构的基本架构仍然保持着专才培养的模式。1997年以后，国内大多数高等学校已经推行学分制，但由于是在四年制专业教育的框架下进行的，学生选择的自由性不大。学生在“选科”（自选专业）、“选课”（自选课程）、“选师”（自选教师）、“选时”（自选学习进程）等方面所获得的自由度都很小。总体上来看，学生学习的学分量仍然是比较高的，从某个意义上说，学生学习的选择度并没有很大的提高，甚至可以说是略有下降。① 而要更好地培养学生的自学能力，发展其实践能力和创新能力，让学生学得更主动，得到全面的发展的前提就是精简科目，压缩总学时。这样才能实现教学模式从讲授为主向自学为主的转变，从而增加学生自主学习、独立研究和实践活动时间。因此，要深化学分制、弹性学制改革，在这些方面寻求突破，才能在真正意义上为学生提供自主学习、因材施教、个性化培养的空间。

在课程教学内容方面，“产学研”合作教育被纳入教育教学改革总体设计中。为了使培养的人才更好地适应国民经济建设迅速发展的需要，许多高等学校从20世纪80年代起就开始实践“教育、科学研究、生产相结合”的理念，把以课堂传授知识为主的学校教育与直接获取实际经验、创新能力和实践能力为主的生产、科研实践有机结合起来。1997年10月，教育部发布《关于开展产学研合作教育“九五”试点工作的通知》，确定在28所高等学校开展“产学研”合作教育试点工作。通过“产学研”合作教育，将高等学校科研创新与企业发展的市场需求结合起来，并且促进了学生研究能力、解决问题能力、创新能力的提高。在教学中，许多高等学校采用问题导向的研究式教学方法，调动了学生学习的积极性，提高了教学质量和教学效益。

事实上，高等教育大众化需要高等教育多样化，多样化既是经济与社会多样化发展的反映，又是人的个性多样化发展的要求。而目前我国高等学校的课程和教学改革，仍然存在着盲目、一窝蜂上的情况。多数高等学校的学科专业设置、课程结构、教学内容、教学模式仍然是千校一面。由此而论，我国高等学校的课程和教学改革很难说达到了满足社会和个人的多样化的需要。高等学校培养目标的不同，办学特色的不同，面临的实际

---

① 韩骅，董琴. 增加学习的可选择性：高等学校课程改革的重心之一——比较中美三份教学方案的启示［J］. 高等教育研究，2004（4）.

问题的不同，使得高等学校课程和教学改革要着力解决的问题也不同。因此，今后我国高等学校的课程和教学改革，应更多地立足本校，积极开展校本研究与实践，以此解决学校自身存在的问题，形成能指导本校课程和教学改革的有效理论，从而扎扎实实地促进高质量人才的培养。①

① 罗尧成，陈敬良，姚俭．我国高等学校课程与教学改革三十年——历程、经验与瞻望［J］．中国高教研究，2009（2）．

第二章 高等学校的学科专业调整

现代高等学校从形式上讲都是实施某种形式的专门教育，因此，以专门化为特征的学科和专业（或主修）等，就成为高等学校进行教育活动的重要经纬。院（系科）则是学科和专业的表现形式。大学的组织与学科建立起了一种可靠的联系，并在此基础上进行人才培养。高等学校的学科建设是与学校的办学宗旨、人才培养目标和规格以及其办学特色、发展战略等联系在一起的。

在《辞海》中，“学科”有两方面的含义：一是学术的分类，指一定的科学领域或科学分支，如自然科学中的物理学、生物学等，社会科学中的经济学、法学等。二是指教学的科目，指依据一定的教学理论组织起来的知识和技能的体系，是学校教学内容的基本单位，如语言、数学、物理、生物、实验、习题等。学科是分门别类的，学科的分类是人们依据科学认识对科学领域做出的区分。因此，随着人类认识和知识活动的不断深化，学科分类也在不断地变化发展。

学科与高等教育改革的关系，本质上是深入到学科领域内部专业结构与课程结构和教学内容改革中的。当代科技的发展呈现了高度综合与分化的趋势，呈现了纵向树状分支学科与横断面交叉边缘学科的立体网络性状的学科体系。

《教育管理辞典》(海南人民出版社）将“专业”定义为：高等学校或中等专业学校根据社会分工需要而划分的学业门类。各专业都有独立的教学计划，以体现本专业的培养目标和要求。这个定义基本与《辞海》的解释一致，认为专业是一种学业门类。

《教育大辞典》（上海教育出版社，第3卷）将“专业”解释为“中国、苏联等国高等学校培养学生的各个专业领域”。并指出，高等学校的专业大体相当于《国际教育标准分类》的课程计划或美国学校的主修，是根据社会职业分工、学科分类、科学技术和文化发展状况及经济建设与社会发展需要划分的。

我国高等学校按专业或专业大类进行招生和培养，专门化教育通常被认为是高等教育的基本特征。而专业的基本要素是课程，课程及其组合方式反映了专业的目的和规格。

我国1949年以来的人才培养模式和课程改革与建设，与院系调整和专业设置有密切的关系。

第一节　我国高等学校学科专业的几次调整

一、新中国成立到“文革”前我国高等学校的学科专业调整

（一）20世纪50年代的院系调整和学科专业设置

新中国成立时，除台湾外，全国共有高等学校227所，学生10.4万人。其中，大学65所，占高等学校数的29%，专门学院92所，占高等学校总数的40%，专科学校70所，占高等学校总数的31%。[①] 在系科方面，文理科多，工科少，重工业系科更少，而且不少系科的设置重复不合理。为了解决这些问题，我国于1951年起对全国高等院校的院系进行了调整。

这次院系调整的指导思想是：改变旧中国的“通才”教育目标，“以培养工业建设干部和师资为重点，发展专门学院和专科学校，整顿和加强综合性大学……专门学院和专门学校又分多科性和单科性两种，它的任务是根据国家的需要，培养各种专门的高级技术人才。综合性大学的任务，主要是培养科学研究人才和中等学校、高等学校的师资。”[②] 经过调整，至1953年底，我国高等学校减少为183所，其中综合大学14所，高等工业学校39所，高等师范院校31所，高等农林学校29所，高等医药学校29所，高等政法学校4所，高等财经学校6所，高等艺术学校15所，高等语言学校8所，高等体育学校5所，少数民族高等学校2所，其他1所。[③]

20世纪50年代初的院系调整在我国高等教育史上是空前的，通过此次调整，“专才教育”思想在我国高等教育中确立起来。这次院系调整是有计划、有步骤进行的，调整的重点是整顿与加强综合大学，大力发展专门学院，首先是工业学院和师范学院。调整先从京津开始，陆续在华北地区、西南、中南、东北及西北等大行政区展开，涉及原有的3/4的高等学校。这次调整的幅度相当大，基本上改变了我国原有的系科分布。调整后，全国高等学校本科分为三类：文理科综合大学、多科性理工学院和单科性专门学院。真正意义上的综合大学不存在了，原来综合大学的工、农、医学院及财经系都并入其他专门学院或独立设校，文、理系科合并集中到少数几所学校，成为文理综合大学。这次调整主要加强国家建设迫切需要的系科和专业。经过调整，到1955年，全国高等学校工科学生增加到10.959 8万人，占当时在校生总数28.765 3万人的38.1%，是学生人数最

① 高奇. 中国高等教育思想史［M］. 北京：人民教育出版社，1992：350.

② 全国高等学校院系调整基本完成［N］. 人民日报，1952-09-24.

③ 中央教育科学研究所. 中华人民共和国教育大事记（1949—1982）［M］. 北京：教育科学出版社，1984：70-71.

多的科类。[①] 同时也增加了农、林、医、师范等与国家发展和民生休戚相关的学生人数，为当时轰轰烈烈的国家建设做出了贡献。比如，北京地质学院设立了新的矿产地质及勘探系、水文地质工程地质系、地理物理探矿系等，为新中国的地质勘探资源开发奠定了一定的基础。

20世纪50年代院系调整的另一个目标是解决高等教育的效益问题。旧中国高等教育学校和学科设置分散、庞杂；师资、设备分散、效率低、浪费大；一些领域系科重复，而一些社会急需的专业人才又无处培养。此次调整将同类系科合并，教师和设备集中，解决了一些学校办学条件差的问题，也提高了教师的工作效率和设备的使用效率，增加了招生人数。例如，山东各高等学校学生人数增加了1/3，教师只增加了几名，而教师的缺额反而减少了。1952年，全国工科计划招生29 000人，实际招生33 952人，而如果不调整，仅能招生15 000人。[②]

20世纪50年代的院系调整还基本确立了我国高等教育的地区布局，改变高等学校集中于沿海大城市，而内地和边远地区高等教育资源匮乏的问题。新中国成立前上海有高等学校36所，在校学生30 798人，分别占全国总数的17.4%和19.7%，四川有高等学校25所，在校学生18 843人，北京有高等学校17所，在校学生17 442人，广东有高等学校15所，在校学生14 880人，江苏有高等学校22所，在校学生13 973人，而内蒙古、黑龙江、西藏、青海、宁夏竟无一所高等学校，整个西北仅有高等学校13所（其中陕西8所，甘肃4所，新疆1所），在校学生6 867人。经过调整，内地高等教育力量得到充实，西安、武汉、长沙等城市成为新的高等教育中心。到1957年，陕西有高等学校12所，在校学生25 006人，排全国第七位。然而，此次调整也出现了高等学校在北京地区集中的问题，1957年，北京有高等学校31所，在校学生79 650人，分别占全国的13.5%和18.1%。[③] 但同时，一些沿海省份的高等教育实力受到很大削弱，比如，广东省高等学校和系科大量迁往湖北、湖南，高等学校数由新中国成立前的15所，至1957年减少到6所。

这样的院系调整也带来了一些问题。主要是对“通才”教育思想没有做具体分析而全盘否定，导致原有综合性大学调整幅度过大，理工分开不

---

① 《中国教育年鉴》编辑部. 中国教育年鉴（1949—1981）[M]. 北京：中国大百科全书出版社，1984：966.

② 《中国教育年鉴》编辑部. 中国教育年鉴（1949—1981）[M]. 北京：中国大百科全书出版社，1984：969.

③ 《中国教育年鉴》编辑部. 中国教育年鉴（1949—1981）[M]. 北京：中国大百科全书出版社，1984：975－977.

利于学科的综合发展和边缘学科的研究与发展；工科院校增多，但内部比例不当，重工业系科偏多，土木、能源等基础工业和轻工业系科薄弱；财经政法高等院校过少，政法类学生数在新中国成立前最高年份为37 682人，到1955年减少到4 801人，占当时高等学校在校生数的1.67%，财经类学生数在同时期由17 698人减少到11 395人，占在校生总数的比例也由11.4%降到3.96%。[①]

高等学校一方面进行"院系调整"、体制改革，另一方面同时进行以专业设置为中心的教学改革。院系调整一方面吸收了延安抗日军政大学突出政治的经验，另一方面照搬了苏联培养技术干部的办学模式，而且把它们绝对化、教条化。1954年，高等教育部强调"全面地、系统地、有计划地并全心全意地学习苏联"[②]。其中，高等学校的改革有一项重要的举措就是改变原有系科，重新设置专业。"专业"是苏联高等教育的专用名词，比起美英高等学校的系科，业务范围要狭窄得多。1952年，我国基本上采用了苏联高等学校的专业目录，开始按专业培养专门人才，1953年，全国高等学校设置专业215种。[③] 为了使专业设置科学合理，适应国家建设需要，加强高等教育的计划性和规范性。1954年7月，高等教育部制定了具有法律效力的、可以规范高等学校专门人才培养目标、培养规格的全国统一的《高等学校专业目录分类设置（草案）》，目录共设40类257种专业。[④] 1957年扩大到323种，其中工科183种，理科21种，农科18种，林科9种，医科7种，师范21种，文科26种，财经12种，政法2种，体育2种，艺术22种。[⑤]

在1958年"大跃进"的推进下，我国高等教育也进入了一个大发展时期，在教育革命中新增加了很多专业，其中包括国防和尖端科学技术专业，这些专业适应经济建设、国防建设和科学技术发展需要，填补了一些空白。各高等学校调整系科、专业，组建新专业。如工科学院增设了近代物理、同位素应用等新课程。[⑥] 据1958年初统计，全国219所高等学校设

---

① 《中国教育年鉴》编辑部. 中国教育年鉴（1949—1981）[M]. 北京：中国大百科全书出版社，1984：966.

② 中央教育科学研究所. 中华人民共和国教育大事记（1949—1982）[M]. 北京：教育科学出版社，1984：101.

③ 汪晓村，等. 中国大学本科专业设置与调整的历史演变和现实思考［J］. 高等教育研究，2006（11）.

④ 林蕙青. 高等学校学科专业结构调整研究［D］. 厦门大学高等教育研究所，2006：82.

⑤ 《中国教育年鉴》编辑部. 中国教育年鉴（1949—1981）[M]. 北京：中国大百科全书出版社，1984：239.

⑥ 高奇. 中国高等教育思想史［M］. 北京：人民教育出版社，1992：372.

专业363种[①]，比1957年增加40种，这还不包括1958年新建院校设置的新专业。1958—1960年，专业种类增加很多，当时没有确切的统计，估计在千种以上。

（二）20世纪60年代的专业设置调整

1961年以后，教育部根据“调整、巩固、充实、提高”的方针，对高等学校专业设置进行调整。1961年1月26日—2月4日，教育部在北京召开全国重点高等学校会议，提出对全国重点高等学校实行“四定”（即定规模、定任务、定方向、定专业），对专业设置加以调整，对各专业业务范围适当放宽。4月26日，中共中央、国务院批转教育部党组根据会议讨论结果提出《关于审定全国重点高等学校的发展规模和专业设置的报告》（简称《报告》）。《报告》提出专业设置调整的原则是：①明确学校的重点发展方向，合理安排，保证重点。每个学校要把自己所设的专业切实办好，并力求具有特色。同一大区的学校，国防尖端专业的设置应尽量注意分工合作，互相配合，避免不必要的重复。②各种专业的业务范围，应当注意适当放宽。对于专业范围过窄的专业和专门组要加以调整归并。③国防尖端专业的设置，必须全国一盘棋，由教育部统一规划报国务院批准。④一个学校的专业个数不宜过多，每个专业的学生人数不宜过少。全校平均每个专业招生人数一般不应少于50人。综合大学、师范院校理科设置专门组的个数也应加以控制，每个专门组每期分配的学生数不宜过少。综合大学、多科性工业院校、高等师范院校的专业个数一般应在20～30个之间，单科性学校的专业个数以不超过20个为宜。[②]

1962年5月教育部召开教育事业调整和精简教职工会议，确定保留404所学校共设654种专业。[③]

1963年4月8—25日，教育部在北京召开高等学校专业调整会议。会议讨论了这两年来在全国高等学校调整的基础上进一步调整专业设置的问题。会议提出，要以教育部颁发的高等学校专业目录为准，划分专业和设置专业，做到在全国范围内各类专业基本齐全，并力求做到各类专业的比例恰当、分布合理。文、理、工科各类专业，一般在全国范围内统一安排；林科、财经、政法、体育、艺术各类专业，一般在大区范围内统一安排，农科、医科、师范各类专业，一般在省、市、自治区安排。并确定在二三年内一般不增设新专业。会议商定全国高等学校保留本科专业549种，

---

① 林惠菁．高等学校学科专业结构调整研究［D］．厦门大学，2006：84.

② 郝维谦，龙正中．高等教育史［M］．海口：海南出版社，2000：193.

③《中国教育年鉴》编辑部．中国教育年鉴（1949—1981）［M］．北京：中国大百科全书出版社，1984：239－240.

2 527 个。

1963 年 9 月 24 日国务院批转了国家计委、教育部关于修订《高等学校通用专业目录》和《高等学校绝密、机密专业目录》的报告，提出按“宽窄并存，以宽为主”的原则，适当调整专业的业务范围，合并及统一专业名称，把一些不成熟的专业变为试办专业。如在理科部分，除了可以普遍设置数学、物理、化学等专业外，其他新学科，如计算数学、原子物理、放射化学等，既可以作为数学、物理、化学等专业的专门组来设置，也可以在少数学校作为独立的专业设置。在工科部分，既列有“机械制造工艺及设备”等比较通用的基本的专业，又列有“冶金机械及设备”、“化工机械及设备”等比较窄的专用机械专业。这次修订的《高等学校通用专业目录》共列有专业 432 种（包括试办专业），其中工科 164 种，农科 26 种，林科 12 种，医科 10 种，师范 17 种，文科 53 种，理科 36 种，财经 10 种，政法 2 种，体育 7 种，艺术 36 种，另列试办专业 59 种。加上绝密、机密专业 78 种，高等学校共设专业 510 种。①

以南京大学为例，1962 年学校有 12 个系、30 个专业和 64 个专门化，这些专业有不少是在这次调整中新增的，同时开设了新的课程，并且调整教学计划，重视加强基本理论和基本知识。②

1961—1963 年的高等学校和专业设置进行了调整、修订了通用专业目录，专业口径适当放宽了，这些措施在一定程度上改变了专业划分过窄的状况，拓宽了专业的业务范围，为稳定教学秩序、提高教学质量提供了条件。然而，专业调整的力度还是不够，也没能解决专业设置过细的问题。

二、“文化大革命”到 20 世纪 80 年代末高等学校学科专业的调整

“文化大革命”期间，许多高等学校的专业被迫停办和取消。综合大学的基础理论专业按“理向工靠”的实用逻辑，生物系变成了农学院的遗传育种专业、病虫害防治专业，医学院的中草药专业；物理系变成了冶金院校的金属学专业、电子器件专业。许多为各行各业培养通用人才的工科专业则以产品定专业，越分越细，变成了为某一行业甚至为某一个产品服务的很窄的专业。

“文化大革命”开始时，文科要不要办都成问题。陈伯达就曾经说过

① 国务院批转国家计委、教育部关于修订《高等学校通用专业目录》和《高等学校绝密、机密专业目录》的报告［DB/OL］. 首都高教研究与决策网（http://www.cherd.org.cn）.

② 郭影秋. 纪念南京大学建校六十周年［N］. 新华日报，1962－05－20.

“文科要不要可以考虑”①。毛泽东也曾经说：“大学还是要办的，我这里主要说的是理工科大学还要办。”② 文科专业被大砍大并，搞所谓“三合一”、“五合一”，有的将经济学、哲学、历史学 3 系合并为 1 个政治学专业，把经济、法律、历史、马列主义教研室合并到哲学系。③

“文化大革命”期间，我国高等学校办学秩序相当混乱，教学质量无法保证，这种情况一直持续到粉碎“四人帮”。

1978 年，教育部发布了《关于做好高等学校专业设置和改造工作的意见》，提出了新时期高等学校专业设置与改造的原则：第一，要根据国家经济社会发展需要，处理好需要与可能、普及与提高、重点与一般、当前与长远、数量与质量、学科与产品工艺等关系，专业设置不宜过窄，要注意变化与稳定，要具有先进性、科学性和适应性；第二，要全面规划，突出重点，有领导、有步骤地进行；第三，专业设置和调整是一项复杂的工程，要慎重，要进行试点。

1978 年 6 月，教育部召开全国高等学校文科教学工作座谈会，1979 年 6 至 7 月，又相继召开部属综合大学理科专业调整会议和部属工科院校专业调整座谈会，对专业调整作出部署。经过初步调整，到 1980 年，全国高等学校共设专业 1 039 种。

教育部从 1982 年下半年开始组织力量研究专业划分、修订专业目录的基本原则，有计划、有步骤地分别进行了工、农、医、理、文各科类本科专业目录的修订和专业调整工作。教育部首先从工程技术学科开始调整专业划分。1984 年修订了《高等学校本科专业目录》，将 1982 年高等工业学校设置的 664 种专业减少到 255 种，适当放宽了一些专业的业务范围，统一了专业名称。前后历时 5 年，到 1987 年底结束，根本解决了“十年动乱”造成的专业设置混乱的局面。

1985 年中共中央国务院召开了全国教育工作会议，讨论有关教育体制改革问题。同年 5 月 27 日中共中央公布了《关于教育体制改革的决定》（简称《决定》）。《决定》提出要改变高等教育科类比例不合理的状况，加快财经、政法、管理等薄弱系科和专业的发展，扶植新兴、边缘学科的成长。改变专科、本科比例不当的状况，着重加快高等专科教育的发展。

经过几年的努力，除了将“文化大革命”中五花八门的专业进行了整

① 季啸风. 文科教材建设的历史回顾［J］. 人民教育，1979（6）.

② 刘光. 新中国高等教育大事记（1949—1987）［M］. 长春：东北师范大学出版社，1990：261－262.

③《中国教育年鉴》编辑部. 中国教育年鉴（1949—1981）［M］. 北京：中国大百科全书出版社，1984：246.

理和规范外，许多高等学校积极根据社会发展的需要开设学科专业，增设了不少新专业。同时，还根据社会迅速变革的要求，探索学科专业的交叉和融合，努力合并专业，拓宽业务范围。如，南京大学采用“内联”“外挂”的方式，即校内实行跨系科联合，在校外与不同单位和地区挂钩的方式，建立了6个跨学科、跨单位的科研中心。①

这次的专业目录和过去的比较而言，更加系统科学。这次专业目录调整中“专业名称更加科学化、规范化”；“专业主要按学科划分，工、农、林、财经、政法、医药等应用性学科也可按工程对象、业务对象划分，但必须有明确的主干学科或主要学科基础”；“每一种专业，应该有相对独立的课程体系，课程内容基本相同的专业使用同一名称”。② 1980 年，全国高等学校共设置1 039 个专业；到 1988 年，全国高等学校专业总数下降到870 个，其中工科调整得最多，文科则有一定增加。③ 在专业总数有所减少的同时，专业布点数却在急剧增加。1978 年到 1988 年专业布点数呈上升趋势，1978 年为6 319 个，到 1988 年已经增长为 13 358 个④，翻了一番还多。其中，工科、财经、师范、文科的布点数增长比较快，理科、政法等有小幅增长。

三、20 世纪 80 年代末以后高等学校学科专业结构调整

全国高等学校学科专业目录在20 世纪 90 年代初和 90 年代后期经历了两次重新修订。这一时期学科专业结构调整的主导思想是要提高高等教育的适应性。改革的主要目标有两个：“一是培养符合 21 世纪需要的高质量人才，二是提高办学质量和效益。”⑤ 由于受传统计划经济体制和苏联教育模式的影响，我国高等学校的学科专业结构中存在着专业划分过细、管理过于僵化而缺乏灵活性、专业面过窄、单一科类和行业性院校过多等弊端，使得我国高等学校的学科专业设置过于刚性，适应性比较差。因此，适当拓宽专业的服务范围，增强高等教育适应力，培养基础宽厚、能力强、素质高的专门人才，就成为这两次高等学校学科专业结构调整的主要任务。

随着社会的发展，有些专业的服务方向不明确；有些专业需要撤销归并；有些专业交叉重复，因此本科专业目录还需要进一步拓宽专业的服务范围，减少专业种数，增强适应性。1993 年《中国教育改革和发展纲要》

---

① 南大建立六个跨学科跨单位的科研中心［N］. 光明日报，1984 －04－07.

② 倪明江. 创造未来［M］. 杭州：浙江大学出版社，1999：45－48.

③④ 国家教委计划建设司. 中国教育统计年鉴（1988）［M］. 北京：北京工业大学出版社，1989.

⑤ 李岚清. 李岚清教育访谈录［M］. 北京：人民教育出版社，2004：81.

颁布以后，国家教委加快了普通高等学校本科专业目录总体修订工作的进程。1993 年 7 月，国家教委颁布新修订的《普通高等学校学科门类和专业目录》(1993 年的《目录》)。1993 年的《目录》实施后，进一步深化了人们对于本科教育的认识，指导高等学校拓宽了专业口径，增强了适应性。

1993 年颁布的新专业目录，调整了专业科类。这次调整改变了传统以行业划分的办法，代之以学科划分科类，总计分十个科类：哲学、经济学、法学、教育学、文学、历史学、理学、工学、农学、医学，基本实现了本科专业与研究生专业和学位的对接。在十大学科门类下，设二级类 71 个，504 种专业，比修订前减少 309 种。其中哲学门类下设二级类 2 个，9 种专业；经济学门类下设二级类 2 个，31 种专业；法学门类下设二级类 4 个，19 种专业；教育学门类下设二级类 3 个，13 种专业；文学门类下设二级类 4 个，106 种专业；历史学门类下设二级类 2 个，13 种专业；理学门类下设二级类 16 个，55 种专业；工学门类下设二级类 22 个，181 种专业；农学门类下设二级类 7 个，40 种专业；医学门类下设二级类 9 个，37 种专业。1998 年又增加了管理学门类，本科人才培养的学科门类达到 11 个。①

但到 1997 年，全国普通高等学校实际设置的本科专业又扩展到 624 种。为了从根本上改变专业划分过细过窄的状况，为了增设一些新兴学科、边缘学科和交叉学科专业，为了有利于高等教育更加着重基础扎实、知识面宽、实践能力强、素质高的人才培养，1997 年国家教委又开始对本科专业目录进行新一轮的修订。这次修订是按照科学、规范、拓宽的原则，强调主要按学科设置专业，加强人才培养的适应性。

1998 年 7 月，国家公布新的《普通高等学校本科专业目录》（简称《专业目录》），专业数由原来的 500 多种减少到 249 种。新《专业目录》分设哲学、经济学、法学、教育学、文学、历史学、理学、工学、农学、医学、管理学 11 个学科门类，下设二级类 71 个，专业种数 249 种。这次修订专业目录进一步突破了传统和狭隘的专业教育观念，拓宽了人才培养工作的视野，为调整人才知识、能力和素质结构，深化人才培养模式改革奠定了基础。1998 年的专业口径拓宽比以往的力度大，其调整压缩的幅度是新中国成立以来最大的一次。同样，这一时期我国高等学校的学科专业调整十分重视发展国家急需的一些学科专业和与高新技术产业、信息产业相关的学科专业，如计算机、信息工程、电子信息、环境保护、生物科学、工业设计、城市规划等。

1998 年 7 月教育部同时公布了《普通高等学校本科专业设置规定》，

---

① 国家教育委员会（教育部）高等教育司．中国普通高等学校本科专业设置大全［M］．上海：华东师范大学出版社，1994．

允许学校根据经济社会发展的需要和学校的实际条件，设置目录外专业。2001 年经教育部批准的目录外本科专业 62 种，2002 年 118 种，2004 年 140 种，2006 年达到 197 种。

20 世纪 90 年代的学科专业改革是与高等教育的管理体制改革结合在一起的。当时的高等教育管理体制改革主要解决专业设置过窄、管理条块分割的问题，改革的主要目标有两个：一是培养符合 21 世纪需要的高质量人才，二是提高办学质量和效益。[①] 改革的主要内容也有两个：第一，是通过共建、划转等方式，将原属中央部委管理的高等学校划转省级政府管理，或教育部管理；第二，通过合并等方式，将一些专业学院，并入综合大学，或合并建立新的综合大学，提高高等学校的综合程度，拓宽专业口径。经过调整和改革，不仅专业数量减少了，高等学校数量也减少了。1992—2000 年，我国有 556 所高等学校（其中普通高等学校 387 所，成人高等学校 169 所）合并调整为 232 所高等学校（其中普通高等学校 212 所，成人高等学校 20 所），净减 324 所高等学校。[②]

20 世纪 90 年代以来，教育部在专业设置备案与审批工作中的方式、方法发生了很大的变化。最突出的一点是，在审批过程中，高等学校和地方教育主管部门的意见得到更多的考虑和尊重。1998—2000 年，经教育部备案或批准设置的本科专业超过申报专业总数的 90%。[③] 但是另一方面，教育部对全国高等学校学科专业结构的宏观调控力度更大，除了要从宏观上保证与国防、意识形态、精神文明建设、边远地区高等教育发展等相关学科专业的建设外，还特别对热门专业采取了一些限制的措施。1998 年，教育部把一些当时出现毕业生供过于求的专业，如国际经济与贸易、财政学、金融学、法学、社会工作、编辑出版学、信息管理与信息系统、工程管理、工商管理、市场营销、会计学、财务管理、旅游管理、行政管理等 14 种本科专业确定为 1998 年和 1999 年度由教育部审批的专业；2000 年，考虑到个别专业招生的特殊性，又明确了财政学、金融学、法学、治安学、侦查学、运动训练、运动人体科学、民族传统体育、刑事科学技术、工商管理、会计学、旅游管理 12 种专业为国家控制布点的专业。[④]

自 20 世纪 90 年代开始持续至 21 世纪初的高等学校学科专业调整，奠定了 21 世纪初我国高等教育的基本格局。这次调整与 20 世纪 50 年代初的调整基本是沿着相反的方向开展的：在社会目标方面前一次调整是适应于

① 李岚清．李岚清教育访谈录［M］．北京：人民教育出版社，2004：81．
② 汪大勇．高等学校合并工作取得阶段性成果［N］．光明日报，2000－11－01．
③ 林惠菁．高等学校学科专业结构调整研究［D］．厦门大学，2006：96．
④ 林惠菁．高等学校学科专业结构调整研究［D］．厦门大学，2006：97．

计划经济的，后一次调整是适应市场经济的；在学校和人才培养方面前一次调整是向专业化的，后一次调整是向综合化的；在参照对象方面前一次调整简单地选择了苏联，后一次调整在广泛吸收发达国家先进经验的基础上着重借鉴欧美模式；在动力机制方面，前一次调整是自上而下的，后一次调整是上下结合基础上的自下而上。① 后一次调整除基本解决了中央部门办学造成的“条块分割”问题外，最值得关注的是学校以及人才培养的综合化。其主要目的是增强高等学校的综合实力；促进不同学科之间的融合，增强学校创造性；培养全面发展的人才。

教育部强调，各高等学校在学科和专业的设置，要从社会发展和国民经济发展的需要出发，要从学校以及本地区的实际情况出发。20 世纪 90 年代中后期以来，我国许多高等学校吸收了国际和国内的经验，在学科和专业设置上采取了一些有效措施。如有的高等学校采取“扬优支重、改老扶新”的措施，有的学校“以基础学科为依据，以重点学科为核心，以博士点学科为骨干，发展交叉学科、应用学科”。有的学校提出“保护重点学科专业，发展有特色的学科专业，合并相近的学科专业，增设新的学科专业”②。

以上海交通大学为例，该校在改老扶新，拓宽专业面方面做了许多工作，取得显著效果。在 1970 年，该校主要专业只有船、机、电 3 个方面。十几年来，在传统工科方面，补充了土、化两方面专业，还建立了数学、物理、化学、生物等一批应用理科专业，大力发展了经济、管理类专业，并适当发展了一些文科专业，成为以理、工、管为主兼有文科的学科门类比较齐全的大学，为培养复合型人才创造了条件。他们还将原来比较窄的专业拓宽到按学科类办学，如仪器工程学将原有精密仪器、生物医疗仪器和检测技术三个专业归并为仪器工程类，原有三个专业成为高年级学生可以选择的三个方向。机械工程学也将原有的机械制造工艺和设备、液压传动和工程机械三个专业归口为机械工程类。

再以复旦大学为例，该校为适应社会发展需要，1993 年以来新增设了房地产经营管理、国际贸易、国际企业管理、会计学、投资经济、广告学、旅游管理、高分子材料、通信工程、韩语、保险学等新专业，恢复了俄语专业，调整了若干老的专业。

---

① 周川．新一轮院系调整的特征与问题［J］．高等教育研究，1998（2）．

② 杨德广．加强高等学校教学内容和课程体系建设的思考和实施意见［J］．上海师范大学学报，1996（4）．

第二节　我国高等学校学科专业调整的评价

一、我国高等学校学科专业调整的特征

（1）新中国成立60年来，我国高等学校学科专业设置走过了一条从无到有、从少到多、又从多到少的道路。我国高等学校学科专业设置的指导思想从新中国成立初期到现在有相当大的调整变化，由强调按照生产部门或生产工序设置专业，到强调各专业都要有明确的主干学科方向或主要学科基础。新中国成立以来专业数见表2－1。

表2－1　新中国成立以来专业种类数的变化①

年份	1953	1957	1962	1980	1987	1991	1993	1998
专业种数	215	323	627	1 039	671	862	504	249

从1952年的院系调整开始，我国形成了高等学校的专业与行业、部门相对应的传统。此后，高等学校的学科专业划分越来越细，专业口径越来越窄，目的是增强专门人才对行业甚至是工作岗位的针对性。这种学科专业发展的指导思想使得我国高等学校的专业教育变成一种专才式教育。这种趋势一直持续到20世纪90年代初。

（2）高等学校各专业课程体系大多按照专业培养目标设置专业课程，因而培养的学生专业理论较好，但基础知识面窄。这样培养出来的学生由于缺乏广泛的学科和知识支撑，很难取得综合性的、高水平的成果；学生的知识视野狭窄，既不利于他们的全面发展，也不利于培养他们的创造性。狭窄的专业口径在一定条件下可能对社会经济发展产生一定的作用，但这毕竟不符合教育的规律。因此长期以来我国教育界对此存在不少的反对意见，政府也十分重视这一问题。早在20世纪60年代，面对过快和过热的专业细化，国家就提出了“宽窄并存、以宽为主”的原则，并且把一些不成熟的专业变为试办专业，控制招生规模。到20世纪80年代，科学技术综合发展的趋势日益明显，同时社会各领域的变化越来越迅速，这就要求学科专业要向交叉和融合的方向发展。于是，从20世纪80年代开始，国家在拓宽专业口径、压缩专业总数方面做了不少的工作。20世纪90年代以来，国家在拓宽专业口径方面力度更大，1998年更将高等学校专业数

① 刘志鹏，别敦荣，张笛梅. 20世纪的中国高等教育：教学卷（上册）［M］. 北京：高等教育出版社，2006：222.

量压缩到了249个。同时，通过推进高等学校合并，实现了高等学校本科专业覆盖面的扩大。从总的趋势上看，我国高等学校的专业口径是越来越宽。但实际上，每次专业口径的拓宽后都会有一定程度的反弹。

（3）我国高等学校专业设置走向兼容化，专业结构得到了极大优化。主要体现在以下几个方面：①高等教育专业名称逐步科学化、规范化。1993年的专业调整提出专业设置要以学科性质和学科特点作为基本依据。1997年《国家教委关于进行普通高等学校本科专业目录修订工作的通知》（教高〔1997〕13号）明确提出，“专业主要应按学科划分，应用科学也可按工程对象、业务对象划分，但必须有明确的主干学科或主要学科基础”，这被认为是“我国大学专业设置、划分走向科学化、规范化的标志”。[①] ②专业趋向于少、宽、柔。拓宽了专业口径，增强了专业适应性，专业方向设计逐步贯彻了柔性原则。③归并整合传统专业，增设并培育新兴、交叉、边缘学科专业，不断充实专业内涵。④在专业设置改革中，有意识地改变新中国成立以来重理轻文的状况，加强了文科、财经、政法等薄弱专业的建设。在改革中，对一大批传统专业大力整合规划，充实、发掘、延伸其内涵，做到传统专业少而精，以继续保持特色和优势。同时，在慎重论证和积极开拓中扶持有广阔前景的新兴专业。不同专业的课程开设逐步冲破不同专业课程壁垒，走向兼容化，文科专业增设自然科学方面的课程，理工科专业增设社会科学、人文类课程，加强学生的人文修养，旨在促进文理工相互渗透。同时，强化了与经济建设和科技发展联系紧密的应用型和有特色的课程。[②]

（4）我国高等学校学科专业的调整，在不同时期有明显不同的侧重点。总的趋势是，改革开放以前重点发展的是理工科；20世纪80年代后期则重点发展文科类学科专业，90年代到20世纪末，则重点发展与高新科技产业和信息产业密切相关的新兴学科专业。

这种学科专业发展侧重点的变化明显地体现着国家政治、经济发展重点的变化。改革开放以前，我国经济的发展重点是工业建设，因此理工科发展比较迅速。改革开放以后，社会各项事业百废待兴，由于理工科先前的基础比较厚实，因此人才短缺问题不十分突出，但人文社会科学则显现出人才匮乏的问题；再加上改革开放以后出现了很多以前不曾面临的新问题，尤其是财经、政法等领域的问题日益增多，因此发展文科尤其是财

---

① 汪晓村，等．中国大学本科专业设置与调整的历史演变和现实思考［J］．高等教育研究，2006（11）．

② 朱璋龙．新中国高等学校课程改革史及其思考［D］．长沙：湖南师范大学，2004：42．

经、政法类就显得十分迫切。进入20世纪90年代后，国家经济发展的重点转移到高新技术产业和信息产业等领域。这些产业都是以近年来发展起来的新兴学科如信息科学、计算机科学、通信科学、生物科学等为基础的，而这些新兴学科由于其技术含量高，更需要培养大量高级专门人才。因此，信息科学与技术类专业和生物科学类学科专业自90年代以来发展十分迅速。

不同时期发展的侧重点不同，其思路及做法，具有一定的合理性。但是，这种思路是和我国高度行政性的调整机制紧密相连的，这就不可避免地造成了一定的结构失衡问题。

(5) 我国高等学校的学科专业设置还存在着学科专业目录刚性有余而弹性不足，以及学科综合化水平不高，专业数量偏多等问题。根据1998年教育部颁布的《普通高等学校本科专业设置规定》，高等学校必须根据全国统一的专业目录设置本科专业，设置的目录中“控制专业”和目录外专业要严格审批。专业目录的指令性非常强，高等学校缺乏必要的专业设置自主权。而由于专业目录的弹性不足，新兴交叉学科专业发展缺乏保障。因此也造成了各高等学校的学科专业设置没有特色，学科专业综合化不高，数量偏多的问题。

二、我国高等学校学科专业调整的趋势

从总体趋势上看，我国高等学校的学科分类和设置最终都要与国际接轨。目前，根据我国的国情，设置指令性和指导性相结合的学科专业目录是一种比较合适的选择。从长远看，在学科专业的设置上，我国统一的、具有规范作用的学科专业设置及其表现形式——学科专业目录，应该和各个高等学校根据当地社会发展需要以及本校校情而设置专业的做法有机统一起来。前者所要考虑的是学科设置的先导性、前瞻性和预见性，这样才能保持学科划分的科学性、规范性和完整性，提高专业设置的灵活性，确保管理和制度能够为发展服务；后者则应该考虑的是学科专业设置与高等学校服务社会的一致性和与科技文化发展需要的适应性。而无论是哪一种学科专业设置路径，都应该为新兴、交叉学科的培育留出一定的发展空间。此外，还要考虑本科和研究生专业的不同，有些专业只是研究生有，如高等教育学等。此外，为了满足国家经济、社会发展对人才培养的需求，适当扩大应用型学科和专业学位学科比重是必要的；为了方便国际交流和合作，尽可能使用国际通用的、规范的学科名称。为此，也有必要建立起一套科学合理、操作性强的学科专业目录的进入、退出机制，建立自

主设置学科专业的认证与评估制度及相应的约束监督机制。①

1995年潘懋元、王伟廉编写的《高等教育学》将专业定义为“课程的一种组织形式”②。这个定义突破了20世纪50年代以来强调专业与社会职业的密切关系的倾向。事实上，从根本上说，所有形态的教育都是通过组织起来的课程实现一定的目标，基础教育、职业教育、高等教育如此，通识教育、专门教育也是如此。专业自然要体现为一组课程，但这一组课程可以依据不同的指导思想和原则来组织，可以为了实现不同的目标。于是，在课程建设上，有学者提出应“确立以课程为中心的专业建设理念”③。也就是说，以往我国高等学校的专业建设都是先划定学科专业范围再考虑课程，这种方式应该转向“确立以课程为中心的专业建设理念”，即通过课程组合来形成某种专业或专门化。因为坚持以课程建设为核心来形成专业，将有助于明确培养目标与各门课程之间的关系，建构合理的课程体系，并选择合适的课程内容，又好又快地实现我们的人才培养目标。这也是把“淡化学科，拓宽专业口径”落到实处的切实有效的做法。

---

① 国务院学位委员会办公室. 前言［R］//中国学位与研究生教育学会. “十·五”学位制度和研究生教育研究课题——国（境）外学科专业设置情况调研报告. 2006.

② 潘懋元，王伟廉. 高等教育学［M］. 福州：福建教育出版社，1995：128.

③ 雷炜. 高等学校课程建设现状分析与对策研究［J］. 高等工程教育研究，2008（1）.

第三章 高等学校的课程结构改革

高等学校课程服务于高等教育的目的和高等学校的人才培养目标，是高等学校教学工作的基本依据，是高等学校教学计划的核心内容。高等学校课程是为了实现人才培养目标而设计的教学内容和活动体系。课程在高等学校的培养过程中有着特别重要的地位和作用。

课程中最为重要的3个范畴的选择问题是：课程内容的选择、课程类型的选择、课程设计模式的选择。课程内容的问题我们另有专节进行讨论(第五章第一节)。

各种设计模式的课程在教学计划中究竟按照何种纵向顺序及横向联系组合成一个有机的整体，这是进行课程设置的又一个重要问题。课程设计的模式，从外在的形式上讲，主要表现为课程设计的一种技术性流程图式。这种图式在外形上展示了课程设计的基本框架，而在内在的实质性内容上，主要是关于课程设计构成要素之间的组合、关联及其运作的关系处理，即表现为课程结构。本章讨论高等学校的课程结构。

第一节 高等学校的课程结构改革概述

一、高等学校课程结构

高等学校的课程结构是指高等学校为实现人才培养目标所构建的课程体系，是课程内部各要素、各成分的内在联系和相互结合的组织形式。课程结构是课程各部分的配合和组织，它是课程体系的骨架，主要规定了组成课程体系的学科门类，以及各学科内容的比例关系、必修课与选修课、分科课程与综合课程的搭配等，体现特定的课程理念和课程设置的价值取向。各高等学校因教育理念的不同，人才培养目标和课程观的不同，在课程设置上各有取舍，课程结构也各不相同。

一般认为，课程结构包括宏观、中观和微观三个层次。[①] 宏观课程结构，即学校课程的类别结构，其基本构成分是各种类型的课程，典型的课程类型可分为：学科课程与活动课程、分科课程与综合课程、必修课程与选修课程、显性课程与隐性课程。中观课程结构即课程的科类结构。微

---

① 廖哲勋，田慧生. 课程新论［M］. 北京：教育科学出版社，2003：231.

观结构即科目（或活动项目）内的结构以及潜在课程各构成要素内的结构。

从功能来看，高等学校课程包括通识课程和专业课程。通识课程突出对人类文化财富的传承功能，包括知识课程和部分显性的情意课程；专业课程突出成长、进步和超越人类已有文化，包括发展学生的情意课程和活动课程等。这两类课程体现了高等教育传承与创新的价值取向和基本特征。

从修习的要求来看，高等学校课程可按其对专业的相关性分为必修课、选修课（包括限定选修和自由选修课）两种修习类型。

目前，我国高等学校课程结构一般包括以下 5 个方面：

1. 通识课程和专业课程

通识教育课程是为大学生在校学习和未来发展奠定基础的课程；专业教育课程是在通识教育课程之上为大学生进一步发展而设置的课程。这两大类课程在高等学校育人系统中统摄了各类课程，发挥着各自不同的功能，并结合在一起有机地构成了高等学校的课程体系。①（关于专业课程和通识课程在本章第二、第三节专门进行讨论。）

2. 必修课程和选修课程

必修课程是指该专业的每个学生必修的基础理论、专业理论和专业知识方面的课程，它保证了培养人才的基本规格和质量。必修课程一般包括 3 个方面的内容：①公共基础课程，这是所有大学生都必须学习的，如大学的政治理论课程、外语课程、体育课程等。②专业基础课程，此类课程是某一科类的学生所必须修习的基础理论、基本知识和基本技能课程。如工科学生都必须学习高等数学、大学物理学和制图学等。③专业课程，这是根据专业人才在业务上的特殊要求所设置的专业知识与专业技能课程。这类课程最能体现专业特点，具有职业倾向性。

选修课程是高等学校根据专业需要和人才培养要求而设计的可供学生自己选择修习的课程。选修课主要用以加强学生的科学理论基础和拓宽应用知识的范围。选修课程一般又分为限定选修课和任意/自由选修课两种。前者指定在一类和一组课程中必须选修若干门；后者指学生可以根据自己的兴趣、需要选修的课程，可以是与专业相关的，也可以是其他专业或跨学科的课程。选修课的内容一般有如下 4 类：①专业理论的提高或加深，培养学生某一方面的专长；②介绍本专业最新科学成果或科研前沿的动

① 胡弼成．高等学校课程体系现代化研究［D］．厦门大学博士论文，2004：38．

态；③跨学科或边缘学科知识；④扩大知识面或提高文化修养的课程。

3. 学时配比

大学教学的总课时是固定的，具体分配到某一门课的课时应根据学科的性质、需要程度、信息量等综合确定。

4. 课程进行的时序

课程进行的时序即各门课程开设的时间顺序。一般应是后开设的课程以先开设的课程为基础。

5. 各类课之间的关系

各类课之间的关系，就横向而言，各门课程之间应该相辅相成，不能过度交叉重复；就整体而言，应以重点学科为核心，其他学科为辅助。

以上结构层次的分类，只有相对的意义。同一门课程，在不同的学科、专业，可能属于不同的类型。如，政治经济学一般是公共课，对于财经类专业来说就具有专业基础课的意义。再如，综合大学文理专业的专业课程，也可能是社会科学、工程科学、医学等专业的基础理论课程。因此，综合大学的课程中专业课程和通识课程、基础课程和专业课程、必修课程和选修课程并不能严格划分。

二、我国高等学校课程结构的演变

新中国成立后的第一次高等学校课程结构改革发生于1952年。从新中国成立到1952年，我国已经建立起了初步的社会主义政治、经济、文化秩序。而旧中国遗留下来的高等学校课程结构已经明显地不适应于当时的社会主义社会发展，急需根据当时的政治、经济、文化状况进行改革。在当时社会政治背景下，我国以苏联的高等教育模式为参照，在全国范围进行了高等教育的“院系调整”，几乎全盘引进了苏联高等学校的课程结构，甚至连教学大纲和教材都大量从苏联引进，翻译后直接使用。在此基础上，编定全国统一的教学计划、教学大纲和教科书，使高等学校课程纳入了社会主义轨道，形成了全国“大统一”的课程模式，把培养“现成的专家”作为高等学校本科教育的目标。

当时实行计划经济体制的苏联，对高等学校课程体系构建的原则一般可概括为3个：第一，计划原则，计划经济国家的高等学校人才培养应按计划进行；第二，比例原则，即社会对各类人才的需求是有一定的比例的，高等学校的人才培养也应按比例进行；第三，预测原则，即高等学校各类人才的培养应以社会对各类人才的需求信息为基础，因此，应对各类人才的需求作出预测。在这3条原则指导下，高等学校的人才培养是以“专业”为单位进行的，其主旨在于强调专门人才与社会职业部门的“对口”。因此，我国 1952 年的高等学校课程结构改革也是以“专业”为基本单元，不同的专业设置不同的课程。每一种专业中，学生所修习的课程都是相同的，没有选课的自由。当时高等学校课程结构可以分为 4 大块：公共课程，指每个学生都必须修习的，如外语、政治、体育等；基础课程，指几类专业的共同基础，如物理学之于理、工科各专业、历史之于人文社会科学各专业；专业基础课程，指与该专业有直接关系的基础，如生理学之于医学专业和心理学专业，经济学之于会计、金融专业；专业课程指本专业自身主干课，如会计学之于会计专业、微积分之于数学专业、中国历史之于历史专业。这 4 大块在课程结构中呈宝塔形依次排列（如图 3 - 1）。这种课程结构在我国高等学校沿用了多年。

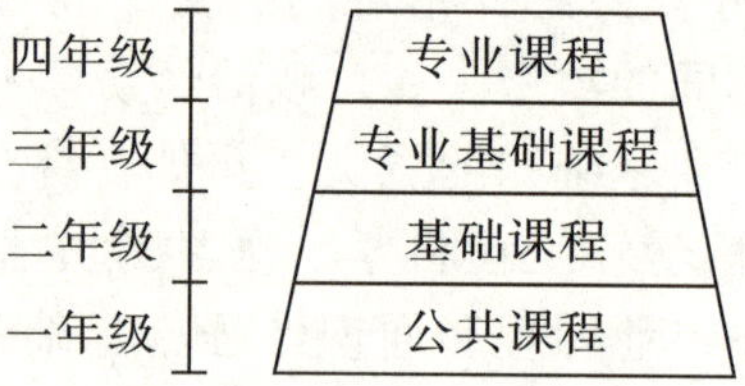

图 3 - 1　新中国成立初期高等学校课程结构①

在以苏联培养各种“专家”的人才培养模式为蓝本设计的高等学校课程中，处于底层的公共课一般只包括外语、体育和几门政治理论课程，在整个课程结构中只占很小的一部分。以 1953 年 8 月教育部颁布的综合大学“物理专业”的教学计划为例，该教学计划共开 26 门课程，其中专业基础课程和专业课程开设 10 余门，占教学计划总量的 53%，基础课程即为专业教育提供支持的工具型课程一共 6 门，占教学计划总量的 7%，两者相加超过 60%。公共课仅仅是外语、政治理论课、体育等，有关人文社会科学以及其他一些加强文化基础和修养的公共基础课程都取消了。该计划所开设课程总学时达到 3 799 学时，但几乎都是必修课程，学生很少有选择的自由。② 而且，1956 年以后，我国高等学校在课程设置和教学过程中进一步加强了专业教育。这种状况一直持续到“文化大革命”。

我国第二次高等学校课程结构改革是在 1966 年随着“文化大革命”而开始进行的，不过这次改革的一些思想在 1958 年的“教育革命”中就形成了。从严格意义上讲，是某种倒退或混乱。但这高等学校课程结构改

① 王伟廉. 中国高等学校课程体系改造的历史、现状及展望［J］. 有色金属高教研究，1997（4）.

② 李曼丽. 通识教育——一种大学教育观［M］. 北京：清华大学出版社，1999：219.

革过程中的某些做法，其影响颇为深远。我国高等学校的课程结构调整历时 10 年，高等学校的课程结构开始偏向极端实用主义。当时我国在政治上强调“以阶级斗争为纲”，业务上则强调以解决生产中的实际问题为依据。所以，当时高等学校课程结构也是以具体问题为经纬来进行组织的，结合生产、科研任务中的典型工程、典型产品、典型工艺、技术革新等进行教学。打破过去把基础课与专业课截然分开的界限，突出重点，急用先学，边干边学。改变以课本为中心，教师为中心的方法，系统的科学理论知识在这一时期则被严重忽视。①

十一届三中全会后，20 世纪 80 年代初我国开始进行了第三次高等学校课程结构改革。这次高等学校课程结构的改革是渐变的，改革一直持续到现在。

80 年代以后，不少高等学校打通了公共课和基础课，通常在一年级和二年级修习。原有的专业基础课和专业课则划分为几个专业方向，并相应地形成了几个课程模块，大致从三年级开始修习。在课程中也设有一部分自由选修课，通常安排在最后一年修习，其占总学分的比重因校因学科而异，大致在 10% ~25% 之间（图 3 –2）。

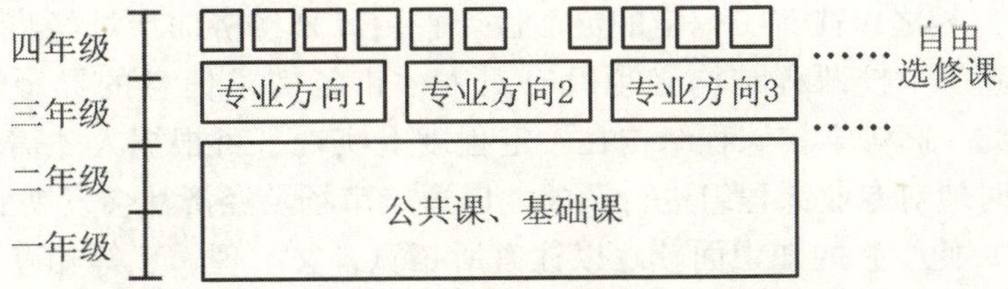

图 3 –2　20 世纪 80 年代我国一些高等学校的课程结构②

在教学中，则采用“平台 + 模块”的课程结构模式。即由公共基础、学科基础、专业基础 3 个不同层次的但相互联系的“平台”构成必修课，专业方向模块和自由选修课构成选修课。其中，“平台”是保证人才的基本规格和全面发展的共性要求，体现“宽口径、厚基础”；“模块”主要是实现不同专业方向人才分流培养，体现个性。这一课程结构体系，按照学科大类招生，学生前期学习公共基础和学科基础，后期根据志愿加考核的原则选择和学习专业基础和专业方向模块课程。这种课程具体结构如表 3 –1所示。

①②　王伟廉. 中国高等学校课程体系改造的历史、现状及展望［J］. 有色金属高教研究，1997（4）.

表3-1　20世纪80年代我国一些高等学校的课程组织形式①

<table>
<tr><th colspan="2" rowspan="2">平台</th><th colspan="2">教学模块</th></tr>
<tr><th>理论教学</th><th>实践教学</th></tr>
<tr><td colspan="2" rowspan="2">专业方向平台</td><td>专业方向模块</td><td>毕业实习与设计</td></tr>
<tr><td>专业选修课模块</td><td></td></tr>
<tr><td rowspan="3">学科
基础
平台</td><td rowspan="2">本学科基础</td><td>二级学科基础模块</td><td>实验实习课程设计或论文</td></tr>
<tr><td>一级学科基础模块</td><td>综合设计、论文</td></tr>
<tr><td>跨学科基础</td><td>相关学科基础模块</td><td></td></tr>
<tr><td colspan="2" rowspan="3">公共基础教育平台</td><td>人文社会学科基础模块</td><td>社会调查</td></tr>
<tr><td>自然科学基础模块</td><td>实验、实习</td></tr>
<tr><td>工具性学科基础（计算机、英语）</td><td>上机及听力训练</td></tr>
</table>

这次改革使我国高等学校的课程结构已经较以往的结构有了一定程度的改观，形成了一系列的特征：②

（1）较之以往有了一定的灵活性。在由计划经济向市场经济转变的过程中，高等学校课程结构必须具有对人才市场需求信息的灵敏性和灵活性。因此，高等学校课程结构在一定程度上实现了可根据人才需求信息的变动及时地对专业课程组进行调整，以适应市场及经济社会发展的需要。

（2）使学生的知识面较之以往有所拓宽，文、理、工等相互渗透的余地更大。

（3）能在一定程度上考虑到学生的个性，使他们在更大程度上提高综合素质。

（4）有了一定的弹性，有利于新知识进入高等学校的课程，有助于高等学校课程内容跟上时代步伐。

三、我国高等学校课程结构改革的评价

高等学校课程结构的改革与发展受诸多主、客观因素与教育观念的制约与影响，只有把它置于全方位开放的政治、经济、文化、教育的动态循环系统中去考察，才能深入洞察其变革的根本原因。

---

① 曹屯裕．基于“平台＋模块”课程结构体系的人才培养模式［J］．中国大学教学，2003（5）．

② 王伟廉．中国高等学校课程体系改造的历史、现状及展望［J］．有色金属高教研究，1997（4）．

从新中国成立初期到21世纪，我国高等学校课程结构经历3次改革：1952年的第一次改革带有较强的政治因素，由此确定了我国高等学校课程的专业化模式；1966年的第二次改革的政治因素也非常强，虽然这次改革给我国高等学校课程带来了巨大的变化，但是并没有改变课程的基本结构；改革开放后的第三次改革是宏观层次的改革，受到多方面因素，包括经济、科技、文化和多种教育思潮的影响，这次改革意在改变我国高等学校人才培养过分专业化的模式，是实质性的改革，它同时也带动了整个课程结构形式上的改革。

改革开放之前，我国高等学校的课程结构有两个突出的弊端：第一，围绕狭窄的专业课来安排课程，往往删减了基础课中对专业课不是直接有用的通识教育内容，导致学生的知识面狭窄，适应能力差。第二，课程结构上必修课偏多，选修课少；分科课程多，综合课程少；理论课多，实践与操作课程少。选修课、综合课、实践与操作课少导致人才缺乏个性与特长，缺乏实践能力、开拓精神与创造能力。

此外，我国高等学校课程还存在一个严重的问题就是各高等学校的课程缺乏个性，过分强调统一性，造成培养的人才类型与规格单一，不能适应经济社会发展对人才的多样化需求。

1952—1957年，中央教育管理部门制订的教学计划是指令性文件，全国各高等学校的同一个专业使用同一个教学计划。1957年之后，中央教育管理部门制订的教学计划成为参考性文件。到1985年《中共中央关于教育体制改革的决定》颁布，中央教育管理部门不再公布参考性教学计划，高等学校获得了制订、修订和执行教学计划的自主权。1998年颁布的《高等教育法》更以法律条文的形式在第四章第三十四条做出规定：高等学校根据教学需要，自主制订教学计划、选编教材、组织实施教学活动。实施自主性的大学教学计划以后，各高等学校在修订本校教学计划时都进行了多种尝试和改进。其共同的趋向是加强基础，淡化专业，注重能力培养，增强适应性。

在课程结构方面，第一，改变了过去以狭窄的专业课为轴心来组织基础课的局面，拓宽了基础课的范围，增加了基础课的门类，适当降低了专业课的难度，减少专业课的门类。基础课的文、理、工等相互渗透，学生的知识面有所拓宽。第二，减少必修课程的门数和教学时间，提高选修课程的比重，大量增加选修课程和扩大学生选课的自由度。其中必修课在70%～80%，选修课的分量在逐渐增加，基本上达到20%～30%。而且，当前的高等学校课程还从只强调社会需要向注重社会需要的同时兼顾学习者个人需要、兴趣和选择转变。

进入20世纪90年代中期以后，各高等学校结合本校实际，不断调整本科教育的培养目标，进行了不少有益的探索，呈现出多元化的局面。这次课程改革的最大成功之处在于课程结构更加朝综合化方向发展，更加体现文理渗透、理工结合，学科交叉。各高等学校通过减少必修课比例、增加基础课分量、加强课程内容的整合、优化专业结构等措施，提高了课程体系的整体效益。此外，这次课程改革伴随着教学管理体制的一系列改革，学分制和选修制的进一步加强，使得学生的兴趣得到了提高，个性得到了张扬。改革中也更加重视培养学生独立学习能力和创新能力。可以说，90年代中期以来我国高等学校的课程改革，已经进入了实质性的阶段，也取得了有目共睹的成绩。

高等学校课程结构的改革反映的是一个时期内高等教育发展的状况与趋势。它必须是相对静态的、稳定的，但是它又是在不断变革中的，是静态与动态的统一，是继承与批判、发展的统一。高等学校必须围绕专业培养目标，建构合理的课程体系，选择合适的课程内容，才能真正实现我们的人才培养目标。课程结构在设计中必须注意整体综合效应，注意纵向与横向之间的内在联结与交融，才能体现每一门课程在人才培养中的价值。课程类型的选择依据主要是：在满足人才能力结构与素质结构需要的同时，也要考虑教学计划运行的需要。在具体操作中会涉及理论教学与实践教学、知识与技能、必修与选修、显性课程与隐性课程的关系等问题。而且，不同的高等学校有各自的培养目标和传统，在课程设置上应该有不同的选择，体现各自的特色。

高等学校的课程改革，是一项艰巨的任务。我国高等学校目前的课程结构、课程内容、教学方法等，仍然存在着不少问题。如何建立更加适应我国经济社会快速发展的课程体系，是摆在各高等学校面前的一个重大而又艰巨的任务。

第二节　专业课程结构改革

一、我国高等学校专业课程的发展

专业教育课程主要是指直接为学生未来职业做准备而设置的各种课程。它又可分为专业基础课与专业课两大类。我国高等学校的专业教育课程基本是以苏联为蓝本，其基本结构是在20世纪50年代初期高等学校课程结构改革时形成的，至今仍然带有很深的“苏式”烙印。在以培养社会所需的“对口人才”为目标的课程结构中，高等学校课程体现出专业化特征，课程的设置是以专业为基点，不同的专业设置不同的课程。高等学校课程从公共课（如外语、政治理论课）、基础课（如数学、物理、化学等）、基础技术课（如电工原理、机械原理、材料力学等）到专业课，在一定意义上体现了在宽广的基础上再学专业的循序渐进的原则。运用毕业论文或毕业设计的方式，帮助学生系统地总结所学的课程，培养学生独立思考和独立工作能力。每一种专业中，学生所修习的课程多数是必修课。改革开放以后虽然也提出各专业可以根据培养目标的要求和师资的条件开设若干选修课，但是比重小，学生选课的自由度也小。

在我国高等学校课程中，专业教育课程占很大比重，可以说除了一、二年级的基础课外，其他课程都可称为广义的专业课程。这种专业课程被认为是典型的狭窄的专业教育，其特征主要为：①课程的目的性、系统性、组织性和计划性非常增强。②忽略基础课的重要性，过分强调专门化课程。③通过理论联系实际来培养现成的专门人才。

我国高等学校的专业课程是为实现“培养高级专门人才的目标”，专业设置的基本依据是社会职业，按照经济社会活动中的劳动分工。我国高等学校的专业划分在20世纪后半叶，出现了越来越细、越来越窄的情况。这种谋求与行业、产品甚至其工艺、职业与岗位相对应的专业教育，有悖于培育人和人的全面发展要求。这种狭窄的专业教育，人为地将学科、专业、课程过分肢解，使事实“求真”的科学思维与价值“反思”的人文意识被截然分家，造成了大学生知识狭窄，成为限制其创造力发展与削弱专业迁移力及职业转换力的重要原因，同时也没有注意到专业与知识分类的关系。在高等学校课程中，专业课程一般占课程总量的60%～70%，而且，多以应用类课程为主。

20世纪90年代以来，我国专业教育进行了大力度的课程改革。虽然本科教育开始提倡通识教育，但仍以专业教育为主。我国高等学校课程结构一直是以实施“狭窄的专业教育”为特点，而在考察发达国家大学课程结构改革的动向后，我们发现，继续加大通识教育课程在中国高等学校课程体系中的比重已为时代之必需。

目前，我国高等学校正在进行“宽口径厚基础的专业教育”改革，也就是说，专业教育课程在我国高等学校目前的课程中仍需得到足够的重视。在课程设置方面，首先是加强基础，淡化专业，注重能力培养，增强适应性。具体的做法是改变过去按照以狭窄的专业课为轴心来组织基础课的局面，拓宽基础课的范围，增加基础课的门类，适当降低专业课的难度，减少专业课的门类。基础课方面实行文、理、工等相互渗透，拓宽学生的知识面。

下面我们将讨论专业课程内部的改革。

二、我国高等学校专业课程的优化①

专业教育课程内部结构的优化涉及课程门类的改变、比例关系的调整和组织结构的变化三个主要方面。针对中国高等学校的现状，这一优化过程主要包括：

1. 分科课程综合化

分科课程是我国大学专业教育的主要实施形式。随着时代的进步，科学技术的发展，这种课程形式愈发显出其不足。为此，联合国教科文组织在其制定的“第二个中期计划（1984—1989）”中特别强调了课程综合化的重要性：“面对复杂的需要，为了避免课程超载，解决的不是在现行内容中增添新的因素，而应考虑到有关各学科的补充性和计划中的教育目的，把所有因素有机地整合成一个个新的、复合的整体”②。

2. 主修课程基础化

主修课程在此特指根据某一职业需要或专长发展而开设的有关该领域专门知识和精深内容的课程。主修课程基础化的实质是解决专业基础课与专业课之间的关系问题，旨在拓宽专业口径，增强学生对未来社会的适应能力。目前，发达国家许多大学的本科教育通常具有通识教育或基础教育性质，众多单位的“用人基点”也有提升到研究生毕业的趋势；未来最具竞争力的知识结构是倒“T”形的多元化知识结构，即在广博基础上的专精。这足以表明：主修课程基础化应成为中国高等学校课程体系结构改革的努力方向。主修课程基础化决非仅是一个看似十分简单的“加强基础，拓宽知识面”的问题，它涉及对人的知识、能力结构中广度与深度的关系研究。

3. 选修课程模块化

“课程模块化”是指按照系统的构想和编制原则，把同一性质或类型的前后联系的若干门课程串在一起，以形成一个相对完整的知识块的课程结构方式。选修课程可分为限制性选修课程和任意选修课程两大类。随着选修课程尤其是其中的任意选修课程在整个专业培养方案中比重的增大，学生面对门类众多的选修课程，可能过分重视眼前的需要而忽视长远的利益以及有价值的东西；同时，学生在高深学问领域才刚刚入门，不能期望

---

① 此部分参考：胡弼成. 高等学校课程体系现代化研究［D］. 厦门大学博士论文，2004：226－232.

② 有宝华. 课程连续统一体——一种新的学校课程系统［J］. 外国教育资料，2000（1）.

他们做出有效决策。为此，通过选修课程模块化可使学生在某一专业领域形成较为完整的知识结构，进而有利于学生今后朝该领域的专深方向发展。而且，专业模块课程学习阶段也是处理好高等学校人才培养与社会人才使用“接口”的关键所在。这一阶段的学习可为学生毕业时选择职业及日后的发展打下扎实的基础。选修课程模块化较好地实现了社会需求和个性发展的有机统一。任意选修课程的模块化有利于学生个性的发展。根据学生毕业后的不同意向，是从事本学科专业工作、继续攻读本学科或相关领域研究生，还是攻读其他学科领域的研究生，可将任选课程划分为相对应的几个模块，并根据各个模块所要达到的不同目标来组织相应课程。学生通过学习适合各自未来发展的模块课程来培养自己的个性，进而实现人生理想。

4. 理论、实践课程一体化

理论课程与实践课程一体化不仅是指课程组织结构上二者的并行推进、有机结合，而且包含了实践课程与理论课程处于同等地位，以及建立与理论课程要求相适应的形式多样的实践课程门类等内容。中国高等学校当前实践课程的状况是：在整个课程体系中所占比重不足，在地位上从属于理论课程；形式单一，综合程度不高；在组织上与理论课程存在明显分离。加强实践课程，增加实践课程的教学时数不仅可以使理论知识得到更好理解，利于各学科领域知识的整合；便于形成鼓励创新的氛围，进而培养学生的创新能力，因为能力是在掌握知识的过程中形成，在运用知识的过程中表现和成熟的。同时，个体在实践课程中通过与他人合作，有利于协作意识的培养和团队精神的形成。理论、实践课程一体化对大学课程结构改革的要求如下：

一是培养方案以工程设计或社会实践为主线。对于工科专业，设置“实验与工程训练”实践性教学模块，打破传统课程体系“基础课—工程技术科学基础课—工程技术专业课”的三层楼结构，使学生一入校就接触和熟悉工程环境。以工程设计为主线组织课程体系，并将其贯穿到本科四年的学习之中，使之成为基础理论、工程实践和创造性设计的结合点，为知识的衔接与应用提供综合和整合的载体。而对于文科专业，将理论学习与社会调查、教学实践等有机结合，借以促进理论知识与实践能力的有效转化。

二是建立“统合—分化—统合”的实践课程体系。这是理论课程与实践课程有机结合的必然要求。其特点为：学生入校进行“认识性”实践，对整个专业形成初步感知；大学学习中途根据所学课程的不同要求，进行“专门性”实践；大学毕业前期进行“综合性”实践。毕业前夕的“综合性”实践融开放型、设计型、综合型于一体，对于提高学生的实践能力，培养综合分析和解决问题的能力可起到其他课程形式无可比拟的作用。

三是实验、实践形式多样化、综合化、科研化，建立与理论课程要求相适应的实践课程门类。在实验改革上，变单一实验为组合实验，增加实验的综合性；变验证性实验为学生独立选做实验，增大实验的设计性。同时，增大实践的科研性质，即在教师指导下的学生科技与人文实践活动为主，加强学生创新意识和创新能力的培养。通过参与这些富有科研性质的实践活动，学生在加深了对理论知识理解的同时，自身的科研能力也大大增强。

第三节　通识课程结构改革

一、我国高等学校通识课程的发展①

通识课程是“研读一种旨在授予基本知识和发展基本智力的课程，以有别于专门性或技术性的课程”②。《威伯斯特新大学词典》对通识教育的定义是“综合传统独立学科中的基本部分内容，以向所有学生提供共同知识背景为目的的一种课程设置”③。

通识课程和专业课程在高等学校育人系统中统摄了各类课程，有各自不同的功能，两者结合在一起有机地构成了高等学校的课程体系。高等学校对于通识课程和专业课程的取舍、设置，实际上反映了大学教育及人才培养模式的价值取向。金耀基在《大学之理念》中指出：“最主要的是通识教育的定性与定位问题，更恰当地说，则是大学教育的定性与定位问题。”④

通识教育是针对高等教育日益专业化所引致的知识的褊狭主义和教条主义而提出来的。因此，人们往往会将它与专业教育放在对立的立场上。一般来说，通识教育被认为是指“非专业性、非职业性、非功利性”的。事实上，通识教育的非专业性和非职业性并不是对专业教育的排斥。

通识教育的目标是培养“全人”。一个大学生不论将来从事什么职业，他首先应该有广博的知识、丰富的学养、正确的思维方式和良好的社会责任感，而这些要求非专业教育所能独立达到。通识教育与专业教育的区别不仅在于课程，更在于方法和视野。正如美国大学联合会在《通识教育的新活力》中指出的：“（通过通识教育课程）使人们继续保持学习的能力和欲望，通过通识教育

① 此部分参考：陈小红. 大学通识教育课程研究［D］. 厦门大学博士论文，2005：19－21，28.

②③ ［美］亨利·罗索夫斯基. 美国校园文化——学生·教授·管理［M］. 济南：山东人民出版社，1996：111.

④ 金耀基. 大学之理念［M］. 北京：生活·读书·新知三联书店，2001：144.

的课程，教育机构的目的在于通过鼓励积极学习和独立研究，帮助学生对自己的智能发展负责，发展独立思考的习惯和兴趣。”①

哈佛“红皮书”指出：“通识教育的概念带有模糊性，它不是指空洞的传授知识的教育，也不是指对所有人教育的普通教育，而是指将学生首先看为一个有责任心的人和公民而应该接受的全人的教育。与之相对的专业教育则是指培养学生某个职业方面的能力。这两者是不能截然分开的。”② 简言之，通识教育侧重于培养怎么做人，而专业教育负责培养怎么做事。如今的通识教育是一种通过广泛的学科领域培养复杂的智力和能力的教育，它力图在帮助学生成为有能力的专业人士的同时，也帮助学生成为有教养的公民。

在我国，对于通识教育，虽然有不少专家学者阐述了中国传统高等教育与其相近或相通的地方，新中国成立前很多大学模仿美国的高等教育实施通识教育。但是，新中国成立以后我国高等教育全面学习苏联模式，建立了专业教育模式。因此，我国通识教育的真正发展应该是从 20 世纪 80 年代开始，也就是说，通识教育在中国的发展到目前只有三十几年。

中国的通识教育理念的发展经历了通才教育理念—文化素质教育理念—通识教育理念的历程。③

20 世纪 80 年代初期，在人才培养问题上，我国高等教育过分专业化的弊端开始逐渐显露出来，如过分重专业轻基础，重科学教育轻人文教育，重做事轻做人，教育的问题相当突出。当时，不少学者开始呼吁重新实施“通才教育”、进行“文理渗透”的教育。这一时期的通才教育理念注重学生广博的基础知识培养。在课程上，则主要以开设交叉学科课程、实行综合化课程、增加选修课为主要特征。

20 世纪 90 年代以后，发展大学生的个性心理品质方面开始受到重视。在知识、能力、思想观念、道德品质、心理素质和身体素质等因素中，我国曾一度重视知识的传授，而未切实落实思想道德品质教育，尤其是忽视了大学生人文素质的培养。因此，不少学者对素质教育进行了讨论，有的学者重新提出要走出“半个人的时代”。1995 年国家教委印发的《关于开展大学生文化素质教育试点工作的通知》指出：“加强大学生文化素质教育，就是要使大学生在学好本专业的同时，具备专业以外的人文社会科学、自然科学以及文化艺术有关

---

① Task Group on General Education. Association of American Colleges//A New Vitality in General Education. Washington: Association of American College, 1988.

② Report of the Harvard Committee. General Education in a Free Society. Cambridge, Massachusetts: Harvard University Press, 1945: 56, 51.

③ 赵遵强. 试论中国大学通识教育体系之发展（1978—2005）[D]. 山东大学，2008: 51.

的基础知识和基本修养，使专业人才具有较高的文化素质。”① 这一阶段我国高等学校通识课程主要是指：“人文、艺术教育，基本内容是文、史、哲，是指中国优秀的、世界精华的。……‘两课’是德育主渠道，不能动摇，加强文化素质教育有利于拓宽德育的视野，提高做人的品位、格调、价值取向……要求纳入培养计划，但不要大面积调整教学计划。可以多开选修课，加强课外教育和氛围。”② 1998年，国家教育委员会高教司专门就文化素质教育发布指导文件《关于加强大学生文化素质教育的若干意见》（简称《意见》），对有关文化素质教育的一些原则性问题做了详尽的说明。《意见》要求高等学校文化素质教育“重点在人文素质教育。主要通过对大学生加强文学、历史、哲学、艺术等人文科学方面的教育，对文科学生加强自然科学的教育，以提高全体大学生的文化品位、审美情趣、人文素养和科学素养”。同时，国家教委还研究制定了《关于深化教学改革，培养适应21世纪需要的高质量人才的意见》等文件，要求在高等学校教育教学的方方面面都要体现文化素质教育，并在《关于普通高等学校修订本科专业教学计划的原则意见》中则具体提出了修订高等学校教学计划指导性方针，正式将文化素质教育课程纳入高等学校教学计划中。文件要求“修订后的教学计划应使学生通过学习达到以下基本的规格：有一定的人文社会科学和自然科学基本理论知识……具有独立获取知识、提出问题、分析问题和解决问题的基本能力及开拓创新精神”。各高等学校的“公共基础课程应包括马克思主义理论课程、思想品德课程、体育课程、外语课程、军事训练课程、生产劳动课程、计算机基础教育课程和文化素质教育等课程”。

1999年6月，第三次全国教育工作会议召开并发布了《中共中央国务院关于深化教育改革全面推进素质教育的决议》（简称《决议》）。《决议》提出：“高等教育要重视培养大学生的创新能力、实践能力和创业精神，普遍提高大学生的人文素养和科学素质。”2000年，教育部出台了“新世纪高等学校教育教学改革工程”，强调要用“先进的科学与文化知识成果教育学生，将文化素质教育渗透到专业教育之中，普遍提高大学生的人文素质、科学素质、创新精神和创业、实践能力”。国家政府的肯定和推动，使我国通识教育进入了一个新阶段。

进入21世纪，我国大学教育更进一步进行改革，有学者称这是“中国高教界告别‘苏联教育模式’，向以‘自由、通才’为特征的教育模式全面转型”③。通识教育理念日益深入人心，高等学校的通识教育改革如火如荼。

---

①② 胡纪生. 国家教委召开高等学校文化素质教育研讨会［J］. 石油教育，1995（12）.

③ 大学苏式教育走向终结［EB/OL］. http://www.southcn.com/weekend/2003-01-16. 10：58：05

这一阶段在学科专业设置和调整的背景下，我国各高等学校在学科专业领域上相应地拓宽专业设置口径，增加复合型专业、跨学科专业、实行弹性学制等措施。这一阶段通识课程的主要特点是加强基础，淡化专业，增强适应性，强调知识、素质、能力的全面发展。

二、我国高等学校通识课程的结构及评价[①]

20 世纪 90 年代末，我国高等学校开始明确设置通识课程。通常的做法有两个途径：一个途径是将原来的公共课和相近专业的基础课打通，融合而成，一般在大学一、二年级开设；另一途径是开设通识教育性质的自由选修课程，这些课程分布在四年中任何时间供学生选择。通常两条途径并行，各有各的作用（如图 3－3）。

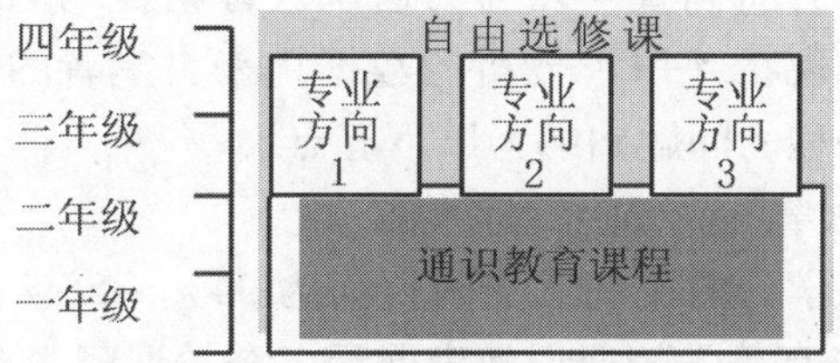

图 3－3　20 世纪 90 年代我国一些高等学校的课程结构[②]

目前，我国大部分高等学校的通识课程主要是根据 1998 年国家教委颁发的《关于深化教学改革，培养适应 21 世纪需要的高质量人才的意见》等文件精神制定的。素质教育类选修课是“为思想道德素质提供知识和逻辑思维方法的基础；为科学（业务）素质教育提供读、写和理解力（分析与归纳）的基础；为身体和心理素质提供知识和情感的基础”[③] 的课程。“素质教育类选修课”是我国大学通识课程的重要组成部分。此外，我国大学通识课程也包括国家规定的“公共必修课”（包括政治课、外语课、体育课等）。

也有不少大学明确提出开设专门的通识课程，如北京大学的“本科生素质教育通选课”，有数学与自然科学、社会科学、哲学与心理学、历史学、语言学文学与艺术 5 个选修领域；再如复旦大学的课程结构由通识教育课程、文理基础课程和专业教育课程三大板块组成，通识教育课程又分

① 此部分参考陈小红．大学通识教育课程研究［D］．厦门大学博士论文，2005：183－184，198－204．

② 王伟廉．中国高等学校课程体系改造的历史、现状及展望［J］．有色金属高教研究，1997（4）．

③ 张岂之．大学文化素质教育断想［J］．高等学校文化素质教育通讯，1999（5）．

通识教育核心课程（包括思想政治理论课程模块和通识教育核心课程六大模块）、专项教育课程（包括体育、军事理论、大学英语和计算机课程，此部分与思想政治理论课合在一起相当于其他学校的“公共必修课”）、通识教育选修课程（分人文科学与艺术、社会科学与行为科学、自然科学、医学与药学四组课程）。可以看出，这些大学开设的通识课程，都包括“公共必修课”和“素质教育类选修课”两部分，不同的是学校根据各自的教育理念将课程进行了分类。

我国高等学校通识课程仍然存在着不少问题。笔者于2005年选取12所大学作为样本，通过对各校教学计划、选课指南、课程体系、素质教育介绍、各学校网页、本科生指南等的研读、分析，调查各校“通识教育课程”的实施现状。并将调查与以前的通识教育调查①作比较，分析我国大学通识教育课程的现状（以下分析的数据均来自笔者的调查）。笔者将我国大学通识教育课程的问题归纳为以下五点：

1. 通识课程总量不少，但目标不清

通识课程占总学分的比例，美国目前为34%～35%，② 中国根据笔者2005年的调查，各高等学校通识教育课程占全校课程学分比例分别是复旦大学53%，85学分；上海交通大学54.5%，93学分；东南大学55%，94学分；厦门大学40%，65学分；武汉大学43%，77学分；陕西师范大学45%，77学分。各高等学校通识课程占总学分比例平均为48%，平均约79学分。③ 从数字上看，我国内地高等学校通识课程总量已经超过美国。

但是，我国高等学校通识课程目标不清，课程划分不清，几乎所有不是专业课程的课都算是通识课，因此，不少学者惊呼“今日中国的通识教育成了一个筐，什么都往里装”④。目前，我国大学通识课程主要由“素质

① 我国对通识教育进行的调查一般都是各大学的实践工作者或是研究者所做的小范围的调查。本研究所比较的通识教育调查主要有“我国大陆高等学校通识教育现状调查分析——以北大、清华、人大、北师大四所大学为例”（李曼丽，1998）“关于我国大学通识教育的调查与分析”（余凯，1999）“我国部分大学普通教育课程设置存在的问题分析”（刘莉，2001）“武汉大学通识教育调查与分析报告”（冯惠敏，2003）“我国高等学校通识教育现状比较分析”（陈秀平等，2003）“北京大学现行通识教育目标与课程问题”（李曼丽等，2003）“大学课程目标与内容调查报告——对三所综合性大学本科课程的调查分析”（周海涛，2004）“十所高师院校通识课程设置现状分析”（李会春，2004）等。

② 黄坤锦．美国大学的通识教育——美国心灵的攀登［M］．北京师范大学，2006：161－168．

③ 该比例与国内其他调查的结果相符，如通识教育学分在总学分中的比例到20世纪90年代末期普遍为35%以上（李曼丽，1998），有的高等学校甚至高达57.77%（陈秀平等，2003）。

④ 陈洁．通识教育悄然回归［N］．中华读书报，2007－10－24．

教育类选修课”和“公共必修课”构成。公共必修课包括“两课”（指我国在普通高等学校开设的马克思主义理论课和思想品德课，包括：马克思主义哲学原理，毛泽东思想、邓小平理论和“三个代表”重要思想概论，中国近现代史纲要，思想道德修养与法律基础、形势与政策，不少大学现统称“思想政治理论课”）和外语课、体育课等。这些课程在美国是不属于通识课程的。在美国，72%以上的大学通识教育目标是清楚的。[①] 美国大学把目标的清楚作为评价通识课程的重要指标。我国高等学校通识课程目标不清，导致了通识课程庞杂混乱。

2. 通识课程中分科课程较多，跨学科课程太少

美国的通识课程调查显示，跨学科课程的要求有增加的趋势。我们看到，中国不少高等学校已经注意到“跨学科”的重要性，并在通识教育课程要求中有明确的规定，如：北京大学的通识选修课是以跨学科的课程为主的；复旦大学的通识教育核心课程旨在打破分门别类的学科壁垒、贯通人类学问与知识的共同基础。此外，不少大学还利用理、工、医、文、经、管、法等多学科的综合性优势，制订辅修专业、双专业和双学士学位培养计划，为学生跨学科学习创造条件。但是，增加跨学科课程仍然是我国大学通识课程必须努力的方向。因为我国的大学都是按学科分院系、按专业招收学生，通识教育课程是由来自各院系的教师所开，所以通识课程中分科课程仍然占主导地位。

3. 通识课程中理论课程较多，实践课程太少

我国高等学校通识课程大都是理论性的，实践性的课程几乎没有。很多大学开的通识教育课都是“××学”“××概论”，也就是以理论性的课程为主。传统上，我们习惯于将实践性跟工科联系起来，只强调工科学生的动手能力。实际上，通识教育对学生的知识、能力、素质等方面都提出了要求，只有抽象的理论介绍，很难使学生真正掌握所学的知识，更谈不上内化成学生的能力和素质。

2002年，共青团中央、教育部、全国学联决定在部分高等学校联合开展“大学生素质拓展计划”试点工作，采用课内外相结合、第一课堂与第二课堂相结合、学习与实践相结合等方式，以培养大学生的思想政治素质为核心，创新精神和实践能力为重点，普遍提高大学生的人文素养和科学素质。这无疑是对通识课程中实践部分的补充，有些高等学校正在探索将

---

① D. Kent Johnson, James L. Raccliff, Jerry G. Gaff. A Decade of Change in General Education. New Directions for Higher Education, no. 125, Spring, 2004: 13.

此类实践课程纳入正式的通识课程中。

4. 通识课程中专业和实用性课程较多，人文性课程太少

我国大学深受专业教育的影响，大学教育被理解为培养专才，人文课程不受重视。如前所述，我国大学原来的课程以专业课为轴心，将课程分为基础课、专业基础课和专业课三类，即“课程三层楼”模式。20 世纪 50—70 年代的将近 30 年的时段里，中国的人文课程是以两种方式被削弱的：一是取消（如音乐、美术课程等逐渐地被停开了，伦理学、美学课程等逐步被取消了，教育学、心理学也几经沉沦）；二是被“政治化”和“专业化”了（例如，文学、史学、哲学均被作为专业课程，公共课部分历史只有中国近代史，文学开设语文与写作显然有突出语文的应用性淡化其文学性之倾向，哲学在公修课中则几乎丧失殆尽。[①] 甚至也如此来看待语言学之类课程）。

重视人文素质教育是 20 世纪 80 年代以来全球性教育改革的热点，更是通识教育受到重视的原因之一。现在，我国有很多专家学者提倡人文素质教育，也有不少大学开设了人文素质教育类课程，设置了一些人文素质类讲座，有些大学选编了人文素质教育基本书目，指导学生学习。因为我国大学教育中长期存在忽视人文教育的现象，所以我们现在要增加开设人文课程，但主要的问题是要激励学生去主动吸取这些人文精神的精髓。

5. 通识课程中知识性课程较多，方法类、能力类和思维类课程太少

现代的大学教育，不仅要注重学生对基本知识和基本方法的掌握，更要注重学生对所学知识的批判意识、综合意识和合作意识的发展。然而，我国大学通识教育课程注重知识性内容的传授，注重知识的记忆，而忽视了对学生思考能力、沟通能力、接受知识的能力、终身学习的能力等基本能力的培养。例如，我国大学通识教育课程中少有写作课、哲学类课程、学习方法类课程。在教学方法上也疏于注意对学生能力的培养，多数课程仍然只强调知识的传授，而缺少启发性，没有引发学生的思考。

通识课程和专业课程有各自不同的功能，它们有机地结合在一起构成了高等学校的课程体系。高等学校对于通识课程和专业课程的取舍、设置，实际上反映了大学教育及人才培养模式的价值取向。近年来我国高等学校开始倡导通识教育，不仅体现在课程结构上的改变，应该说对提高高等教育质量也有着积极的意义。但是，通识教育并不是每所高等学校都适

---

① 庞振超. 新中国成立初期中国大学人文课程的变革及特点［J］. 大学教育科学，2007（6）.

用的，通识教育主要适用于那些研究型的大学，或者说适用于那些培养的本科生毕业后大多不马上就业而是进入研究生学习的大学。另外的一些高等学校，则应该面向劳动力市场，以专业教育为主，通过主辅修课程教学进行一些学科结构上的扩展。

第四章　高等学校人才培养方案改革

高等学校的人才培养方案，也称专业教学计划，是教学工作的总体规划，是指导教学工作的基本文件。过去我国高等学校的人才培养都叫“专业教学计划”，西方大学则使用“program”这一概念。人才培养方案可以是针对一个学科或专业，也可以针对学科或专业领域中的某个方向（也称为主修）或针对人才培养的某个方面（如素质教育），有时也可以横跨学科或专业，甚至还可以针对一个特定的知识能力的培养。[①]

高等学校的人才培养方案是培养各级各类专业人才的蓝图，包含培养目标、人才规格、办学模式、课程体系与结构、教学形式和时间安排等，其核心是课程体系与结构（见第三章高等学校课程结构）。

高等学校的人才培养方案反映了时代与社会的哲学观念、价值观念和教育思想、教育与教学理论，反映社会对高级人才的需求，同时也反映一个国家与民族的传统文化在教育上的积淀。培养方案的编制，除非受到外部的强烈刺激和压力，通常不会做出很大的改变。[②] 培养方案的改革也体现了一个时期内高等教育发展的现状与趋势，是高等学校专业教育稳定的静态与变革的动态的统一。

第一节　高等学校人才培养方案的目标与时间安排

一、高等学校人才培养目标

人才培养目标主要包括三方面的具体内容：第一，培养方向，即专业课程和教学所指向的社会职业门类或专业工作领域，如工程师、教师、医生、文艺工作者等。第二，人才规格，即各专业通过有关教育教学活动期望所培养的人才应当具有的特点，即所培养的人才应该具有的特长和素质。有的专业人才可以划分为三种规格，如工程类专业所培养的人才可分为工程管理人才、工程技术人才和技术科学人才；有的专业人才可划分为两种规格，如理论研究型和应用技术型。第三，规范与要求，即对同一培养方向、同一规格人才在德智体美诸方面的具体要求。

---

① 王伟廉．高等学校课程研究导论［M］．广州：广东高等教育出版社，2008：104.

② 王伟廉．高等学校课程研究导论［M］．广州：广东高等教育出版社，2008：106.

“在制订培养方案的过程中，专业培养目标的确定几乎是一切编制过程的首要问题。”① 专业教学计划又被定义为“课程的体系结构”②，高等学校课程体系目标要素是高等教育目的的具体化。高等学校的培养目标既是高等教育目的体现，又具体落实在专业培养目标之中。高等教育的目的是共同的，但各个学校的专业培养目标则是既同又异的。所谓“同”，是指无论哪一所高等学校的哪一个专业，它的培养目标都必须同教育目的相吻合，不能偏离全面发展的教育目的。所谓“异”，是指高等学校各个专业必须根据自身的特点，为培养不同层次、不同类别、不同规格的专业人才，设定自身的目标和任务。因此，高等学校的专业培养目标必须同中有异，重点突出，特色鲜明。③

高等学校专业培养目标必须转化为课程目标以至于每门课程的教学目标。培养目标是指把受教育者培养成为一定社会需要的人的基本要求，它规定了所培养人才的基本规格、质量标准。对任何专业来说，培养目标是随着不同历史时期要求和社会发展而变化的，而一定的培养目标总是要求一个与之相应的课程结构，该课程结构应能全面体现培养方案所要实现的培养目标和宗旨，并能形成一个完整统一的课程体系。因此，高等学校培养目标是高等学校课程体系设计之纲。

同时，高等学校专业培养目标是人才定向、课程调整的重要杠杆，是大学生未来发展的设计坐标。它不仅关系到高等学校课程设计上的综合功效和结构比例，而且也影响到课程设置的广度和深度。我们培养全面发展的人，具体对他们有哪些要求，要求他们掌握哪些知识、技能，具有什么样的个性品质等，都是培养目标的具体内容。因此，培养目标是选择和编制课程体系的根本依据和最终目的。

从目标结构体系来看，人才培养方案应属于中观层次，其目标是高等学校课程体系目标要素的主体和关键。它上承高等教育培养目标的要求，是人才培养的具体落实；下启每一门具体的课程，制约着课程目标和教材建设。它既要体现高等教育的一般目标，又要反映不同专业的特殊目标；既要体现统一性，又要反映多样性；既要体现社会需求，又要反映学科体系。一般来讲，作为课程的具体形式，人才培养方案（教学计划）的总体目标主要应侧重表述专业的培养方向和规格，以及各门课程的目标。④

---

① 王伟廉. 高等学校本科课程编制的层次问题［J］. 高等教育研究，2002（5）.

② 潘懋元. 新编高等教育学［M］. 北京：北京师范大学出版社，1996：349.

③ 胡弼成. 高等学校课程体系现代化研究［D］. 厦门大学博士论文，2004：226－227.

④ 王伟廉. 高等学校课程研究导论［M］. 广州：广东高等教育出版社，2008：126.

二、我国高等学校人才培养目标的变革

综观20世纪中国本科教育培养目标的基本定位，有学者指出，前50年的基本定位是“通才”，后50年的基本定位是“专才”。[①] 这是指1949年以后，中国在“一边倒”学习苏联教育模式的政策要求下，批判了新中国成立前“通才教育”思想，改高等教育为高度专业化的专才教育。20世纪50年代初，中国进行了高等学校的院系调整，大力发展以“专门人才”为目标的高等学校。

新中国建立以后，我国的教育目的就是毛泽东同志提出的，使受教育者在德、智、体几方面都得到发展，成为有社会主义觉悟的有文化的劳动者。到20世纪末确定为“培养德、智、体等几方面全面发展的社会主义事业的建设者和接班人”。本科教育人才培养的质量是否达到国家的需求，首先是看是否德、智、体全面发展，是否能成为建设者和接班人。20世纪五六十年代，我国人才培养目标指明教育培养“德、智、体诸方面都得到发展”“有社会主义觉悟有文化的劳动者”，在实践中强调“又红又专”或“红、专、健”。而具体的质量标准，在不同时期和不同的历史背景中可以不同。20世纪60年代初提出的本科教育人才质量标准是：“掌握本专业需要的基础理论、专业知识和实际技能，尽可能了解本专业范围内科学的新发展。”[②] 如清华大学1961年5月通过了《关于制定教育计划的若干规定》（简称《规定》），明确培养目标为：培养红专结合、体魄健全的，能创造性地解决科学技术问题和不断推动生产前进的工程师。《规定》要求学生不仅学好知识，而且重要的是培养能力，修订教学计划要遵循三个原则：德智体全面发展，以教学为主的教学、生产和科研相结合，理论联系实际。[③]

1978年6月8日，教育部召开全国高等学校文科教学工作座谈会。会议重新肯定了1961年确定的文科教学方针——培养为社会主义建设所需要的各种专门人才。[④] 并根据新时期文科教育的任务，制订了综合大学汉语言文学、历史学、哲学、政治经济学4个专业的教学方案，并明确综合大学文科各专业的教育目标是，培养各门学科的研究、教学和其他有关的专门人才，如哲学专业是“培养德、智、体全面发展的马克思主义哲学的研

① 杨志坚. 中国本科教育培养目标研究（之二）——本科教育培养目标的基本理论问题［J］. 辽宁教育研究，2004（6）.

② 瞿葆奎. 中国教育改革［M］. 北京：人民教育出版社，1991：382.

③ 金富军. 清华校史连载之十五 培养社会主义合格接班人［J］. 清华人，2008（6）.

④ 中华人民共和国教育部直属高等学校暂行工作条例（草案）［M］. 1961－09－15.

究、教学和宣传的专门人才”。这次制定的培养目标恢复了20世纪50年代要培养“研究人才”的提法，提出要“获得科学研究的初步训练”，在业务要求方面增加了“了解本专业的新成就、新发展”。

1980年2月教育部颁发的《关于修订部属综合大学理科专业（四年制）教学计划的意见》中，规定综合大学理科各专业的培养目标是：“培养德智体全面发展的自然科学理论研究和实验人才”。

在1984年教育部与农牧渔业部、林业部共同组织高等农林院校制定的农林类的专业简介中，指出农学基础类专业是培养具有数学、物理化学和生物学的理论知识和实验技能，能从事与农业有关的基础研究、应用研究和教学工作的高级科学技术人才的一类专业。这种培养目标看来是合适的，不过似乎偏高。

1980年1月15日，在重新制定的《教育部关于直属高等工业学校修订本科教学计划的规定（草案）》（简称《规定（草案）》）中指出，在学制四年的条件下，“完成工程师的基本训练”的要求仍然太高，因而改为“获得工程师的基本训练”。在《规定（草案）》中，关于培养目标的完整提法是：“高等工业学校应当培养德、智、体全面发展的高级工程技术人才。具体要求是：认真学习马克思列宁主义和毛泽东思想的基本原理，并且通过实践逐步树立无产阶级的阶级观点、群众观点、劳动观点和辩证唯物主义观点；拥护中国共产党，热爱社会主义，培养共产主义道德品质，自觉维护社会主义民主和法制，服从组织分配，积极为社会主义现代化服务。获得工程师的基本训练：掌握本专业所需要的比较宽厚的基础理论和知识；掌握运算、实验、制图等基本技能和必要的工艺操作技能；受到工程设计和科学研究方法的初步训练；具有一定的专业技术知识和组织管理生产的知识，对本专业范围内科学技术的新发展有一般的了解；具有解决一般工程实际问题的初步能力；掌握一种外国语，能够阅读本专业书刊；具有健全的体魄，能够承担建设祖国和保卫祖国的光荣任务。”

20世纪80年代中期，随着经济体制改革的不断深入和社会的发展变化，社会对高层次人才的需求也发生了变化；另外教育体制不断改革，1985年5月《中共中央关于教育体制改革的决定》指出：“高等教育……专业设置过于狭窄，不同程度地脱离了经济和社会发展的需要，落后于当代科学文化的发展……要针对现存的弊端，积极进行教学改革的各种试验。”此后，我国高等学校人才培养目标在不断进行修订与调整。调整的一个重要特点是加强与重视实际应用人才的培养。

这一时期开始，我国高等学校人才培养目标出现了变化。在1985年

12月国家教委召开的部分综合大学教学改革研讨会上，认为“过去综合大学理科的培养目标定得过高，毕业去向过窄”，“对培养四化建设各条战线上急需的实际工作者，缺乏足够的重视”。主张要培养具有能够从事本专业的教学、科研和有关专业的实际工作能力的人才。

在1986年国家教委高教二司提出的《普通高等学校工科四年制本科教育的培养目标和本科生的基本规格（征求意见稿）》中，培养目标是：“工科本科教育培养适应社会主义建设需要的、德智体美全面发展的、获得工程师基本训练的高级工程技术人才。学生毕业后主要去工业生产第一线，从事设计、制造、运行、研究和管理等工作。”

在国家教委1987年12月21日颁发的普通高等学校社会科学（包括财经、政法、外语、艺术）本科专业目录的专业简介中，规定了各专业的培养目标。同以前的培养目标相比，无论应用学科专业还是基础学科专业，绝大多数都把培养有关的“实际工作者”提到突出地位。如汉语言文学专业是“培养能从事文学与写作、编辑、新闻和其他文化、宣传方面的实际工作者以及汉语言文学教学与研究工作的德才兼备的高级专门人才”；哲学专业是“培养能在理论宣传、文化教育、党政机关等部门从事有关实际工作和马克思主义哲学教学与研究工作的德才兼备的高级专门人才”。

在1988年4月国家教委发出的《关于加强普通高等学校本科教育工作的意见》中再次指出，文理科教育担负着培养理论研究人员和实际工作者两方面的任务，工、农、医各科教育要注意克服目前在人才培养中存在的重学科理论、轻实际应用的现象，培养能到基层解决工农业生产和医疗卫生保健工作中实际问题的各种专门人才。

自20世纪90年代中期以来，围绕本科教育改革问题，人们从不同的角度、不同的层次对不同的问题展开了广泛而日趋深入的讨论。在讨论的众多问题中，素质教育问题可谓是热点问题。教育部在1998年3月下发的《关于深化教学改革，培养适应21世纪需要的高质量人才的意见》中认为：本科教育教学改革的“关键”，就是要“构建适应21世纪政治、经济、文化发展需要的人才培养模式”，为学生构建体现现代“教育思想和教育观念”的“知识、能力、素质结构”，同时下发的《关于普通高等学校修订本科专业教学计划的原则意见》则提出要培养“基础扎实、知识面宽、能力强、素质高，富有创新精神”的人才。①

---

① 教育部．关于普通高等学校修订本科专业教学计划的原则意见［M］//教育部高等教育司．普通高等学校本科专业目录和专业介绍．北京：高等教育出版社，1998：261．

三、高等学校人才培养方案的时间安排

一般来说，培养方案是制定和调整课程体系的依据。每个学科专业不但要有培养方案，而且每隔3～5年时间就需更新一次，以便保证其适应社会和科技的发展，保证其依据制定和调整的课程体系适应社会和科技的发展。

在教学形式和时间安排上，学时学分总结构是教学计划的时量结构框架，旨在合理安排教学科目及其教学时数，包括学时学分总量控制指标、学时学分项目控制指标和学时学分学程控制指标。①

1. 学时学分总量控制指标

学时学分总量控制指标是指学时和学分的总量控制范围。切实控制学时总量是改革和优化课程体系与教学内容的重要条件。

1951年10月，政务院颁布《关于学制改革的决定》，确定大学和专门学院修业年限为3～5年，当时多数本科院校和专业的修业年限为4年。而同时期，苏联高等学校本科修业年限都是5年，我国高等学校使用苏联高等学校的教学计划和教学大纲，翻译教科书，学生用4年时间完成苏联高等学校学生5年完成的学习任务，出现了学生学习负担过重的问题，加之我国高等学校曾经一度安排学生参加生产劳动和政治运动较多，学生的学习进度受到较大影响。为了保证学习进度和学习质量，一些学校果断采取“填平补齐”的办法，即按教学计划要求，对各班级缺少的课程进行补课。如清华大学，“填平补齐”的课程有数学、物理、化学、理论力学和材料力学等5门基础理论课，还有专业基础课和毕业设计。学校教学计划规定5门基础理论课的总学时为900～1 000学时，另外相继制定了一系列规章制度，及时修订教学计划，强调以教学为主。②

1955年5至6月间，全国文化教育工作会议在北京举行，会议认为，高等工业学校有必要逐步由四年制改为五年制。随后，一些学校的学制逐步改为5年。1962年5月高等工业学校教育工作会议在削减总学时和周学时的时数方面规定：把五年制教学计划的总学时控制在3 200学时以下。③

“文化大革命”期间，我国不少大学由原来的四年制到六年制缩短学制为2年或3年。第一年以一半时间参加施工劳动，第二年用2/3的时间参加设计实践，第三年部分时间劳动大部分时间学习专业课。④ 可见，“文

① 龚怡祖．论大学人才培养模式［M］．南京：江苏教育出版社，1999：180．
② 金富军．清华校史连载之十五　培养社会主义合格接班人［J］．清华人，2008（6）．
③ 刘英杰．中国教育大事典［M］．杭州：浙江教育出版社，1993：1 220．
④ 关于教育革命的几个初步方案［N］．人民日报，1967－11－03．

化大革命”期间我国高等学校学生真正用于学习的时间非常有限。“文化大革命”期间大部分工农兵学员只读过初中3年，再加上大学3年，时间上只相当于“文化大革命”前的三年制中等专业学校。

1980年教育部重新制定的《教育部关于直属高等工业学校修订本科教学计划的规定（草案）》将课内总学时五年制由3 000～3 200学时改为3 000学时左右，四年制规定为2 500学时左右；课内周学时由不超过24学时改为18～22小时。①1980年《关于修订部属综合大学理科专业（四年制）教学计划的意见》规定理科四年内总学时一般不超过2 600学时，课内最高周学时不超过24学时，课内外周学时不超过48学时。②

目前，我国多数大学本科4年课内总学时普遍从3 000以上降到2 800以下，理科大多在2 400～2 800之间，文科一般在2 200～2 400之间。③

2. 学时学分项目控制指标

学时学分项目控制指标是指在总学时、总学分框架下，对各类课程之间、各类培养项目之间以及课程与培养项目之间提出的一系列结构性数量化控制指标。一般至少要包括下面几方面内容：专业课与基础课的结构比例；必修课与选修课的结构比例；任选课与限选课的结构比例；理论教学与实践教学的结构比例；理论教学内部平台、模块与子模块的结构比例；等等。在这些结构比例关系中，部分关系有一定的交叉。

由于课程（含其他培养项目）对其内容、类型及设计模式的选择都必须量化，因此学时学分项目控制指标能反映出教育者对教育对象知识、能力、素质结构的某种预期，同时它也是教育者在教学计划中贯彻自身教育思想、教育理念的重要手段。比如选修课的比例安排问题，其实质就是在学生的知识结构建构中是否要有以及该有多少由学生自主支配，以创造让学生能够独立、自主、探索性地学习的外部条件。理论教学与实践教学的比例安排，则会直接影响到受教育者由知识层面向能力、素质层面递进的效果，以及知识、能力、素质三者之间的有机结合。

我国高等学校的人才培养模式自1952年学习苏联以后，公共基础课以“政治课”为主，加上外语和体育，约占课程总学时数的22%，而选修课极少。④“文化大革命”期间，我国高等学校的系统的基础理论教学被取消，在完成“典型产品”“典型工程”“战斗任务”的过程中学习。如同

① 刘英杰. 中国教育大事典（下）[M]. 杭州：浙江教育出版社，1993：1 184.

② 郝维谦，龙正中. 高等教育史 [M]. 海口：海南出版社，2000：362.

③ 龚怡祖. 论大学人才培养模式 [M]. 南京：江苏教育出版社，1999：180.

④ 冯惠敏. 中国现代大学通识教育 [M]. 武汉：武汉大学出版社，2004：150－151.

济大学的工业与民用建筑专业学员，3 年学习期要做 3 ~4 个“典型工程”设计、1 ~2 次施工管理实习，还有经常性的社会实践活动，这些实践所占的时间是总学时的 2/3。这样一来，基础理论教学时数一减再减。“文化大革命”前 65 级学生高等数学要修 705 学时，占在校 5 年总学时的 11.9%，“文化大革命”中 71 级学生高等数学只剩 162 学时，占在校 3 年的 3.7%。[①] 改革开放以后，我国高等学校教学时间安排进行了一些调整，在教学计划中注意加强基础理论、基本知识和基本技能的训练。如 1981 年在《教育部关于试行高等师范院校文科三个专业教学计划的通知》中提出，4 学年共 208 周，教学和科研占 73%。其中，政治理论课占 5% 左右；外语课安排在第一、第二年，占 10% 左右；教育课、体育课各占 5% 左右；专业课（包括专业基础课和选修课）占 65% 左右；其中选修课占教学总时数的 15% 左右。

目前我国高等学校本科的项目控制指标一般为：基础课比例控制在 80% 左右，专业课比例控制在 15% 左右；必修课比例控制在 75% 左右，选修课比例控制在 25% 左右（其中任选课不低于 8%）；实践教学比例依照学科类别不同控制在 20% ~40% 之间。[②]

3. 学时学分学程控制指标

学时学分学程控制指标是指总学时和总学分在周、学期、学年等学程单元内的分配比例。有了这种分配比例，教学计划才能按照适当的进度正常地运转。

周学时和学期学时的分配一般应遵循认知心理学规律，其密度应把握在学生心智负荷适中的程度上，注意给学生留出一定的自学空间。各学期的学分一般控制在 18 学分左右，学习能力强的学生允许多修；各学期的周学时数应做到均衡分布，同时各门课程的周学时及学期学时应当与课程的学分值保持一致，原则上不允许出现多于或少于学分值的现象。每学期课程门数以 5 ~7 门为宜，其中重要的课不宜超过 3 门，而且在各学期中应适当分开。

就 4 年全学程而言，通常认为周学时的安排，文科以 20 学时为宜，理工科以 24 学时左右为宜，三、四年级时周学时逐年减少，总体上是采取把不少于 60% 的学时学分任务安排在前半学程的做法，以便为后半学程留出较多的课外学习和从事科研等活动的时间。在实行高度灵活的学分制的大学里，学程控制指标具有较大的弹性，甚至不再具有很大的约束力。

---

① 同济大学党委. 实用主义教育的“模式图”[J]. 人民教育，1977（2）.

② 龚怡祖. 论大学人才培养模式［M］. 南京：江苏教育出版社，1999：180.

学程控制指标如果安排得合理，将使教学计划的整体结构比例恰当、重点突出、衔接流畅，起到改进教学效果、提高教学效率的作用。

第二节　我国高等学校培养方案的改革

我国高等学校教学改革工作的主要逻辑是：首先明确专业的培养目标，并根据培养目标拟订各专业的教学计划，根据教学计划中各门课程的地位与作用拟订教学大纲，最后根据教学大纲编写教材。而教师按照教学大纲和教材的内容讲课。

新中国成立后到现在，我国高等学校的人才培养方案改革可粗略划分为两个阶段。

一、20世纪50年代初期到80年代中期：专业教育模式

1952年全面学习苏联后，我国高等学校按专业培养人才，专业的培养目标是由教学计划来实现的，在专业设置的同时，必须制订全国统一的专业教学计划和教学大纲，以保证完成培养专门人才的任务。1952年10月27日，高等教育部就试行全国统一教学计划发文指出："为了配合祖国大规模经济建设和文化建设的到来，有计划地培养各种建设人才，彻底改革旧教育，制订全国高等学校各专业统一的教学计划，就成为高等教育改革的中心环节之一。"①

教学大纲是教师进行课程教学的主要依据，是规定学生关于各科课程应获得的知识、技能和技巧范围的文件。1953年，高等教育部按照苏联经验，组织制订各门课程的统一教学大纲。

此后，我国高等学校不断调整专业设置，专门化程度越来越高，甚至一个专业内的同一课程因不同专门化而不同，人才培养的规格越来越具体了。高等教育人才培养过分专业化、统一教学大纲统得过死、学生学习灵活性过低等问题不时引发高教界人士和社会各界人士的讨论。由于这些意见，1957年2月高等教育部印发的《关于修订教学计划的几点意见（草稿）》、《关于改变制订教学计划、教学大纲办法的通知》，规定从1957年下半年开始，各专业的教学计划都由学校根据高等教育部所订关于各类专业教学计划的基本原则和参考性教学计划，按照现行学制和专业的限制，经过一定程序自行修订与执行并报高等教育部备案。至1985年，一直执行这个政策。

---

① 余立．中国高等教育史（下册）［M］．上海：华东师范大学出版社，1994：49．

这种“专业教育”模式培养的是社会主义建设需要的高级专门人才，其基本特征就是按专业招生、培养、分配，以专业为教学的中心，围绕专业构造课程体系，按专业制订教学计划、教学大纲，编写教科书，展开教学过程。与此相适应的是国家统一确定高等学校人才培养目标与要求，统一确定学科、专业；各高等学校统一教学模式，从教学计划的制订、教学大纲的编写、教材的选用到教学的方式都由教育行政部门统一要求。

二、20世纪80年代末期到现在：厚基础、宽口径专业教育模式

十一届三中全会后，随着国家的工作重心向社会主义现代化建设转移，高等学校的工作中心转变为既是教学中心，又是科学研究中心，人才培养目标也发生变化。随着国家培养目标的转变，教学计划、教学大纲也做出了相应的改变。1985年5月中共中央发布《关于教育体制改革的决定》明确指出，高等学校“有权调整专业的服务方向，制订教学计划和教学大纲，编写和选用教材”。1986年8月国家教委宣布，今后国家教委不再制订统一的教学计划，只是制订每门课的基本教学要求。1998年通过的《高等教育法》更明确规定：高等学校根据教学需要，自主制订教学计划、选择教材、组织实施教学活动。

我国高等学校教学计划修订出现了新的趋势：比较重视基础课教学；增加了选修课的比例，适当调整了必修课的比例；压缩了学时；增加了实践教学环节和应用性较强的课程比例，如外语课、计算机应用等课程的学时相比以前有所增加，等等。另外，还可看出这阶段教学计划改革中最大的转变是高等学校从遵守国家教育管理部门制订的统一的、刚性的、指令性的教学计划，逐渐转为以国家教学计划为指导，可以自己制订适合本校特色的教学计划，使其具有很大的灵活性。

例如，浙江大学在修订中把教学计划分成四大块：①公共基础课，②技术基础课，③专业课，④还有扩大知识面的课程，包括生物学、文学、经济管理学等。清华大学本着继续加强基础训练，拓宽专业，调整知识结构，试行学分制等精神，全面修订了教学计划。新计划中各类基础课程约占总学时的85%~90%，专业课占10%~15%，其中必修课时减少，选修课增至20%~30%，课内外学时比例调整为1∶2，总学时减少15%。同时还增设了文史、社科、经济、法律、美学等方面的课程。此外，清华大学从1980年开始试行了有计划培养与按学分累计成绩的办法，并从85级开

始，实行有计划有指导的学分制。①

20 世纪 90 年代，邓小平南方谈话以及十四大提出确立社会主义市场经济体制以后，中国的经济体制发生了很大的变革，这些变革对高等教育的改革产生了深刻的影响。在新形势下高等教育改革开始进入高等学校教学领域并全面展开。主要体现在一系列有关教学改革会议的召开及重要文件的出台。1994 年国家教委启动并组织实施了“高等教育面向 21 世纪教学内容和课程体系改革计划”。“改革计划”强调了人才培养模式的改革，专业结构和课程体系结构的改革，其中基础课程、主要专业课程的教学内容和课程体系的改革等成为改革的重点，并在教材、教学内容和方法改革等方面取得了一批成果。为进一步推动这项改革，1997 年 1 月，国家教委印发了《关于积极推进“高等教育面向 21 世纪教学内容和课程体系改革计划”实施工作的若干意见》。1997 年 6 月，国家教委召开了面向 21 世纪教学内容和课程体系改革经验交流会，标志着这一改革已进入实质阶段。1998 年 3 月在武汉召开全国第一次普通高等学校教学工作会议，会议确定了这阶段教学改革的基本思路：“贯彻教育方针，更新思想观念，拓宽专业口径；改革内容和方法，加强素质教育，提高教育质量。”这一改革思路在肯定了培养目标、教学计划、专业设置等一些较宏观性改革的基础上，突出了教学内容和方法的改革，特别强调了素质教育。

这一时期各高等学校进行人才培养方案改革的思路是：“教育思想观念的改革—人才培养模式改革—专业结构改革—教学内容和课程体系改革—教学方法与手段的改革。”② 高等学校的人才培养模式不断完善与优化，开始从专才培养模式逐步向多样化人才培养模式转变，课程体系和教学内容得到了重组和更新，教学方法和手段的改革已被提到重要的日程。这些改革淡化了专业，强调了基础，注意全面素质的培养，扩大了学生学习的自由，提高了本科教育的灵活性和对社会需求的适应性。

如南京大学以学科建设为龙头，对教学内容和课程体系进行改革，积极改革人才培养模式。在拓宽口径、增强应用、趋向前沿、发展高新技术和进一步综合化等方面，进行学科结构优化调整。在此基础上，一方面培养一定数量（约占招生数的 1/4）高质量富特色的从事基础研究和高等教学工作的基础性人才；另一方面培养从事应用研究、高技术研究与开发性人才（占招生数的 3/4）。学校还采用“课堂教学、学术活动、社会实践和科学实验”相结合的“三元”教学模式，不断增强教学的综合性和人才的

---

① 中央教育行政学院．高等学校教学改革探讨（下）［C］．1986（5）：162，140－142．

② 潘懋元．中国高等教育百年［M］．广州：广东教育出版社，2003（8）：102．

适应性。[①] 自1996年10月，南京大学还开展了“我们应该怎样培养面向21世纪的人才”的教育教学思想大讨论。老校长曲钦岳院士提出为了适应未来社会的变化，人才培养要多规格，要拓宽基础，加强知识融通与迁移能力的培养。一方面要调整专业设置，拓宽专业口径，另一方面要倡导学生跨系科选修、攻读双学位、主副修，培养大批基础扎实宽厚，经过两个以上领域专业训练的复合型人才，以增强对社会需求的适应性。[②] 后来南京大学又在人才培养中提出“三个融合”，即“融业务与素质教育为一体，融知识传授与能力培养为一体，融教学与科研为一体”。1997年后，南京大学为了培养高素质人才，实行了四种模式：“3＋1＋2”（3年本科基础课＋1年专业实习＋2年硕士）模式，主要适用于基础型人才培养；“3＋1”（3年基础课＋1年实践课）模式，主要适用于应用研究型人才培养；“3＋0.5＋0.5”（3年基础课＋0.5实习＋0.5查漏补缺课程）模式，主要适用于应用型人才培养；“2＋2”（2年通识教育＋2年专业教育）模式，主要适用于理工结合型人才培养。[③]

再如，复旦大学在“面向21世纪教学内容和课程体系改革计划”指导下，重新构建了课程体系。新课程体系主要包括通识教育课程＋基础教学课程、专业教学课程＋社会实践与生产实习、毕业论文三大块。该体系结构体现了三大优点：一是重视素质教育，拓宽了基础；二是加强了能力培养，尤其是实践能力培养，增强了学生的适应性；三是因材施教，尊重学生个性发展。与此同时，在教学内容改革上进行了积极探索与尝试：一是确定量大面广的5门基础课改革，1994年该校首先确定了高等数学、普通物理、普通化学、大学英语、计算机应用基础5门基础课作为改革试点；二是重点建设综合知识系列课程，建设目标是学生通过修读其中一定课程后，能对其他不同学科、不同专业知识有所交叉和渗透；三是各院系在专业基础课和专业课教学中确定6～8门课进行教学内容改革；四是教学内容中增加一些实践性较强的知识；五是修订教学大纲，针对新专业大纲不完善，已有专业大纲内容陈旧、需要更新的情况，对通识教育课、重点专业课重新编大纲，通过编写大纲来更新教学内容、改革方法、编写教材以及教学队伍建设等。[④]

---

① 中共江苏省委办公厅．南京大学综合改革的基本做法［N］．人民日报，1992－12－14．

② 方延明．怎样培养面向二十一世纪的人才——南京大学教育教学思想大讨论综述［N］．中国教育报，1997－04－03．

③ 方延明．沃土育英才——南京大学教育教学改革纪实［N］．中国教育报，1999－06－03．

④ 徐越．向新世纪的抉择——“面向21世纪教学内容和课程体系改革”研讨综述［J］．中国高等教育，1995（2）．

21世纪，随着科技革命的深入发展，对人才素质提出了前所未有的要求。新的教育理念，如素质教育、通识教育、人文和科学教育融合等，使我国高等学校人才培养模式改革不断深入，进入了创新阶段。

1999年初国务院批转了教育部《面向21世纪教育行动计划》，出台了一系列振兴教育的重大举措。进入新世纪又研究制订了《2003—2007年教育振兴行动计划》，确立了新世纪教改工程、高等学校教学质量和教学改革工程，以培养既能适应新世纪的现代化建设需要，又具有创新精神和实践能力的高素质人才为宗旨，对先前人才培养模式改革、教学内容与课程体系改革、教学方法与教学手段改革成果进行集成、整合和深化，使教学改革向更系统化、科学化、深层次化发展。

为适应新时期对创新人才培养提出的要求，各个高等学校根据自身优势和特色不断寻求新的教学改革方案，以推动人才培养模式改革的不断深入与创新。许多高等学校培养目标开始强调通识教育理念，并纷纷提出了新的人才培养模式改革方案。如北京大学提出按“加强基础、淡化专业、因材施教、分流教学”的原则改革人才培养模式，在低年级实施通识教育，高年级实施宽口径的专业教育，逐步实施在教学计划和导师指导下的学生自由选课学分制。① 武汉大学提出根据“三创”教育理念，建立了与“三创”（即用“创造、创新、创业”新教育理念指导教学实践）教育理念相契合的人才培养模式，培养能适应新时期的“三创”型复合人才。② 兰州大学在人才培养模式改革方面也做了许多有益的探索。如按一级学科设置学科基础课，按“专业群”的方式设置课程体系，这样就打破以往基础课、专业基础课、专业课“三层楼”结构；另外，在招生形式上也体现了培养模式的创新，如按院系或跨类招生，前两年不分专业，学习共同基础课，后两年根据学生特长及人才市场需求状况分流培养，即实施“2+2”（3年共同基础+2年专业）跨学科复合型人才培养模式等。③ 郑州大学在人才培养模式改革中也进行了积极的探索与创新，建立了宽口径培养模式、“3+1”（3年基本知识、理论技能+1年毕业实习、设计）人才培养模式、“英才教育”培养模式，这3种人才培养模式的实施为培养新世纪具有创新能力和实践能力的复合型人才奠定了坚实的基础。④

---

① 李克安，卢晓东，刘雨，宋鑫．深化改革促使本科教学再上新台阶［J］．中国大学教学，2003（3）．

② 黄进，胡甲刚．应对WTO培育“三创”型复合人才——武汉大学本科教学改革的思考与探索［J］．中国大学教学，2002（8）．

③ 李发伸．高等学校教学改革的探索［J］．中国大学教学，2002（10）．

④ 宋毛平．积极探索人才培养多样化途径［J］．中国高等教育，2005（6）．

第三节　我国不同阶段人才培养方案的比较与评析

这部分我们将以复旦大学为个案①，展现其“物理学专业”在不同时期的两份人才培养方案，以说明我国高等学校人才培养方案的变化。并以此为代表，分析我国高等学校人才培养模式的改革。

一、复旦大学的两个人才培养方案

1985 年复旦大学培养方案

复旦大学 1985 年各系学分制教学方案总则（1985 年 9 月）：

具体要求：努力学习马列主义、毛泽东思想，初步树立无产阶级世界观；热爱社会主义祖国，拥护中国共产党的领导，坚持四项基本原则，具有共产主义道德品质；遵纪守法，热爱劳动，能正确处理个人和国家、集体的关系，积极为社会主义现代化事业服务，为人民服务。

掌握坚实的基础理论和较广博的基本知识，具有解决理论和实际问题的本领，以及较强的自学能力和独立工作能力；了解与所学专业有关的科学技术新成就、新发展；获得从事科学研究的初步训练；树立严谨的、实事求是的科学作风；能较熟练地运用一种外国语阅读所学专业有关的书刊。

具有健全的体魄。

课程设置及学分：各专业的课程一般分为两类，即必修课和选修课。必修课是根据专业培养目标的需要，学生所必须学习的基础理论、基本知识方面的课程。选修课是根据专业培养要求和专业特点、条件而开设的课程。学生可在教师的指导下，根据个人基础和学习志趣选修一定的课程。有条件的系，还可以开设配套选修课，供学生选读。

学生应取得专业规定的学分才能毕业。文科为 125～160 个学分，理科为 135～170 个学分。其中要求必修课学分占 65%～75%，选修课占 25%～35%。为促进文理渗透，在选修课中，理科学生应选修 4～8 学分的文科课程，文科学生亦须选修 4～8 学分的理科课程。各专业教学计划从一年级上学期起就安排有选修学分。

① 在学科专业设置上，复旦大学以学科建设为龙头，加大投入，以提高学科水平为重点，以重点学科建设项目为纽带，以重大研究方向为突破口，组织各个学科认真制定学科建设规划，在此基础上确定了学校“三年行动计划”学科建设项目。其中“重中之重”学科建设项目 13 个，校重点学科建设项目 40 个，扶植学科和特色学科项目 19 个，交叉学科项目 12 个，基本上构成了一个具有不同层次目标及内容的学科建设格局。这个格局集中体现了突出重点、发展优势、着眼前沿、优化结构的学科建设思路。

物理学专业教学计划

一、专业培养要求

本专业培养物理学方面的专门人才。

要求学生通过大学阶段的学习，较全面地掌握有关物理学的基本知识、基本技能和基本理论，了解与本专业有关的科学技术的新发展，打下较扎实的数学和外语的根柢，具有用实验方法研究物理问题的初步能力，具有较强的自学能力和一定的独立工作能力。

学生毕业后可从事本专业或与本专业有关的研究工作、教学工作，以及科学管理工作，也可进一步攻读本专业或其他专业的硕士学位。

二、学分要求及课程设置

（一）学生在四年内必须修满162学分方能毕业，取得学士学位。其中必修课107学分，甲类选修课不少于8学分，乙类选修课不少于14学分，丙类选修课不少于16学分（其中文科类课程不少于4学分），毕业论文12学分。

（二）一、二年级每学期选读的学分数一般不低于23学分，三、四年级每学期选读的学分数一般不低于18学分。

（三）本专业设置的课程分为必修课、甲类选修课、乙类选修课、丙类选修课四类。各课程名称和学分见下列各表：

1. 必修课及学分（政治、体育、外语除外）

课程名称	学分	周学时	开课时间	预选要求
1 高等数学（上）	4	4+2	秋季	
2 高等数学（中）	4	4+1	春季	
3 高等数学（下）	4	4+1	秋季	
4 力学	4	4+1		
5 热学	3	3+1		
6 电磁学	4	4+1		
7 光学	4	4+1		
8 原子物理	4	4+1		
9 数学物理方法	5	5+1		
10 普通物理实验	12	3×4		
11 近代物理实践	8	4×2		
12 近代实验中的电子学方法	4	4+1		
13 近代实验中电子学方法实验	2	3		

2. 甲类选修课及学分

课程名称	学分	周学时	开课时间	预选要求
1　理论力学	3	3+1		
2　热力学与统计物理学	4	4+1		
3　电动力学	3	3+1		
4　量子力学	4	4+1		
5　固体物理	4	4		
6　理论物理（上）	4	4+1		
7　理论物理（下）	4	4+1		

3. 乙类选修课及学分

课程名称	学分	周学时	开课时间	预选要求
1　连续介质力学	3	3		
2　群论与积分方程	4	4		
3　高等量子力学	4	4		
4　凝聚态物理	3	3		
5　激光物理	3	3		
6　近代物理光学	3	3		
7　应用非线性光学	3	3		
8　原子与分子光谱	3	3		
9　信息光学	2	2		
10　光学测量	2	2		
11　电子光学	3	3		
12　真空物理与技术	3	3		
13　电子光学设计	2	2		
14　阴极电子学与气体放电物理	3	3		
15　表面电子谱	3	3		
16　电子物理实验	4	8/2		
17　半导体物理	4	4		
18　半导体器件物理	5	5		
19　半导体物理实验	4	4		
20　半导体器件工艺	3	3		

4. 丙类选修课及学分

课程名称	学分	周学时	开课时间	预选要求
1　近代物理讲座	2	3		
2　专业外语	4	2×2		
3　机械制图	4	4+2		
4　天体物理	3	3		
5　原子核物理	3	3		
6　计算物理	3	3+2		
7　FORTRAN 语言与计算方法	3	3+2		
8　低温物理	2	2		
9　普通化学	3	3		
10　普化实验	2	2		
11　BASCI 与微机应用	3	2+2		
12　高温物理	3	3		
13　超导物理	3	3		
14　文科类课程	4	4		

2009 年复旦大学培养方案

复旦大学2009 年培养方案说明（2009 年7 月）：

本教学培养方案贯彻了教育部《关于普通高等学校修订本科专业教学计划的原则意见》、《关于进一步加强高等学校本科教学工作的若干意见》的精神，结合我校教学改革现状，将“科学、规范、拓宽”的专业调整目标贯彻到教学培养方案之中。

本教学培养方案贯彻了“全教会”精神，围绕着“全面推进学分制建设”的主题，把转变培养观念、更新课程体系、改革教学管理作为修订工作的基本任务。力求使修订后的教学培养方案更具有先进性和开放性，更注重学生综合训练和能力培养，更符合高层次复合型人才的培养要求。

2009 年修订的教学培养方案，对复旦大学通识教育进行了深化和拓展，体现了学校以培养综合性人才为目标，设置全校性通识教育课程和基础教育课程，开展宽口径专业教育的基本思路，也反映出学校按照上述思路进一步改进教学管理模式，使课程建设和教学管理互相促进、相得益彰的初步成果。尽管这个教学培养方案还远未达到理想和成熟的程度，但是我们将立足于改革，不断探索和完善，使各专业学生都具有更高的综合素质、包括积极进取与开拓创新精神、崇高的道德品质和责任感、综合分析和解决问题的能力、适应急剧变化和竞争的能力、良好的协作和交流能力以及终身学习能力等，为建设有时代特点、复旦特色、研究性大学特征的学分制本科教育体系而努力。

基本要求：

本版教学培养方案的课程结构由通识教育课程、文理基础课程和专业教育课程三大板块组成。此外，各专业还设置了一定数量的任意选修学分，供学生自行选修。

1. 通识教育课程

通识教育课程按照素质教育的理念，根据开放性和系统性的要求进行设置，强调德、智、体、美相互渗透，注重课程相融的综合、交叉与渗透，使之能够更充分地发挥我校教学特色和资源优势，更适合低年级学生修读。全校新生通过通识教育选修课程的学习，获得必要的价值分析、探究方式与能力的训练，形成合理的思维方式和准确的观察判断能力，以及清晰的沟通表达能力，并明确自己以后几年的修读目标和主攻方向。学分结构力求体现选修与必修、统一培养与个性发展、教学要求和学习兴趣的结合，教学过程中努力推进考核评级、分流培养措施，以提高学生能力为目的，调动学生学习积极性。

通识教育课程主要由三部分组成。

第一部分：通识教育核心课程，包括思想政治理论课程模块和通识教育核心课程六大模块。通识教育核心课程旨在打破分门别类的学科壁垒、贯彻人类学问与知识的共同基础，并展示民族文化精神对一个民族的学问创新能力。其主导原则是突破单纯的“专业视域”和单纯的“知识视域”，从培养新时代中华民族的一代新人的角度出发，为学生提供能够帮助其形成基本的人文修养、思想视野和精神感悟的课程。

第二部分：专项教育课程，包括体育、军事理论、大学英语和计算机课程。

第三部分：通识教育选修课程。该部分课程按照学科领域划分了人文科学与艺术、社会科学与行为科学、自然科学、医学与药学四组课程。

2. 文理基础课程

文理基础课程的建设目标是为了实施通识教育基础上的宽口径专业教育，并逐步向按文理大类实施全校性基础教育过渡。文理基础课程按照基础性、公共性和学术性原则设置，具有完整规范的知识体系，能够使学生获得严格的学科基础训练。全校设置人文、法政、经管、数学、自然科学、技术科学和医学七组基础课程。

3. 专业教育课程

专业教育课程由专业主干课程和专业选修课程两部分组成。专业主干课程以规范严谨、精练优质为建设目标。专业选修课程侧重知识的交叉跨度、强调专业前沿信息和复旦科学研究特色的传播。部分专业课程强调前瞻性，适合本科生和研究生共享。专业课程应努力为学生开展研究性学习提供时间和空间，使学生在修读过程中获得本专业学术研究的初步经验。

物理学专业教学培养方案

一、培养目标及培养要求

本专业培养具有良好科学素养和创新意识，能在物理学及相关学科中从事科研、教学、技术应用和管理等方面工作的高级专门人才。

按照“科学基础宽厚，学科支柱坚实，专业特色明显”的人才培养要求，全面提升学生的综合素质。使学生具有良好的思想道德素质和科学的世界观；系统扎实地掌握物理学的基本理论和基本实验方法，具备必需的数学基础知识；具有宽广的知识面，了解物理学的前沿和发展动态，了解相关学科的一般知识，具有较高的科学人文素养；得到初步的科研训练，掌握基本的科研方法，熟练利用外语和现代技术手段获取专业资料，撰写学术论文，参与学术交流；具有较强的创新意识和创新能力，较强的独立思维和批判精神，较强的知识更新能力和分析问题、解决问题的能力。

二、学位及学分要求

学生在学期间必须修满教学计划规定的140学分方能毕业。其中通识教育课程44学分，文理科基础课程28学分，专业教育课程62学分（含毕业论文6学分），任意选修6学分。达到学位要求者授理学学士学位。

三、课程设置（140学分）

（一）通识教育课程（44学分）

修读要求：Ⅰ类核心课程，修满24学分；Ⅱ类专项教育课程，修满18学分；Ⅲ类通识教育选修课程，修满2学分。

（二）文理基础课程（28学分）

学生应在文理基础课程中的自然科学类基础课程中修满28学分。

（三）专业教育课程（62学分）

1. 专业必修课程（42学分）

课程名称	课程代码	学分	周学时	开课学期	备注
1 大学物理（近代）	PHYS130001	4	5	3	
2 线性代数与概率统计	PHYS130002	3	4	3	
3 经典力学	PHYS130003	3	3	3	
4 物理实验（上）	PHYS130004	2	3	3	
5 数学物理方法 A	PHYS130006	4	5	4	
6 热力学与统计物理 I	PHYS130007	3	3	4	
7 物理实验（下）	PHYS130005	2	3	4	
8 量子力学 I	PHYS130008	4	5	5	
9 电动力学	PHYS130009	3	4	5	
10 近代物理实验 I	PHYS130058	4	4	6	
11 固体物理	PHYS130010	4	4	6	
12 毕业论文	PHYS130013	6		8	

2. 专业选修课程（20 学分）

课程名称	课程代码	学分	周学时	开课学期	备注
1 电子学方法实验	INFO130262	2	3	5	
2 电子学方法	INFO130263	2	2	4	
3 亚原子物理	PHYS130014	3	3	春秋	
4 现代物理讲座	PHYS130016	2	2	4	
5 半导体物理 A	PHYS130017	3	3	6	
6 激光物理	PHYS130018	3	3	6	
7 表面物理	PHYS130019	3	3	7	
8 低温和超导物理	PHYS130020	3	3	7	
9 物理 CAI 课件设计 I	PHYS130023	2	2	春秋	
10 物理 CAI 课件设计 II	PHYS130024	2	2	春秋	
11 自学物理实验 A	PHYS130025	2	2	3	
12 生物医学物理讲座	PHYS130027	3	3	春秋	
13 铁磁学	PHYS130028	2	2	秋	
14 非线性光学	PHYS130029	2	2	秋	
15 C 语言程序设计	PHYS130031	2	3	春秋	
16 计算凝聚态物理	PHYS130032	2	2	春	
17 理工科现代计算机基础	PHYS130033	2	6	春秋	
18 光子晶体	PHYS130034	2	2	春	
19 热力学与统计物理 II	PHYS130035	3	3	7	
20 量子力学 II	PHYS130036	3	3	7	
21 实验软凝聚态物理	PHYS130041	3	3	秋	

续上表

课程名称	课程代码	学分	周学时	开课学期	备注
22 应用数学	PHYS130042	3	3	春秋	
23 生物信息学	PHYS130043	3	3	秋	
24 介观物理	PHYS130044	2	2	春秋	
25 高温超导磁通物理	PHYS130045	2	2	春秋	
26 广义相对论	PHYS130046	3	3	春	全英课程
27 有机半导体发光	PHYS130049	2	2	春	
28 半导体器件与微电路	PHYS130050	2	2	秋	
29 现代光学与光子学	PHYS130052	3	3	秋	
30 近代物理实验 II	PHYS130061	3	3	春秋	
31 科研实践	PHYS130062	2	4	春秋	
32 计算方法	PHYS130063	2	2	春	
33 高等量子力学	PHYS130064	3	3	春秋	
34 凝聚态物理	PHYS130065	3	3	春秋	
35 高等统计物理	PHYS130066	3	3	8	
36 量子计算与量子信息	PHYS130067	3	3	8	
37 群论	PHYS130068	3	3	7	
38 量子场论	PHYS130069	3	3	8	全英课程
39 Linux 集群组建和管理	PHYS130070	3	3	春秋	
40 等离子体物理	PHYS130072	2	2	秋	
41 冷原子量子多体物理	PHYS130073	2	2	春秋	
42 X 射线衍射引论	PHYS130074	3	3	春秋	
43 计算物理基础	PHYS130075	3	3	秋	
44 经济物理	PHYS130076	2	2	春秋	全英课程
45 设计性研究性物理实验	PHYS130077	3	3	5	
46 物理生物学	PHYS130078	2	2	春秋	

（四）任意选修（6 学分）

二、比较

1985 复旦大学的培养方案紧紧围绕专业培养目标编制，结构比较合理，专业方向性强，学生专业适应能力较强。其明显不足是：统一性胜过差异性，灵活性差，选择度低，缺乏个性；必修课专而窄，选修课集中在物理学科范围，毕业生职业适应面不够宽。

1985 年方案的学分要求是 162，2009 年的方案是 140，总学分数减少了 22。其中，1985 年的专业必修课要求 107 学分，占学分总数的约 66%，如果加上选修课中属于专业教育的部分和毕业论文 12 学分，1985 年方案的专业教育模式十分明显；2009年方案的专业教育课程62学分（含毕业论文6学分），占学分总数的约44%，加上文理基础课28学分的要求，2009年方案的专业教育方面约占总学分的64%。

在课程结构方面，1985年的课程分为必修课和选修课。其中，必修课是根据专业培养目标的需要，学生所必须学习的基础理论、基本知识方面的课程。选修课也是根据专业培养要求和专业特点、条件而开设的课程，大部分仍然是属于专业教育。只是为了促进文理渗透，要求文科学生必须选修4~8学分的理科课程，理科学生必须选修4~8学分的文科课程。再加上专业教育课程的相关度大，预选要求固定，课程时间安排基本上是线性递进的，实际上1985年方案的选择性很低。比较而言，2009年方案对复旦大学通识教育进行了深化和拓展，体现了学校以培养综合性人才为目标，设置全校性通识教育课程和基础教育课程，开展宽口径专业教育的基本思路。其中通识教育课程44学分，任意选修6学分，2009年方案选修课占总学分的比例约36%。

具体变化如下：①在专业课方面，2009年方案旨在开展宽口径的专业教育，专业基础课按文理大类实施，称"文理基础课程"，28学分。专业必修课方面，1985年方案62学分，13门课程；2009年42学分，12门课程，科目也有很大改变。在专业选修课部分，2009年20学分共开设46门课程，还有6学分任意选修，选修灵活性大大增加。②2009年方案设置了全校性通识教育课程，该方案高度重视核心课程在通识教育中的基础性地位，核心课程分成6大模块，总门数达到150门，所有课程基本上是跨学科选修课程。

应当说，经过近25年的调整，基础课程加强了，体现了宽口径、厚基础；尤其是增加了跨学科的通识课，这与加强大学生人文素质教育的大方向是吻合的；专业课调整大，课程门数减少，内容和学时有所压缩；专业课有较大更新，专业面也有所拓宽；开课门数大大增加，从1985年的约60门增加到2009年的近千门，这样就让学习兴趣、专业倾向、学习能力、学习风格不同的学生有了更多的选择。

三、评析

有学者主张将人才培养模式与课程的关系放在教育思想理念部分来讨论，这是有道理的。因为人才培养模式反映的是时代与社会的哲学观念、价值观念和教育思想、教育与教学理念。专才教育模式和通才教育模式是高等学校人才培养的两种典型人才培养模式。综观世界各国高等学校人才培养，都可以以这两种模式宏观概括之。

从新中国成立以来不同阶段的人才培养方案可以看出，我国人才培养模式经历了从专业教育模式转向注重素质培养的宽口径的专业教育模式的转变。

在我国，专业教育模式有其合理性，主要表现在它培养了当时经济建设急需的干部与各个建设部门的技术人才，有力地促进了国家的经济建设。但是，这种合理性是有限的。专业教育模式将注意力主要放在了满足社会需要上，而忽视了教育的基本规律。文辅相教授将这种专业教育模式的缺点归纳为“四过”，即“受被固化和强化的前苏联模式的影响，文理分割，重工轻理，重专业教育，轻通识教育，加上过于集中统一的管理，给学生带来了过弱的文化陶冶，过窄的专业教育，过重的功利导向，过强的共性制约，使普通高等教育特别是高等本科教育带有较强的职业教育的特征”①。

从专业教育到注重素质培养的宽口径的专业教育的转变，是在认识到专业教育的弊端的情况下，在适应国家经济社会文化发展的需要下，对大学理念的回归。此次转变表现在专业口径进一步拓宽，国家专业目录种数大幅度减少，高等学校优化了专业方向；本科教育强调基础宽厚，更加注重做事与做人教育的统一。

各高等学校都加强了大学生文化素质教育，开展通识教育课程教学改革，逐步把人才培养模式由传统的知识教育模式、知识能力模式转变到包括素质、知识、能力在内的全面素质教育模式上来。

新时期我国高等教育的人才培养模式既不是原来的专业教育模式，也没有照搬欧美发达国家流行的通识教育模式，而是在扬弃前者的主要缺陷的基础上，吸取了后者的长处，采取了一种中间模式，把模式的重心定位在“更加注重素质培养的宽口径的专业教育”上。②

---

① 文辅相．我国大学的专业教育模式及其改革［J］．高等教育研究，2000（2）．

② 教育部．第一次全国普通高等学校教学工作会议文件［C］．北京：高等教育出版社，1998：3．

第五章 高等学校教学改革

第一节 高等学校的教材及教学内容改革

一、高等学校教材及教学内容

教材是教学材料的简称，指学校教学所依据的学术资料，包括教科书、讲义、参考资料及教学辅助材料等。教材是教师施教之依据，也是学生学习之所托，在教学活动中有着重要的作用。

由于高等教育的特殊性，高等学校教材内容更丰富、种类更繁多，形式更多样。各高等学校之间的课程教材都是不同的，即便是课程名称相同，所选的教材也可能完全不一样。比如，不少高等学校都出版了种类多样的教材，还有不少教师根据自己教学的需要和情况，自编讲义和参考文献资料作为教学的依据。

教材是体现课程教学理念、教学内容、教学要求，甚至教学模式的知识载体，在教学过程中起着引导教学方向、保证教学质量的作用。教学内容是高等学校实现其培养目标的重要依据，是高等学校教学活动的直接知识对象。

高等学校常用的教材主要有两类：一是书本教材，又叫文字教材、印刷教材，包括教科书、讲义、教学指导书、学习指导书、习题集、实验实习指南等；另一类是非书教材，又叫视听教材、电子音像教材，包括幻灯、投影、电影、录音、录像、唱盘、视盘、计算机课件、网上教材等。

自 20 世纪 80 年代末以来，在我国高等学校教材建设中，出现了向着现代教材体系方向发展的趋势。现代教材体系就是由书本与非书教材系统所组成的两类教材。两类教材都以课程纲要（教学大纲）为依据，为实现同一教学目标服务。

教材在人才培养中起着基础性作用，教材建设历来是教育主管部门和各高等学校极为关注的问题。合格的教材至少应有四个基本特点，即目的性、针对性、体系性和可自解性。其中，目的性是指教材的编写应有明确的目的，配合一定的专业和课程设置。针对性是指教材应有明确的学习者层次定位和要求。体系性是指教材的知识体系，要能反映本学科专业主要的知识点和方法论。可自解性是指教材要适应学习者自主学习的要求，符合学习者的认知规律，便于学习者自学。在知识社会更应如此。①

教学内容的选择，必须满足人才知识结构的建构需要，同时满足人才能力结构与素质结构的建构需要。具体操作中一般要涉及的问题有：主干课程与非主干课程、基础知识与专业知识、自然科学知识与人文社会科学知识、宏观知识与微观知识、传统知识与当代知识以及课程内部知识基础化、知识前沿化与知识综合化的关系等。

二、我国高等学校教材及教学内容的发展

从1952年秋季起，中央教育管理部门组织各高等院校展开了学习苏联先进教学经验，并结合中国实际进行教学改革的工作。参照苏联高等学校的模式设置专业，统一教学计划和教学大纲，并组织编译教材。1954年编译出版了苏联高等学校教材325种。② 1955年4月，全国高等学校已经使用的苏联教材中译本有620种。1956年，高等学校教师“在学习苏联高等学校教材基础上，并结合中国实际情况，编写切合我国高等学校用的教材”。1957年，高等教育出版社及其他出版社出版了1 090种本科及专科苏联教材中译本和中国教师编写的教材。③

随着我国开始探索自己的高等教育发展道路，以及与苏联交恶，政府开始倡导和鼓励高等学校教师编写讲义和教材。据1957年年初的初步统计，自编讲义总数达3 400余种。④ 1958年9月，中共中央、国务院发布《关于教育工作的指示》，要求高等学校的教材采取党委领导下党委、教师和学生“三结合”的方式，经过“大鸣大放”、大争大辩，进行修订。这一阶段的教材编写以“大破大立”为指导思想，提出“向权威挑战，拜工农为师，集体攻坚”的口号，组成由学生、工人、青年教师“三结合”的教材编写小组；否定了原有教材的内容，大破原有教材的科学体系，集体短期突击，一些教材甚至完全由学生自己编写。高等学校文科学生编写的教材，“据17所院校统计，文学、历史学、哲学、经济学、政治理论、教育学等6个专业编写出版了88门课程达154种教材”⑤。由于缺乏认真系统的研究，加上编者多是学生和工人，其基础理论和专业知识相对比较薄弱，导致编出的教材质量不高，多数未被采用，少数勉强采用的，试用不

---

① 段远源，冯婉玲．研究型大学教材建设相关问题思考［J］．中国大学教学，2008（12）．

② 高奇．中国高等教育思想史［M］．北京：人民教育出版社，1992：354．

③ 中央教育科学研究所．中华人民共和国教育大事记（1949—1982）［M］．北京：教育科学出版社，1984：176．

④ 中国教育年鉴（1949—1981）［M］．北京：中国大百科全书出版社，1984：511．

⑤ 熊明安．中国近现代教学改革史［M］．重庆：重庆教育出版社，1999：430．

久也停止使用。

到 1961 年开始贯彻“调整、巩固、充实、提高”八字方针的时候，高等学校出现了无教材可用的严重问题。1961 年 2 月，中共中央书记处专门召开会议，讨论解决高等学校的教材问题，并做了相关决定，提出解决教材问题要分两步走：先解决有无问题，再逐步提高质量。对现有教材本着“未立不破”的原则，采取“选”、“编”、“借”的办法解决教材问题。中央还决定：理、工、农、医各科和师范院校理科的教材由教育部党组负责抓，文科教材由中宣部负责抓，教材的审查工作，由少数政治坚定、业务过硬的人集体进行。到 1964 年，理、工、农、医各科共修订了 39 种原有的通用教材，新编或翻译出版了通用教材 564 种，供应学校通用教材达 3 603 种。①

“文化大革命”期间，我国高等学校的教材编写工作继续了 1958 年“教育大革命”时期的做法，甚至更加走向极端。原有教材的内容、科学体系被完全破坏。1971 年《全国教育工作会议纪要》中提出“教材要彻底改革”。同时，还提出在完全否定原有教材的前提下，彻底改革旧教材是教育革命的一个重要方面，要积极编写新教材。

1977—1978 年，教育部召开了一系列的高等学校教学工作会议，讨论研究了高等学校教材的选编问题。1977 年 8 月和 10 月，教育部分别召开理科教材座谈会和工科基础课教材座谈会，这些会议制订了选编教材的原则和选编计划，对恢复选编高等学校教材工作起到了积极的推动作用。其工作思路是：第一步，解决急需；第二步，着重抓教材质量的提高。编写教材的原则是：编写教材既要反映最先进的科学技术成就，又要符合精简原则；正确贯彻“古为今用，洋为中用”的方针，批判地继承中外文化遗产；鼓励“百家争鸣，百花齐放”，但不要轻率，不要加重学生负担；要编写具有中国社会主义特色的教材。1978 年 6 月，教育部在武汉召开全国高等学校文科教学工作座谈会。会议重新制订了中文、历史、哲学、政治经济学、教育学等 5 个专业和图书馆学专业 181 种教材编选计划。1978 年 8 月教育部在北京召开高等学校教材编审出版工作座谈会，讨论了《关于高等学校教材编审出版工作若干问题的暂行规定》（简称《暂行规定》）。《暂行规定》指出，要“有计划、有步骤地加速高等学校教材建设工作”。在《暂行规定》出台后，不同学科、不同专业的相关部门纷纷开会讨论教材、参考书的修订和出版。这些工作基本上缓解了十年动乱所造成的高等

① 熊明安. 中国近现代教学改革史［M］. 重庆：重庆教育出版社，1999：433.

学校教材短缺的局面。改革开放以后，我国各类高等学校组编、出版的教材逐年增加。

同时，为了提高教材质量，政府鼓励和组织引进国外高等学校教材。1979 年 2 月，教育部、外交部和财政部联合发布《关于加速引进外国高等学校教材的几项规定》，确定主要引进美、日、德、英、法等国较新较好的教材，有参考价值的苏联教材，也可引进。“对于世界著名大学以及在各门学科、各类专业中占领先地位的外国大学的教材，争取在一二年内摸清情况，成套引进”。

1985 年 7 月，国家教委对自 1977 年以来教材建设的情况进行了总结，指出其中的成绩和问题，其问题是：同类教材缺乏各自特色，教材种类较少；部分教材内容和观点比较陈旧；注意知识的传授，而忽视能力培养；重讲授环节的教材编写，对实践环节的教材注意不够；偏重于大学本科教材的编写，对其他层次和办学形式的教材注意不够。

针对上述问题，国家教委在 1985 年对各科类教材建设提出指导性意见。贯彻《中共中央关于教育体制改革的决定》的精神，发挥多方面的积极性，紧密结合教学改革工作，加强教材研究，努力提高教材的科学水平、扩大教材种类；编写出能适应我国建设需要、反映现代科学技术新成果，同时，也能适应各种层次和办学形式、具有不同学术观点和风格特色的多样化教材。国家教委后来又制订了《高等学校工科基础课程 1986—1990 年教材建设规划》(规划共有选题 454 种）和《1985—1990 年高等学校文科教材编选计划》。其中列入《1985—1990 年高等学校文科教材编选计划》的共有 10 类学科的 837 种教材和参考书，1986 年 8 月又补充了 72 种。

1988 年 5 月，国家教委在北京召开高等学校教材工作研讨会，会议制订了《高等学校教材工作规程》，对高等学校教材工作的地位和作用、方针和任务、领导体制及队伍建设、经费、评估等工作作了明确规定。《高等学校教材工作规程》要求进一步加强了高等学校教材建设工作，这给高等学校教材建设提供了可靠的制度保障。

1994 年初，国家教委正式提出并制订了《高等教育面向 21 世纪教学内容和课程体系改革计划》。有的高等学校实施所谓的“一个革新的教学大纲，一套先进适用的教材，一套启发式的教学方法和教学手段，一套科学的考核评价方法，一支结构优化的教学梯队”的“五个一”工程。①

---

① 方延明. 南京大学唱响教学主旋律［N］. 中国教育报，1994－11－05.

2000 年，教育部又提出并实施了“新世纪高等教育教学改革工程”，继续深化本科人才培养模式的改革，加强专业、课程教材和教学方法的综合配套改革。

为提高教育质量，培养适应21 世纪我国社会发展和现代化建设需要的人才，2003 年教育部启动了“高等学校教学质量与教学改革工程精品课程建设工作”，截至 2007 年，经过评审，确定国家级精品课程 1 500 余门，对于提升高等学校教育质量发挥了巨大作用。

20 世纪 90 年代以来，随着高等学校课程改革进入高潮与深化时期，高等学校教材建设在“高质量，多样化，搞活搞好”，“抓好重点教材，全面提高质量”的思想指导下，向着“面向 21 世纪的具有中国特色的高等教育”体系迈进的征程中，涌现一大批合格教材，其中不乏优秀教材。2007 年 12 月，教育部、财政部又联合下发了《关于批准万种新教材建设研究项目的通知》，将高等学校课程的教材和教学内容改革提升到一个新的高度，目前已取得了明显成效。1998 年累计出版教材 8 000 种，2003 年累计出版教材 13 000 种，2007 年累计出版教材 18 000 种。国家教育主管部门为提高教材出版质量，遴选了普通高等教育国家级规划教材，仅“十五”期间，已出版普通高等教育国家级规划教材约千种，“十一五”期间，又有 11 642 种选题列入国家级教材规划。

此外，随着改革开放的深入，以及培养适应经济全球化的各类专门人才的需要，积极引进外国原版教材、开设国际性课程成为对我国高等学校提出的明确要求。许多高等学校不仅引进了大量的外国高等学校教材及学术著作，而且采用外国优秀教材作为教学参考书。这是我国高等学校课程改革的重要举措，也促进了我国高等学校教材及教学内容的更新，更是我国高等学校教材和教学内容走向现代化、国际化的体现。

三、我国高等学校教材教学内容及存在的问题和改革

1. 高校教学内容和教材存在的问题

①新中国成立后，我国高等教育受苏联影响，知识观也受到凯洛夫教育学的影响，以知识为本位，把传授知识作为教学的主要任务。高等学校课程在内容上采取专业化的立场。学问是一个专门化和结构化的知识领域，每门学问都具有不同的结构，每一门课程的内容都依据相应独立的学问逻辑和结构来安排。因此在课程内容上就表现出重视学科课程，轻视综合课程，从而导致各学科之间彼此独立，不重视知识之间的联系和渗透，只顾盲目追求自身体系和结构的完整等问题。同时，还表现为重“概念原理的知识”，即一门学科经由探究过程而获得的基本理论知识；轻“过程、

方法的知识”，即一门学科的探究过程与探究方法的知识。[①] ②课程过分强调传授科学知识，而忽视对学生能力、素质的培养，比如忽视科学态度、科学精神、科学道德的培养，以及忽视人文精神的培养。③课程内容重复现象严重。由于现有课程体系是根据职业和岗位的要求设置的分科课程，各门学科都追求内容的系统性和完整性，导致有些课程的内容大量重复。④课程内容过于求同。给学生提供的大多是定论性的知识，学生只需记住即可，学生通过各种各样的自主性探索活动才能获得的知识很少。⑤课程内容落后于科学技术的发展，更新速度慢。许多教材还是20世纪七八十年代的产物，有的甚至更早，特别是90年代以来知识更新周期明显缩短，许多新理论、新观点未能及时编入教材。教材很少涉及科技发展前沿的东西，加之我们一些教师仍死扣教科书，导致教学信息量少且不“新鲜”，因而降低了学生对学科前沿知识吸收消化的时效，也影响了学生学习的积极性。

以上的问题既是教学内容的问题，也是目前我国高等学校教材建设的问题。

2. 高等学校教材建设与教学内容的改革。

高等学校的课程教学应该根据高等学校的人才培养目标来安排。教材建设与教学内容均是时代的产物，是生产力和科技发展水平的反映，教材和教学的内容都应该适应社会政治经济文化的需要，并随着社会的发展而不断更新。理论上，课程设置和教材内容选择应遵循以下原则：符合培养目标的原则、有最大迁移价值的原则、适应知识分类与发展的原则、课程设置要适应产业结构的变化与发展的原则、与师资及其他教学条件相适应的原则、按照学科系统结构来完善课程的原则、遵循交叉学科发展规律的原则。[②] 当前，我国高等学校的教材建设和教学内容要适应21世纪科学技术、经济和社会发展的趋势，依照培养目标和人才培养模式的要求，进行优化课程体系，更新教学内容的改革。

（1）在教材目标和教学内容选择上，除了要适时更新知识，精选教学内容外，还应重视对学生能力、创新精神、综合素质的培养。在知识安排上，除了将概念、原理等现成的内容呈现给学生外，更要将一门学科的探究过程与探究方法的知识也呈现给学生；在教材内容的安排上，要明示教材的重点、难点、思路、方法，并设置思考题等。要发挥学生的主体作

① 范树成. 21世纪初叶我国高等学校课程体系改革与建构［J］. 大连理工大学学报：社会科学版，2003（3）.

② 范印哲. 教材设计导论［M］. 北京：高等教育出版社，2003：220－221.

用，激发学生的参与意识、问题意识，以引导和发展学生的思维、创新能力。现代科技信息高度发达，纷繁浩瀚的知识呈指数递增，学生在大学阶段只能掌握反映这个时期普通水准的知识与技能，需要其在职后独立自主地摄取、更新并创造知识，以适应瞬息万变的社会环境，不能再培养纯“知识型”人才。大学教育要把“发展独立思考判断的一般能力，应当始终放在首位，而不应当把获得专业知识放在首位”①。

例如，清华大学有关教师编写的《代数与几何》教材，明确提出要“通过本书的教学，培养学生的抽象思维能力、逻辑推理能力，为今后学习现代数学打下扎实的基础”。《数学实验》教材提出要“培养利用数学知识和计算机技术分析、解决实际问题的能力”。《混凝土结构》教材强调“建立工程基本概念和基本理论，理论分析与工程概念相结合，掌握混凝土结构的基本原理和设计计算方法”。《陶艺基础》教材强调“综合传统与现代、文化与技术于一体”。②

（2）教材和教学内容应具有先进性，充分反映时代气息。这不仅体现在内容上要吸收引进本学科发展的前沿成果，而且要在新的观点、新的材料基础上，站在新的高度来阐述经典的理论，并使之落实到现实的应用中。

（3）在教材编写和教学内容的安排上，要注意多样化、个性化，以满足不同学生的不同需要，使学生的兴趣爱好、专业特长得到充分发挥。因为学生的基础、素质、爱好、要求等是不尽相同的，也因为不同学校的人才培养类型和规格也是多样化的，所以高等学校的教材和内容应该要有层次。即，相同学科不同层次的教材及内容应该是不同的，要具有较强的针对性和适用性。即便在同一学校内，对某学科开设的同一门课程的教学内容，也可以有不同的层次。如在其基本内容相同的前提下，深度不同、容量不同、特点不同，以供不同专业、不同学生的选择。

（4）高等学校的教材和教学内容要有科学性，即根据学科知识体系、按照认知规律编排，使学生通过听课、自学能够基本掌握课程相关知识，同时，培养学生的自学能力。此外，在课程教材的建设上应该是多种形式相结合。随着高新技术，特别是数字化和网络化技术的发展，在教材建设中，要充分考虑文字教材、音像、电子、网上教材的结合，发挥综合媒体在教学中的优势，即通过教材形式的创新，诱导学生阅读教材、进行自学

---

① 梁树基，杨宗元．高等学校课程结构嬗变诸因素研究［J］．高等师范教育研究，1994（5）．

② 段远源，冯婉玲．研究型大学教材建设相关问题思考［J］．中国大学教学，2008（12）．

的自觉性。教材中既要有能反映课程体系、内容改革的自编教材（或讲义）；也要有其他各类教材（文字、音像、电子等）的配备；还应该有自编或选用设计范围较窄、水平较高的相关学科的参考书（或资料）。①

教材建设和教学内容改革是一项紧迫而意义深远的工作。教材是学生学习知识、增长技能、创造智慧的载体，是教师教学实践的结晶和教学活动的工具。高等学校的教材和教学内容必须根据培养目标和人才培养模式的要求，具有科学性、先进性、适用性、灵活性，才能在教学中发挥稳定教学秩序、提高教学质量的重要作用。

第二节　高等学校的教学方法改革

一、高等学校的教学方法

所谓教学方法，是为了完成课程规定的任务、实现培养目标的方法和途径，是由教师的教法和学生的学法所构成的有机整体。尽管学生的学习方法直接影响其学习效果，但在教学过程中，教师教的方法决定学生学的方法，学生的学是由教师的教指导的，所以，我们主要关注教师教的方法。教师教的方法要符合学生的认识规律和学习方法。教师教的方法包括：教师组织、呈现课程中知识的方法，引导和组织学生学习的方法，处理教师教和学生学的关系的方法，评价教学效果的方法等。教学方法涉及教学过程所有重要环节，从课程内容的组织、教学组织形式的设计、课堂教学的方式和手段到促进学生参与教学过程、获取知识的方式以及考核学生学业成绩的方法等。

在高等学校教学中，“教师的主导性与学生的主体性相结合”是最主要的教学原则：“教学过程要在教师的指导下充分发挥学生的主动性和积极性，使之能相对独立地进行探索和学习”，“高等学校的教学中，学生的自主参与研究是一个极其重要的方面，教师的主导作用主要表现为引导与点拨”②。

因此，高等学校的教学方法具有强调学生自学能力、重视学生研究能力、注重学生实践能力、激发学生创新能力等几个特点。具体表现为：

（1）在强调学生自学能力的培养。高等学校教学教的成分逐渐减少，学生自主学习的比重有所增加。这是由大学生学习的特点以及高等学校培

① 段远源，冯婉玲．研究型大学教材建设相关问题思考［J］．中国大学教学，2008（12）．

② 潘懋元，王伟廉．高等教育学［M］．福州：福建教育出版社，1997：198，137，202．

养高级专门人才的培养目标所决定的。大学生的学习具有自主性，即大学生学习应该是学生积极主动的、自己有明确目标的、有主见的、以我为主的学习。① 高级专门人才除了要接受专业的训练外，关键就在于其独立思考和解决问题的能力。因此，在大学里更重要的是培养学生独立学习和自学的能力。学生的自主学习能力是需要激发和培养的，所以促进学生自主学习应该成为教师选择教学方法的一个基本原则。

（2）在重视学生研究能力的培养。在高等学校教学中，学生探究的因素有所增多，而接受的因素相对减少。这是由高等学校教学内容的前沿性和不确定性所决定的。高等学校的教学既包括确定的、已有定论的学科知识，也包括未有定论的、不确定的知识。这类知识的教学就需要教师以研究者的态度、研究者的精神客观介绍给学生，并鼓励学生独立思考，以研究者的身份去考察、质疑、分析和研究。因此，在大学里，教师需要“教学与科研相结合”，学生的学习也要参与研究的特点。

（3）在注重学生实践能力的培养。高等学校的教学方法更加注重实践环节，较多组织学生参加各种社会实践，同时在课堂上也比较重视实验技能、口头与书面表达技能以及专业技能的训练。在教学中，把知识的学习和运用结合起来，把知识与实践结合起来。这是由高等学校培养专门人才，要求学生在学习过程中或毕业后对外部世界做出贡献，能为未来的职业奠定基础的特点决定的。

（4）在重视激发学生创新能力。大学本身就是一个创造知识的机构，大学生正处于探索和创造的黄金时期，出于对大学生创造性的重视，大学教学必须重视激发学生创新能力。这常常与培养学生的研究能力和实践能力结合起来，就是有意识地让学生参与科学研究活动，激发学生从事研究和创新的兴趣。并支持和鼓励学生在企业、政府机构、事业单位实习和兼职，了解自己所学的专业在实际工作中的需要和发展前景，给学生提供创新的机会。

高等学校教学方法主要有讲授法、讨论法、实验教学法、多媒体教学法、案例教学法、指导自学法等。②

二、我国高等学校教学方法的改革

新中国成立初期，我国高等学校的课程教学进行了有计划有步骤的改革。在向苏联“一边倒”思想的影响下，全面否定了新中国成立前高等教

① 韩忠．大学学习学引论［M］．北京：北京工业大学出版社，1992：136．

② 徐辉，季诚钧．大学教学概论［M］．杭州：浙江大学出版社，2004：132．

育的教学经验和对其他各国教学经验的借鉴，全盘搬用苏联高等学校教学模式、教材、教学组织形式。从1952年秋季起，我国各高等院校展开了学习苏联先进经验并结合中国实际进行教学改革的工作。在教学环节安排上，基本参照苏联高等学校的安排，主要有课堂讲授、课堂讨论、习题、答疑、实验、实习、课程设计（论文）、毕业设计（论文）等。

这次教学改革，在统一培养目标、规格，建立健全教学工作的组织领导，提高教育质量方面起了积极的推进作用，为新中国成立初期人才的培养奠定了基础。理论与实际联系是当时高等教育的指导思想和教学原则。1952年后，我国高等学校教学在学习苏联过程中的一个突出特点就是重视实践性教学环节。但是，“一边倒”的指导思想在本质上缺乏对苏联高等教育实事求是的客观分析，对新中国成立前高等教育的经验和其他国家的有益经验全盘否定，对我国实际情况更是缺乏认识，因此导致出现以下问题：苏联的教学大纲过多地强调集中统一，缺乏灵活性教学计划对学生统得过死，难以积极主动地发展，没有很好地注意培养学生的独立思考和独立工作能力，加上学生负担过重等原因，影响了教学质量的提高。

1958年，我国高等学校开始修订教学计划，将生产劳动列入教学计划。师生下厂下乡进行现场教学、调查研究参加实际工作。聘请“土专家”、劳动模范、生产能手到学校任教等，并且对高等学校提出教学、生产劳动、科学研究“三结合”的思想。在这个思想指导下，一些高等学校做了一些有益的改革尝试，如改革毕业设计，要求学生通过参加国家的重要工程的研究和设计工作完成毕业设计。但是，由于过分强调与生产劳动相结合，也导致了打乱教学秩序，搞单科独进，或按生产过程组织各门课程的所谓综合教学等严重问题。

1961年9月，中共中央批准试行教育部起草的《教育部直属高等学校暂行工作条例》。《教育部直属高等学校暂行工作条例》总结了新中国10年来高等教育发展的经验教训，指出“高等学校必须以教学为主，努力提高教学质量”。其中对教学工作做了比较详细的规定，对教学过程的各环节备课、上课、作业、考试、实习、劳动等都做了规定。《教育部直属高等学校暂行工作条例》的制定与试行，在一定程度上纠正了1958年教育改革中的一些错误。但是随着“文化大革命”的开始，高等学校的正常教学秩序都被破坏了，教学带有强烈的政治化色彩，全国高等学校教学陷入一片混乱。

十一届三中全会召开后，高等学校的教学一方面纠正了“文化大革命”中的错误做法，另一方面在思想解放的背景下进行了多种改革探索，对学生能力培养、师生关系、教学灵活性、西方教学模式等问题都给予了关注。1985年《关于教育体制改革的决定》指出要“改革教学内容、教学方法、教学制度，提高教学质量”。各高等学校针对现有弊端，积极进行教学改革的各种实验，改变专业过于狭窄的状况，精简和更新教学内容，增加实践环节，减少必修课，增加选修课，实行学分制和双学位制，以及改善教师工作条件等。如南京大学提出了“全面培养、强化基础、因材施教、增强活力”的十六字教学指导思想，旨在培养全面发展的有创造能力的人才。并采用“三元结构”，即以课堂教学、学术活动、社会实践和科学实验为主体的教学结构，旨在突破单纯课堂教学的传统模式，把十六字指导思想落到传道授艺、教书育人的实处。①

20世纪90年代以后，高等学校教学改革进入全面发展阶段，教学方法和手段在教学改革中的重要作用被进一步强调。1999年《中共中央、国务院关于深化教育改革全面推进素质教育的决定》中就明确提出“改革人才培养模式，积极实行启发式和讨论式教学，激发学生独立思考和创新的意识，切实提高教学质量”。文件中强调积极实行启发式和讨论式两种教学方法，这是对教学方法改革在认识上的重大转变。尤其是启发式教学，它不仅仅是一种具体的教学方法，而是指导教学方法的一种教育思想，教学方法改革中如能始终贯穿这种思想，让学生对所学知识的产生和发展过程有感性认识，将对教学的深入发展和教育质量提高具有重要的积极意义。

一些高等学校教师开始重新对此进行大量研究与探索，并进行了一些试点与实践。如清华大学的一名教授在《工程力学》有关复合材料的讲授中，在运用新教学方法时，辅之以新教材和CAI课件等新手段，原来2学时的内容，1学时高质量完成。②

进入21世纪以来，我国高等学校教学方法与手段的改革在理论认识和实践探索上都取得了显著成绩。各高等学校继续深化教学改革，更新教学方法和手段，加强对学生自学能力和创新能力的培养，加大学生在教学活动中的主体地位，充分调动学生学习的积极性、主动性和创造性；重视综合性实践教学环节；更加密切教学和科研的联系。另外，以计算机和通信技术为核心的现代信息技术进入教育领域，更加深刻地改变了传统的教学观念、教学方法和手段。

---

① 一个最具挑战性的使命——访原南京大学副校长冯致光［N］．中国教育报，1990-05-24．

② 钟秉林．把改革教学方法和手段摆上重要日程［J］．中国高等教育，1999（2）．

我国高等学校教学方法的改革基本趋势：

（1）更加重视大学生在教学活动中的主体地位，更加注重培养学生的主动性、积极性、创造性。在课堂讲授中注意启发学生独立思考，实行讨论教学，采用学生自己阅读、分头准备、轮流主讲、集体讨论等方法。

（2）更加注重学生创新能力的培养。创新能力主要包括独立思考、独立判断的能力和对新知识、新技术、新产品的探索、发明、开发的能力。在教学中引入研究，让学生参加带有研究性的实验和各种研讨会，开展社会调查，参与教师的科学研究和各种形式的科研活动，培养学生研究的能力和创新的能力。

（3）更加注重教学的个别性。尊重学生的自主性和差异性，在大学教学中，除讲授外，自学、实习、实践等既是学生独立学习、自主学习的主要学习形式，又是因材施教，适应学生的个人爱好、兴趣，发挥才能的体现。

（4）更加注重采用现代信息技术手段。高等学校教学中更加广泛地运用各种视听媒体，尤其是计算机多媒体网络，并注重培养学生的使用信息技术能力。使用现代信息技术进行教学，使教学的呈现方式更加多样化，教师的教和学生的学更具有交互性，为因材施教提供了更为便利的条件。

（5）教学方法的选择强调多样性和综合化。不同的教学方法有各自的长处和局限，一种方法的优点可能恰是另一种方法的不足，因此，只有利用不同的教学方法进行互补，多种方法配合，综合使用，才能使教学取得良好的效果。

第三节　高等学校学生学业成绩的考核与评定改革

一、高等学校学生学业成绩的考核与评定

学生学业成绩的考核与评定是高等学校教学过程的有机组成部分。在高等学校，考核主要用来作为检查学生是否达到教学要求，决定升留级、毕业结业，给予学生学位的手段。

高等学校学生学业成绩的考核方式主要有考查、考试与答辩三种。①

考查属于定性的方法。对难以定量考核或无需定量考核的课程，如实习实验课、辅助性或比较高深的选修课等，往往采用考查的方式。

考试是对学生学习效果进行定量的考核，并用百分制这种近似连续的

① 潘懋元，王伟廉．高等教育学［M］．福州：福建教育出版社，1995：243－257.

变量来标定学生学业成绩的高低，使考核测定工作精确细致。考试是高等学校大部分课程考核采用的方式。考试有不同的分类，按形式可分为口试、笔试、操作考试；按答卷要求可分为开卷考试、闭卷考试；按考试时间可分为期中考试、期末考试；按参照标准可分为常模参照性考试、目标参照性考试。

答辩是对已获得一定专业教育，具备一定学术研究与探讨能力的高等学校学生，从不同角度阐述自己的学术观点，就教师的提问和诘难而提出自己的学术观点解释辩护的一种学业考核方式。答辩方式主要用于学位论文、毕业设计的考核。

二、我国高等学校学生学业成绩考核与评定改革

新中国建立以后，为了提高教学质量，我国高等学校进行了全面而深刻的改革。20 世纪 60 年代以前，我国高等学校学生学业成绩的考核主要是学习苏联的经验。1950 年 8 月 14 日，教育部颁布了《高等学校暂行规程》和《专科学校暂行规程》等文件，规定大学、专门学院以及专科学校的考试分为入学考试和平时考试、学期考试以及毕业考试。各级学校学生依照规定课程修业期满，成绩合格者，由学校报请中央教育部核准发给毕业证书，但如何考试以及考试成绩如何管理等，则由各校自行决定。

当时的高等学校实行了考试四级记分制（优等、良好、及格、不及格），还实行了口试等考核方式。这些改革对于丰富考核形式，调动学生学习的积极性，提高教学质量发挥了积极的作用。但是当时由于课程多、教学内容多等原因，学生学习负担过重，考试也在一定程度上加重了学生学习的负担。

因此，1955 年 6 月 7 日高等教育部印发了《关于执行高等学校课程考试与考查规程的若干问题的通知》，要求高等学校减少考试考查门数与次数，减轻学生的负担。1955 年 12 月 15 日，高等教育部又颁发了新的《高等学校课程考试和考查规程》《高等学校课程考试和考查中若干问题的说明》。新的《高等学校课程考试和考查规程》对考试的规定过于具体，束缚了课程考核的灵活性。根据相关的反馈意见，1956 年 12 月 21 日，高等教育部下发了《关于本学期考试考查工作的意见》，指出考试和成绩评定的方法可以由授课教师灵活运用，并提出记分方法可由学校确定。在课程考试管理模式上，学校基本从大一统的方式中解放出来了，教师和学校都获得了不同程度的管理自主权。

20 世纪 60 年代以后，国家教育主管部门及各高等学校开始探索符合自己实际的学业考试及其成绩管理办法。

1964年2月13日，毛泽东在人民大会堂主持召开教育工作座谈会。毛泽东批评当时的考试“是对付敌人的办法，搞突然袭击，题目出得很古怪，学生难以捉摸，还是八股文章的办法”，并说：“我主张题目公开，由学生研究、看书去做。例如，出二十个题，学生能答出十题，答得好，其中有的答得很好，有创见，可以打一百分；二十题都答了，也对，但是平平淡淡，没有创见的，给五十分、六十分。考试可以交头接耳，无非自己不懂，问了别人懂了。懂了就有收获，为什么要死记硬背呢？人家做了，我抄一遍也好。可以试试点。”

到“文化大革命”期间，我国高等学校错误地实践了毛泽东关于考试的思想。如“文化大革命”初期北京师范大学就提出“考试少或不考，不搞回忆性的，搞辩论性的，可以看书，允许互相讨论”①，使高等学校正常的教学秩序无法维持。甚至出现了教师由监考变成助考，考场由教室搬到实验室，师生共同命题，教师在考场帮助学生掌握考试内容等荒唐的做法。②

“文化大革命”后，我国高等学校的学生学业成绩考核和考试管理办法才逐渐恢复并渐趋完善。20世纪80年代初期《中华人民共和国学位条例》的颁行以及20世纪80年代中期开始的学分制改革试验后，我国高等学校逐步建立了一套完整的具有中国特色的学业考试制度。改革开放30年来，我国高等学校的考试、考核无论从理论上还是内容、形式、结构、功能上都经历了从传统考试向现代考核评价的渐次转变。这种转变主要体现在三个方面：一是以试题库建设为标志的考试改革，通过建立标准化试题库，实现考教分离；二是基于学分制下的考试改革；三是考试管理制度的健全完善。③

1986年7月，国家教委召开了部分高等学校试行学分制工作座谈会。1987年2月，国家教委印发了《部分高等学校试行学分制工作座谈会对全日制普通高等学校试行学分制学籍管理办法的建议稿》，对课程的选修、成绩考核、课程的免修、退学、转学、转系、转专业、毕业和结业等问题，都提出了具体建议。学分制的实行，标志着中国高等学校学生学业成绩考核和评定建立了一种灵活性强、以考促学的新机制。在考核记分上，综合采用了百分考核制、两级记分制（及格与不及格）和等级考核制

① 周全华．“文化大革命”中的“教育革命”［M］．广州：广东教育出版社，1999：77.

② 周全华．“文化大革命”中的“教育革命”［M］．广州：广东教育出版社，1999：185.

③ 中国高等教育学会．改革开放30年中国高等教育发展经验专题研究［M］．北京：教育科学出版社，2008：425.

（优、良、中、差）。在考核形式上，往往根据各类课程的不同特点，选择合理的、不同的考试形式。但是学分制的实行，也滋长了个别学生的惰性，使他们仅满足于课程考试“六十分万岁”的及格水平。为改变这一状况，促进学生学习，高等学校又普遍推行绩点学分制。

20世纪90年代以来，各高等学校不断修改和完善各种学生学业成绩考核与评定的制度规定，把培养学生素质和能力作为教学的目的，按照考核的公平性、揭晓性、强制性、时限性原则[①]，使高等学校学生学业成绩的考核和评定发挥更加积极的作用。在学生学业成绩考核和评定的方法上更加灵活多样，在一定程度上提高了学业成绩的客观性和科学性。以“考”促学，不断推进高等学校考核制度的变革是高等学校教学改革的方向。

① 潘懋元，王伟廉．高等教育学［M］．福州：福建教育出版社，1995：242.

第二部分

新中国成立60年高等学校课程和教学管理制度与政策

第六章　政府对高等学校课程和教学的管理

课程和教学管理可分为政府部门对高等学校课程和教学管理，以及高等学校校内的课程和教学管理两个方面。

课程和教学是学校内部的学术事务。依照西方高等教育传统，高等学校内部的学术事务属学校学术自治范围，主要由学校自主决定。在新中国高等教育改革和发展中，政府对高等学校课程和教学的管理，总体上说，经历了逐步放宽的过程，管理方式也经历了由指令性的统一管理，到群众民主式管理，再到有弹性的管理方式的过程。但这个过程中有反复，不同管理方式有交叉。

20世纪50年代初学习苏联，中央政府对全国高等学校的课程和教学工作实行指令性的统一管理。到1958年，在教育与生产劳动相结合的思想指导下，开始在高等学校课程和教学管理中引入群众民主方式。而到1961年提出“调整、巩固、充实、提高”的时候，群众路线被放弃，重新回归政府统一管理，当然相比1958年以前，在程度上有所放松。1966年“文化大革命”开始以后，群众路线被重新拾起，而且发展到更高的程度。“文化大革命”结束后，1977年开始恢复1961—1966年间的管理方式。1985年中共中央《关于教育体制改革的决定》颁布，扩大高等学校的办学自主权，尤其是课程和教学管理权，成为改革的基本方向。当然，在此阶段，中央对高等学校课程和教学的管理依然存在，有时还很严重，尤其是在教材领域。

1958年以后，我国高等教育管理体制基本上是中央和省两级管理，有时还强调以省级统筹为主。但在中央和省级政府高等教育管理权分配中，业务方面的权限是归中央的，而课程和教学属于业务工作，所以，省级政府对高等教育的管理基本不涉及制定课程和教学政策，其职责是执行中央的政策。

第一节　统一管理

对高等学校的课程和教学统一管理，是新中国建立以后，首先选择的一种管理方式。这种管理方式的特点是，政府管理部门对高等学校课程和教学管理的范围较广，管理方式多为指令性的，较为直接，较少弹性。

20世纪50年代初到1957年实行统一管理方式，1958年开始的“教育大革命”中被放弃，1961年至“文化大革命”，重新探索实行统一管理方式，但在程度上有一定的放松。1977—1985年，恢复了“文化大革命”前的大部分做法。

一、教学计划管理

1950年6月，教育部在北京召开第一次全国高等教育会议，会议讨论通过了《高等学校暂行规程》《关于实施高等学校课程改革的决定》《关于高等学校领导关系的决定》《私立高等学校管理暂行办法》等5个文件草案，这些文件陆续由政务院和教育部颁布，确定了20世纪50年代至60年代中期，以及70年代末到80年代中期两个阶段我国高等教育课程和教学管理的基本原则和架构。

《高等学校暂行规程》规定，大学和专门学院的设立与停办，由中央人民政府教育部报请政务院决定，而大学内学院和学系的设立，由教育部决定。关于课程，《高等学校暂行规程》规定，教育部确定统一的课程标准，高等学校内各系的课程，由学校“根据国家建设的需要及理论与实际一致的原则制定”，各课目的教学计划和教学大纲，须报请中央教育部备案。《高等学校暂行规程》对大学和专门学院的考试也有规定，分为入学考试、平时考试、学期考试和毕业考试。学生依照规定课程修业期满，成绩及格者，由学校报请中央教育部核准发给毕业证。①

《关于高等学校领导关系的决定》确定“全国高等学校以中央人民政府教育部统一领导为原则”，并规定，“凡中央教育部所颁布的关于全国高等教育的方针、政策与制度、高等学校法规，关于教育原则方面的指示，以及对于高等学校的设置变更或停办，大学校长、专门学院院长以及专科学校校长的任免，教师学生的待遇，经费开支的标准等决定，全国高等学校均应执行”。② 1953年10月，政务院又公布了《关于修订高等学校领导关系的决定》。修订的目的是加强对全国高等学校的“统一与集中的领导”。《关于修订高等学校领导关系的决定》明确指出：“中央高等教育部（1952年11月中央人民政府委员会第十九次会议决定成立高等教育部，1958年2月高等教育部和教育部合并为教育部——引者注）根据国家的教育方针、政策与学制，遵照中央人民政府关于全国高等教育的各项决定与

① 高等学校暂行规程（教育部1950年8月14日颁布）[M] //《中国教育年鉴》编辑部. 中国教育年鉴（1949—1981）. 北京：中国大百科全书出版社，1984：777－778.

② 政务院关于高等学校领导关系问题的决定（1950年7月28日政务院第43次政务会议通过）[DB/OL]. 首都高教研究与决策网（http://www.cherd.org.cn）.

指示，对全国高等学校（军事学校除外）实施统一的领导。”在中央高等教育部颁布、高等学校应予执行的文件中，修改后的决定特别增加了教学计划、教学大纲、生产实习规程。[①] 这为在全国高等学校推行统一教学计划提供了政策依据。

其实在1949年之前，政府管理部门对高等学校的课程就有一些要求和规定，例如，1944年8月，国民政府教育部曾修订公布《大学文、理、法、师范四学院共同必修科目表》和《分系必修选修科目表》，其中包括各专业共同必修课，以及各系科必修课程和选修课程。新中国刚建立，高等学校的课程由各高等学校自行制定，但须报教育部批准和备案。1950年7月公布的《关于实施高等学校课程改革的决定》为高等学校的课程改革和设置确定了基本方向，包括与国家建设的实际相结合、新民主主义、专门化、将实习和参观作为教学的重要内容等。[②] 8月，教育部成立高等学校课程改革委员会。9月，教育部公布了文学院5个系，法学院4个系，理学院5个系，工学院6个系，农学院4个系，以及专科，共54种课程草案，并同时公审《高等学校文法两学院各系课程草案摘要》，作为各校拟订课程的参考。

1951年1月，在全国高等学校1950年度教学计划审查会议上，教育部重点审查了51所高等学校各院系的教学计划，可能是出于意识形态方面的考虑，详细审查了文、法两学院的部分教学计划。6月教育部确定了文、法、财经学院课程修订的原则，主要内容包括：贯彻爱国主义思想教育；业务课程的设置应有重点，选修课应尽量减少；实习是学习的过程的主要组成部分等。[③]

1. 统一教学计划

1952年，政府开始组织按照苏联模式大规模地进行院系调整，学习苏联开展与国家建设相适应的专业教育。由于缺少专业教育的经验，引进苏联各专业的教学计划和教学大纲是自然的选择。当年，教育部翻译苏联教学计划194种。从1952年下半年至1953年上半年，高等教育部又组织各

---

① 政务院关于修订高等学校领导关系的决定（1953年10月11日公布）[M] //《中国教育年鉴》编辑部. 中国教育年鉴（1949—1981）. 北京：中国大百科全书出版社，1984：781.

② 教育部关于实施高等学校课程改革的决定（政务院1950年7月28日批准）[M] //《中国教育年鉴》编辑部. 中国教育年鉴（1949—1981）. 北京：中国大百科全书出版社，1984：777.

③ 何东昌. 中华人民共和国教育史 [M]. 海口：海南出版社，2007：108.

校教师译出以工科为主的苏联教学大纲700种。① 为了贯彻和执行苏联的教学计划和教学大纲，教育部开始要求在全国高等学校实行统一教学计划。

1953年9月，高等教育部在上海召开高等工业学校修订教学计划座谈会，会上，苏联专家顾思明、隆多维奇作了关于修订统一的教育计划的报告。高等教育部副部长曾昭抡在会上特别强调高等工业学校修订各专业统一教学计划的意义：今后各校培养的学生都将输送到现代化的工业岗位上去，有了统一的教学计划，才能保证培养合格的工业技术人才。对于国家建设来说，这是一件大事。②

1954年7至8月间，高等教育部与中国科学院联合制订或修订文、理科部分教学计划和教学大纲。文科制订了中国语言文学、西方语言文学和历史3个专业的教学计划，修订了中国文学史等课程的教学大纲。理科讨论了数学、生物等专业的教学计划（草案），修订了解析几何、普通物理等16门课程的教学大纲。

1954年7至8月间，高等教育部与卫生部确定了医学教育的方针，确定了专业设置和各专业的培养目标，制订了医疗、儿科、卫生、口腔医学和药学5个专业的统一教学计划。10月，通知要求各校自1954—1955学年新生开始执行。1955年2月，高等教育部与卫生部邀请200多位专家，审定全国高等医学院校54门课程的教学大纲。

1954年8月，高等教育部在大连召开高等工业学校基础课程教学大纲审定会，审定了四年制各专业的高等数学、普通物理等课程29种统一的教学大纲，同时，还进行了高等农林院校47门课程的教学大纲的审定工作。

1954年8月，高等教育部发出《关于在全国高等工业学校四年制本科及二年制专修科执行统一的教学计划的通知》。指出统一的教学计划体现了国家对各专业教学工作的要求，也体现了国家对各专业毕业生政治思想水平和科学技术水平的要求。要求教师以及各级教学行政干部必须充分认识统一教学计划的严肃性。凡需变更教学计划，必须提前向高等教育部提出申请，得到批准后，方可作暂时变更。同时公布四年制本科专业教学计划81种，二年制专修科教学计划31种。

1955年2月，高等教育部召开农林学校畜牧、兽医、造林和森林经营

---

① 马叙伦. 关于全国高等教育的基本情况和今后方针与工作的报告（1953年7月15日）[DB/OL]. 首都高教研究与决策网（http://www.cherd.org.cn）.

② 刘光. 新中国高等教育大事记（1949—1987）[M]. 长春：东北师范大学出版社，1990：56.

4 个专业教学大纲审定会议。制订了 4 个专业 44 门专业课的教学大纲及大部分教学指导书，并初步讨论了上述 4 个专业三、四年级的 8 种生产实习提纲。

截至 1955 年 4 月，3 年内通过翻译苏联教学计划和自行组织制订教学计划，先后公布 193 个统一教学计划，其中工科 119 个、理科 11 个、农科 19 个、医科 5 个、文科 5 个、政法 2 个、财经 12 个、师范 20 个，修订教学大纲 348 种，其中工科基础课、基础技术课和部分专业课的教学大纲 210 种，农科 44 种，医科 57 种，理、文科 16 种，师范 21 种。①

与统一教学计划相配合，当时中央教育管理部门还制定了全国统一的校历，并探索国家统一考试。

1950 年 6 月，教育部颁发高等学校校历，规定一学年分两学期，第一学期自 8 月 1 日至次年 1 月末，上课 145 天；第二学期自 2 月 1 日至 7 月末，上课 144 天。暑假 62 天，寒假 14 天。1954 年和 1956 年高等教育部两次对高等学校校历进行修改。1958 年废止全国统一校历。

1954 年 7 月，高等教育部颁布《高等学校课程考试与考查规程》。要求学习苏联经验，采用口试和以四级分制评定学生成绩，并对补考、退学和升级、留级标准做了规定。1955 年 12 月，对《高等学校课程考试与考查规程》进行了修订。1956 年四五月份，高等教育部通知全国中等专业学校和高等学校试行国家考试。7 月起，大连工学院、太原工学院、西北工学院、交通大学、浙江大学、天津工业学校等一批高等学校和中等专业学校试行了毕业生的国家考试。后因在全国试行条件不具备，1957 年 3 月高等教育部通知暂停试行。

2. 参考性教学计划

实行统一教学计划和教学大纲，根本目的是为了保证各校各专业人才培养的质量和规格，除此之外，与学习苏联的政策有关，也不排除意识形态方面的考虑。这个政策与当时的计划经济思想相适应。由于当时不少专业的教学计划是直接从苏联翻译过来的，而苏联的高等学校是五年制的，我国高等学校是四年制。所以，在统一教学计划执行过程中，出现了教学计划中的课程门数偏多，总学时数偏多，要求过高的问题，加上师资和教学设施设备缺乏，造成学生学习困难和师生的负担过重。这种情况在高等工业学校尤为严重。

为了解决这个问题，1955 年五六月间，全国文化教育工作会议提出，

---

① 刘光. 新中国高等教育大事记（1949—1987）[M]. 长春：东北师范大学出版社，1990：84.

高等工业学校有必要逐步由四年制改为五年制，同时，高等教育部组织修订各专业教学计划，减少了教学计划中的课程门数和教学总学时数，提出“学少一点，学好一点”。

接下来的另一项措施除了有助于解决学生负担过重问题外，还有深远的影响。1957 年 6 月，高等教育部下发《关于改变制订教学计划、教学大纲办法的通知》阐明，为了更充分地发挥学校和教师的积极性和主动性，决定从下学期起，各类专业各个年级的现行统一教学计划和以前部颁的各类课程的教学大纲改为参考性文件，各校可根据部订各类专业教学计划和各该教学大纲的基本原则和要求，自行制订和编写，并均应报高等教育部备案。①

在当时教育与生产劳动相结合的方针和群众路线的指引下，下放管理权是政策的基调，这个通知是当时下放教育管理权改革的一部分。但由于指导方针的问题，教育管理权的下放造成了教育事业的混乱。在总结经验教训的基础上，1963 年 6 月，中共中央、国务院印发《关于加强高等学校统一领导、分级管理的决定（试行草案）》，强调“在高等教育工作中，各地区、各部门、各学校，都要贯彻执行中央统一的方针政策；都要遵守中央统一规定的教学制度和其他重要的规章制度”。在教学方面，教育部的职责是，“规定高等学校教学计划和教学大纲的制订原则，并组织制订指导性的教学计划和教学大纲；统一规划高等学校通用教材的编选和审查工作；拟定高等学校师生参加生产劳动、生产实习等规章制度”。② “文化大革命”中，这个文件停止执行，1978 年 9 月，中共中央批转了教育部党组关于重新颁发这个文件的报告。

此后，教育部不断制订和修订教学计划、教学大纲的指导原则，以及各种参考性教学计划、教学大纲。这种课程管理方式持续到 1966 年“文化大革命”开始，到“文化大革命”结束又重新恢复。尽管这些教学文件是参考性的，但对各校的课程和教学工作仍然具有决定性的意义。1985 年《中共中央关于教育体制改革的决定》发布后，教育部不再制订参考性教学计划、教学大纲。

由中央教育行政管理部门对各高等学校的课程和教学工作统一管理，在新中国建立的初期，对于在较短的时间内改造旧的高等教育，建立与社

---

① 刘光. 新中国高等教育大事记（1949—1987）[M]. 长春：东北师范大学出版社，1990：123.

② 中共中央、国务院关于加强高等学校统一领导、分级管理的决定（试行草案）（1963 年 6 月 26 日）[DB/OL]. http://cpc.people.com.cn/GB/64184/64186/66671/4493603.html.

会主义政治经济制度和政策相适应的新的高等教育，或许是非常必要、非常有效的措施。事实上，20 世纪 50 年代，我国在短短几年时间迅速建立起基本适应社会主义建设需要的高等教育体系，为经济社会发展提供了必要的人才支持，在很大程度上得益于当时高等教育领域学习苏联、院系调整和统一管理的政策。

但是，现在看来，从长远来说，教育行政管理部门统一管理高等学校的课程和教学工作，存在不少问题。

这种管理方式显然不符合高等学校学术自治的传统，这个传统虽然来自西方高等教育，但在很大程度上具有普遍适用性。高等教育是研究和传授高深学问的，这本身就是一项高深、复杂和微妙的工作，高等教育机构中领导和参加这项工作的学术人员似乎要比行政机构工作人员有更多的机会做出正确和恰当的决定。

统一管理的主要目的是保证高等学校的人才培养质量，使不同高等学校同一专业培养相同规格的人才，但容易忽视各校水平、特色方面的差异。教育行政部门提供的课程和教学文件，恐怕很难同时适应师资、学生和其他教育资源最好的学校和最差的学校的实际情况。即使在 20 世纪 50 年代，中央政府通过调配教育资源努力消除不同学校之间师资和其他教学资源的差异，但在如此一个大国，完全消除各校之间的差异是不可能的，更不用说特色的差异不仅不应当被消除，还应当被鼓励，而统一管理无疑会消除各校的特色。

统一管理的另一个问题是取消了各校探索改进课程和教学的空间，用少数人的智慧严重压制多数人的智慧和改革的积极性。国内外的经验都表明，各高等学校持续的探索和改进，是高等教育的长期健康发展的主要推动力。高等学校的课程和教学工作的改进，需要广大教师的智慧和参与的积极性。

随着社会和教育的发展，统一管理的方式应该改革。当时的最高领导层确实推动了高等学校课程和教学管理方式改革，主要是采用群众路线，可惜，新政策的方向完全错了，改革措施也完全错了，后来的实践证明，改革完全失败了。

二、教材管理

赫尔巴特和杜威对世界教育思想和实践影响深远。然而，在教育思想领域，他们两人可算作两个极端。赫尔巴特讲三中心：课堂教学为中心，教材为中心，教师为中心；杜威也讲三中心：活动为中心，经验为中心，儿童为中心。考察近代以来教育家的思想，观察世界各国、各个时期的教育实践，可以看到，要么靠近赫尔巴特一端，要么靠近杜威一端，而教育实践经常在两者之间摇摆。

此二人与中国教育实践都有很大关系。杜威1919年4月来中国，1921年7月离开，在华2年2个月24天，足迹遍及11省，作大小演讲不下200次。[①] 20世纪20年代到40年代，杜威的教育思想在我国一些文化比较发达的城市很有影响。但赫尔巴特的思想对我国教育实践的影响更大。20世纪初，我国教育学初创的时候，学习日本教育学，而日本教育学受到赫尔巴特的影响。50年代批判杜威，学习苏联，苏联的教育学也受赫尔巴特的影响。我国的教育实践充分体现了赫尔巴特的“三中心”。“文化大革命”结束后，强调教学在学校工作中的中心地位，使“三中心”更为突出。

按照赫尔巴特“三中心”思想，教科书在教学中占有非常重要的地位，决定教师教什么，学生学什么。在我国的教育学中，“教学”概念大于“课程”概念，教学是学校工作的中心环节，“课程”是教学的内容，教材是教学内容的载体，所以，学校教学工作围绕教材开展。不仅在中小学如此，在对高等教育及其人才培养规格实行统一管理的政策背景下，在高等学校也是如此。1988年11月，国家教委发布《高等学校教材工作规程（试行）》，指出“高等学校教材是体现教学内容和教学方法的知识载体，是进行教学的基本工具，也是深入教学改革，提高教学质量的重要保证”。[②]

基于这个原因，也因为当时我国科学文化出版事业不够发达，高等学校可用的教学材料匮乏，自新中国成立，管理部门异乎寻常地重视教材的编写和出版工作，甚至在对高等学校课程和教学其他方面的工作不断下放管理的时候，对教材的管理也没有放手。

1949年10月，中共中央宣传部长陆定一在全国新华书店出版工作会议上指出，“教科书要由国家办，因为必须如此，教科书的内容才能符合国家政策，而且在技术上可能印刷得好些，价钱也便宜些，发行也免得浪费”，“教科书对于国计民生，影响特别巨大，所以非国营不可”。[③]

1951年4月，根据3月教育部颁布《高等学校教材编审委员会暂行组织条例》，组建高等学校教材编审委员会，委员会负责高等学校教材、教

---

① 孙家祥. 杜威访华与中国现代政治思想演进［M］//袁刚，孙家祥，任丙强. 民治主义与现代社会——杜威在华演讲集. 北京：北京大学出版社，2004：（前言）2.

② 高等学校教材工作规程（试行）(国家教委1988年11月5日颁布)［DB/OL］. 首都高教研究与决策网（http://www.cherd.org.cn）.

③ 中央教育科学研究所. 中华人民共和国教育大事记（1949—1982)［M］. 北京：教育科学出版社，1984：5.

学参考书的调查和搜集，制订教材编辑和翻译计划，组织审查和编译教材。此后，分学科的教材编审委员会相继成立。各学科教材编审委员会的工作一直持续至20世纪80年代末，是后来各专业教学指导委员会的前身。

从1952年起，教育部（高等教育部）及其下属机构，组织翻译了大量苏联教材，到1956年，全国先后翻译出版苏联高等学校教材1 393种。①

1956年1月，高等教育部印发《高等学校教材编写暂行办法》，要求组织高等学校教师在学习苏联高等学校教材的基础上，结合中国实际，编写适合我国高等学校实际的教科书和教学参考书，并规定“一般高等学校教材由高等教育部负责编写，高等师范学校教材由教育部负责编写，高等医药学校和高等艺术学校的教材，分别由卫生部和文化部组织编写”，高等学校教科书和教学参考书的选用，也分别由各类高等学校的中央主管部门批准。②

1956年3月，高等教育部分别发出《关于一九五六年到一九五七年底组织编写高等工业学校教材的通知》和《关于一九五六年到一九五七年组织编写综合大学数学、物理、化学、生物各专业教科书的通知》，提出要在1957年底之前，组织高等学校教师编写出适合我国高等学校工科使用的绝大多数基础课、基础技术课教材和部分专业课教材，1957年10月底之前编写出综合大学数学、物理、化学、生物等专业的教科书（讲义）36种，并要求编写出的教科书必须以马列主义为理论基础，贯彻爱国主义思想，要有高度的科学系统性，阐明我国科学家在各领域的贡献，反映我国社会主义建设的成就，尽量利用我国的资料。③

尽管管理部门采取了积极措施，但当时的高等学校教科书供应仍然存在很大问题：苏联教科书的分量太重且翻译质量不高，而自编的教材无论在数量上还是质量上都无法满足实际的需要。④ 1958年开始的“教育大革命”中，虽然编写了不少教材，但这些教材多是采取领导、教师、学生三结合的方式编写的，在内容上强调“革命”性而忽略科学性，所以，质量普遍很低。

到1961年开始采取“调整、巩固、充实、提高”八字方针的时候，高等学校教材成为一个很大的问题。为此，1961年2月，中共中央书记处

① 何东昌．中华人民共和国教育史［M］．海口：海南出版社，2007：116－118.

② 高等学校教材编写暂行办法（1956年1月18日高等教育部印发）［DB/OL］．首都高教研究与决策网（http://www.cherd.org.cn）.

③ 刘光．新中国高等教育大事记（1949—1987）［M］．长春：东北师范大学出版社，1990：101－103.

④ 组织力量，编写高等学校教科书（《光明日报》社论）［N］．光明日报，1956－12－22.

召开会议，专门研究高等学校教材问题。会议决定采取紧急措施，先解决教材“从无到有”的问题，然后再提高质量。会议还决定，理、工、农、医和师范院校的教材编选工作由教育部党组负责，文科教材编选由中共中央宣传部副部长周扬负责。教材的审查工作，召集少数政治、业务都好的人员集体进行。①

从1961年2月到1962年秋，教育部从原有教科书和各校的讲义中，编选一批较好的，作为通用教材出版，基本解决了高等学校理、工、农、医各科教材“从无到有”的问题。1962年秋开始有计划地开展教材建设工作。由高等教育部、文化部，以及农业部、卫生部、第一机械工业部等22部门负责教育工作的副部长等组成理、工、农、医教材领导小组，负责研究制定编选教材的主要原则，拟定教材建设规划。建立253个理、工、农、医各类专业各类课程的教材编审委员会（小组），聘请2 717名教师和科技人员为各教材编审委员会（小组）的成员。至1964年7月底，出版理、工、农、医各类专业通用教材3 603种。②

1961年4月，中共中央宣传部会同教育部、文化部在北京召开全国高等学校文科和艺术院校教材编选计划会。周扬在会上作了题为《关于高等学校文科教材编选的意见》的报告。报告指出，编写教材要总结本国革命和建设的经验，整理自己民族文化的遗产；要做到观点和材料的统一，力求用马克思列宁主义的观点观察问题；要做到全面，要讲正反两方面，要进行比较。会议制定了文科7类（语言文学、历史、哲学、政治、政治经济学、教育、外语）14个专业和艺术院校7类专业（戏剧、音乐、戏曲、电影、美术、工艺美术、舞蹈）的教学方案（草案），制定了224门课程297种教材的编选计划。会后成立了高等学校文科教材编选工作办公室，下设8个专业组。③

“文化大革命”至20世纪80年代中期，高等学校教材工作的基本制度延续了1961—1966年的做法。1978年2月，国务院批转教育部《关于高等学校教材编审出版工作的请示报告》以及《关于高等学校教材编审出版若干问题的暂行规定》。《关于高等学校教材编审出版若干问题的暂行规

---

① 何东昌．中华人民共和国教育史［M］．海口：海南出版社，2007：338；刘光．新中国高等教育大事记（1949—1987）［M］．长春：东北师范大学出版社，1990：173．

② 高等教育部党组．关于进一步开展高等学校及中等专业学校理工农医各科教材建设工作的报告（1964年7月31日）［DB/OL］．首都高教研究与决策网（http://www.cherd.org.cn）．

③ 何东昌．中华人民共和国教育史［M］．海口：海南出版社，2007：338－339；《中国教育年鉴》编辑部．中国教育年鉴（1949—1981）［M］．北京：中国大百科全书出版社，1984：512－513．

定》指出，工科各类全国通用的专业教材和部分基础课教材，以及农科、医科及体育、艺术类的全部通用教材由有关部委和出版社负责组织编审和出版；各类专业公共课教材、理科教材以及工科各类专业中适用面较广的基础课教材，由教育部及所属出版社负责编审出版；文科及艺术类教材由国家出版管理局所属出版社出版。并成立理、工、农、医教材领导小组，在教育部设理、工、农、医教材办公室。与此同时，中央各有关部门恢复和重建了各专业、各学科（课程）教材编审委员会。

1985 年前后，随着教育改革的深入，高等学校教材编选制度也开始变化。1984 年 7 月，教育部部长何东昌在高等学校教材建设座谈会上建议说，高等教育的教材建设要以改革的精神，向多样化发展，基础性课程的教材在基本要求方面要适当统一，但对教材、讲义、参考书，都要鼓励有不同的风格。1985 年 3 月，教育部在同济大学召开 8 个高等学校教材委员会成立大会。会议决定将长期沿用的教材编审委员会改为教材委员会，其工作是以改革的精神把教材工作搞活搞好；对教材从以组编为主过渡到以评选为主，鼓励竞争；学校和个人都可编写教材，不搞一刀切。同年 9 月，国家教委决定将高等学校工科基础课程教材编审委员会改为相应的课程教学指导委员会，其任务包括指导课程教学改革、组织教材建设和研究教学质量评估等。以后，各教材编审委员会和教材委员会逐渐改为相应的教学指导委员会。

政府教育管理部门由组织对教材的编审为主到组织教材的评选为主，是我国高等学校教材管理机制的重要改变，这样，可以促进教材的多样化，为高等学校提供更多的选择，有利于高等学校教学改革。

1987 年 3 月，国家教委公布《关于加强高等学校教材建设工作的几点意见》和《高等学校优秀教材奖励试行条例》两个文件。前一个文件要求扩大教材编审和出版渠道，并大力引进外国教材，后一个文件确定每 4 年开展一次全国优秀教材评选。1988 年 11 月，国家教委发布《高等学校教材工作规程（试行）》，将“积极扩大教材种类，努力搞活搞好教材管理”作为高等学校教材工作的原则之一，并要求高等学校“紧密结合教学改革和课程建设、学科建设的实际，鼓励学术水平比较高、教学经验比较丰富的教师编著和翻译反映各种不同学派、不同学术观点，不同风格特色、不同教学改革试验的教学用书”。[①]

在鼓励高等学校教师编写更多种类的教材和对优秀教材进行评奖的同

① 高等学校教材工作规程（试行）(国家教委 1988 年 11 月 5 日颁布)[DB/OL]. 首都高教研究与决策网（http://www.cherd.org.cn).

时，国家教育行政管理部门特别重视重点教材建设。1995 年 4 月国家教委印发的《关于“九五”期间普通高等教育教材建设与改革的意见》，将“抓好重点教材、全面提高质量”作为“九五”教材建设的核心。具体措施是对重点教材进行立项。1996 年 3 月，国家教委制定了《普通高等教育“九五”国家级重点教材立项、管理办法》，“九五”国家级重点教材计划立项 500 项左右。

1995 年 7 月，国家教委发布实施“面向 21 世纪教学内容和课程体系改革计划”，“基础课程、核心课程的教学内容体系及教材”是该项计划设立的主要研究项目之一，计划到 2002 年出版 1 000 本面向 21 世纪课程教材。在该项计划的支持下，截至 2002 年，38 家出版社共出版 930 种教材统一采用“面向 21 世纪课程教材”出版标志，是此次改革重要的实质性成果。这些教材在高等学校被广泛使用。在此基础上，2002 年，高等教育出版社在有关部门的支持下，启动“高等教育百门精品课程教材建设计划”，并出资 1 000 万人民币设立基金，支持和推动全国高等学校的精品课程教材建设工作。

可以看到，1957 年之后不再在全国高等学校实行统一教学计划，但中央教育主管部门一直在编审统编教材；甚至在 1985 年之后，连制订教学计划的原则和参考性教学计划也不再发布的情况下，中央教育管理部门依然没有放弃对教材编写和评选的组织工作。在以教师为中心、课堂教学为中心、以教材为中心的教育理念和教育实践中，教材对高等学校课程和教学的影响，甚至大过教学计划。

不能否认，我国教育管理部门对高等学校教材编写和出版工作的重视，有意识形态方面的原因，1961 年 2 月中共中央书记处会议决定由中共中央宣传部副部长周扬负责文科教材的编审工作，即可管窥一斑。采用这种做法，更重要的目的，是为了保证各高等学校有教材可用，为了保证教材的质量，而且这被当作教育行政管理部门的责任。

我们已经讲到，教材作为教学的基本依据和中心，是赫尔巴特的思想，是教育思想的一个极端，有显著的优点，也有明显的缺点，而且这种缺点在高等学校比在中小学更为明显。中小学是基础教育，学生学习的内容比较固定和稳定，采用统编教材未尝不可，即使如此，近些年来中小学教材编写和出版也在采用“一纲多本”的政策。高等学校有不同的层次、不同的类型，现在我们又提倡不同的特色，这些不同集中体现为不同的培养目标；面对不同知识和能力水平的学生，为了实现不同的培养目标，如果使用同一个教学计划和教学大纲是不恰当的，那么，使用同一本教材就更不恰当了。因为同一个教学计划的同一门课程，在不同学校，不同教师可能讲授不同深度、不同侧重，甚至不同观点的知识内容；教学大纲规定一门课程的基本知识结构和基本教学内容，但在教学中，不同的教师可以选用不同的材料，来教授同一个概念、同一个原理，而如果将教材作为教学的基本依据，则限定了教学的深度、侧重点和观点，限定了教授每一个概念和原理所采用的材料。统编教材会在一定程度上限制高等学校探索教学改革的空间。我们认为，各高等学校广大教师的积极探索，不单是教育管理部门的探索，也是高等教育保持活力和健康发展的重要条件。尽管上世纪末以来，高等教育领域已经没有统编教材制度了，但教育管理部门总是采取各种办法，试图引导高等学校选用被其认定为优秀的教材，以及各种推荐教材，比如在评估中统计使用优秀教材、推荐教材的比例等。

在大学课堂上，教师拿着教科书照本宣科是最差的教学方法之一。改革高等学校的教学方法，是我国高等学校教学改革非常重要的方面。教学方法改革的基本方向，是促进学生自主学习和独立思考。对于一些专业的一些课程来说，为学生提供数本参考书和阅读书目，比给他们提供一本教材，可能更为重要。惠普公司董事局女主席兼 CEO 卡莉·菲奥利娜在斯坦福大学 2001 年度毕业典礼上的演讲中说，20 世纪 70 年代她在斯坦福学习期间，选修一门关于“中世纪的基督教、伊斯兰教、天主教三大教派的政治哲学”的研讨课，每周要读 1 部有关中世纪哲学的著作，平均每周的阅读量约 1 000 页，周末把这些哲学家们的思想言论提炼总结成一份仅有 2 页纸的精髓。① 这样完成一门课程，比从头至尾学完一本教科书的收获肯定更大。

在不同专业、不同课程的教学中，教科书的重要性并不相同，对于大多数课程来说，教科书还是必要的和重要的。高质量的教科书和其他教学材料的编写和出版对于高等学校的教学来说是非常重要的。但不能用教材限制高等学校教学工作的空间，也应维护教师的教学自由。

第一，由教育行政部门为高等学校指定教材，或者用其他方法“引导”高等学校使用特定教材，在很多情况下，都是不恰当的，除非这门课程的内容很固定，或者任课教师的学术水平很低。

第二，出版更多的不同的教材，供学校和教师选择。教育行政部门应该将更多的精力用于建立教材出版市场，使教材的编写和出版市场化，以便能出版更多不同种类的、不同风格的教材。

---

① 卡莉·菲奥利娜．人生是提取精华的过程［J］．运输经理世界，2005（1）：88．

第二节 群众路线

1956年7月《关于改变制订教学计划、教学大纲办法的通知》背后是我国教育政策的一次具有根本意义的转变。当时学习苏联似乎从一开始就只是被当作权宜之计，而不是一项长远战略。1956年，社会主义改造基本结束，第一个五年计划基本完成，最高领导层开始考虑探索自己的发展道路。1956年4月25日，《人民日报》发表毛泽东《论十大关系》，指出在学习外国经验时，“必须有分析有批判地学，不能盲目地学，不能一切照抄，机械搬用”。同年10月4日，《人民日报》发表社论《培养学生独立思考能力》，指出在学习苏联经验过程中出现了教条主义和形式主义的毛病，机械搬运，没有结合中国实际。

1958年8月，毛泽东在天津大学视察时谈道：“高等学校应抓住三个东西：一是党委领导；二是群众路线；三是教育和生产劳动结合起来。”[①]这是新的高等教育方针，对高等教育的统一管理显然不符合这个方针。高等教育部统一领导，是专家领导，有悖于党的领导和群众路线。况且，在当时，对知识分子很不信任，他们本来是改造的对象。1957年3月，毛泽东就要求知识分子“要向生产者学习，向工人学习，向农民学习，在学校则要向学生学习，向自己教育的对象学习”[②]。

1958年6月，中共中央文教小组副组长康生严厉批评了教育部的统一领导。他在中共中央宣传部召开的教育工作会上宣布，教育部制定的教育规章制度一律无效，说教育部“吃罢饭没事，天天开绳匠铺，放绳子”（指制定规章制度）。[③] 之后，他在华东师范大学说，要把教育部过去所有的东西摊开来看看，零敲碎打不行，要来个彻底革命。

在政策层面，早在同年4月，中共中央发布《关于高等学校和中等技术学校下放问题的意见》，规定除少数综合大学、某些专业学院和某些中等技术学校依旧由教育部或中央有关部门直接领导外，其他高等学校和中等技术学校都可以下放，归各省、市、自治区领导，或者更多地下放。8月，中共中央、国务院又发布《关于教育事业管理权力下放问题的规定》

---

① 刘光．新中国高等教育大事记（1949—1987）[M]．长春：东北师范大学出版社，1990：138．

② 刘光．新中国高等教育大事记（1949—1987）[M]．长春：东北师范大学出版社，1990：119．

③ 中央教育科学研究所．中华人民共和国教育大事记（1949—1982）[M]．北京：教育科学出版社，1984：225．

（简称《规定》），《规定》指出为了充分发挥各省、市、自治区举办教育事业的主动性和积极性，实行全党、全民办学，加速实现文化革命和科技革命，根据中央集权和地方分权相结合的原则，加强地方对教育事业的领导管理。教育部指导学校的教学和科学研究工作；组织编写通用的基本教材、教科书；拟定必要的全国通用教育规章制度；对高等学校的教师进行必要的调配。各地方根据因地制宜、因校制宜的原则，可以对教育部颁发的各级各类学校指导性教学计划、教学大纲和通用的教材、教科书，领导学校进行修订补充，也可以自编教材和教科书。过去国务院和教育部颁布的全国通用的教育规章、制度，地方可以结合当前工作发展情况，因地制宜、因事制宜地决定存、废、修订，或者另行制定适合于地方情况的制度。①

高等教育领导权的下放，为贯彻群众路线创造了条件。1958 年 5 月开始，许多高等学校开展群众性的教学改革运动。一些高等学校调整系科、专业，组建新专业；修订教学计划，将生产劳动引入教学计划；进行教学方法和教学环节改革，强调理论联系实际，组织师生下厂下乡搞现场教学、调查研究、参加实际工作；搞单科独进或按生产过程组织各门课程的综合教学；聘请“土专家”、劳动模范、生产能手到学校任教。一些学校还建立党政干部、教师、学生三结合的专业委员会、年级委员会，统一组织领导一个专业、一个年级的教学、劳动和科研等工作。②

1958 年 9 月中共中央、国务院发布的《关于教育工作的指示》是毛泽东等最高领导层教育思想的集中体现，这个文件以最高层级的政策的方式规定了高等教育课程和教学管理的群众路线，指出：“办教育需要依靠专门的队伍，没有强大的专门队伍是不行的。但是，教育工作的专门队伍必须与群众相结合，办教育更必须依靠群众。把教育工作神秘化，以为只有专家才能办教育，‘外行不能领到内行’，‘党委不懂教育’，‘群众不懂教育’，‘学生不能批评先生’，那就是错误的。这种迷信，只能妨碍教育成为人民群众的事业，妨碍教育工作为我国的社会主义革命和社会主义建设服务，因而也妨碍教育工作的发展和进步。办教育应当在党委领导之下，把专业的教育工作者同群众结合起来，采取从群众中来、到群众中去的群众路线的方法，贯彻全党全民办学。”

《关于教育工作的指示》要求：“在学校内部，在政治工作、管理工

① 中央教育科学研究所. 中华人民共和国教育大事记（1949—1982）[M]. 北京：教育科学出版社，1984：228.

② 中央教育科学研究所. 中华人民共和国教育大事记（1949—1982）[M]. 北京：教育科学出版社，1984：224.

作、教学工作、研究工作等方面，也应该贯彻党委领导下的群众路线的工作方法。”对于高等学校内部课程和教学工作贯彻群众路线的工作方法，《关于教育工作的指示》指出，“大鸣大放”“大字报”应当成为高等学校改进教学方法和教育管理工作、提高教学质量经常采用的方法；制订学校教育计划、制订学校教学大纲的时候，采取在党委领导之下教师与学生结合的方法；学生的鉴定，采取在党委领导下，师生结合的方法；聘请有实际经验的干部、模范工作者、劳动英雄、“土专家”等，同专业教师共同授课；全体师生员工打成一片，政治思想工作者和政治课教师，要与学生同吃、同住、同劳动；在教师与学生之间建立民主的平等关系，把全面发展与因材施教结合起来。

《关于教育工作的指示》还要求：“高等学校的教材，应该在党委领导下采取党委、教师、学生‘三结合’的方法，经过大鸣大放大争大辩，认真予以修订。”[①] 根据这个要求，在 1958—1959 年，单是 17 所院校的文学、历史、哲学、经济学、政治理论、教育学 6 个专业，采取“三结合”的方式编写了 88 门课程的 154 种教材。[②] 其他专业也采用这种方式编写了不少教材。这些教材强调革命性，忽略科学性，一般质量不高。有些学校甚至出现了学生编教材教师讲、学生编教材学生讲等情况。

群众运动式的教育教学改革，严重影响了正常的教学秩序。高等学校的教学活动由教师为主体变成了以学生为主体，以停课或半停课的方式，发动学生突击制订与生产劳动相结合的教学计划、教学大纲，突击编写讲义和教材，在教学改革中边破、边学、边改、边立，打乱了正常的教学秩序和科学的教学体系。[③]

这些做法当时就引起了一些争论。1958 年 10 月，一些学校和报刊陆续开始讨论教学中的群众路线问题。讨论主要集中于两个方面：一是教师的主导作用；二是在教学中要不要搞群众运动。关于教师的主导作用，有两种观点：一种观点认为，教师的主导作用是在教学中贯彻群众路线的最大障碍；另一种观点认为，教师的主导作用不能解释为“领导作用”，教师在教学过程中的主导作用，不仅是教师的社会职责，也是教学过程这一概念本身所固有的内容。关于在教学中要不要搞群众运动，也有两种观

---

① 中共中央、国务院关于教育工作的指示（1958 年 9 月 19 日）[M] //《中国教育年鉴》编辑部. 中国教育年鉴（1949—1981）. 北京：中国大百科全书出版社，1984：689.

② 《中国教育年鉴》编辑部. 中国教育年鉴（1949—1981）[M]. 北京：中国大百科全书出版社，1984：511.

③ 何东昌. 中华人民共和国教育史 [M]. 海口：海南出版社，2007：249.

点：一种观点认为，学校教学工作和科研工作都应当搞群众运动，不要搞群众运动，实际上是否定群众路线；另一种观点认为，学校要实行群众路线，但学校教学工作不同于工农业生产，不能搞群众运动。[①]

管理政策的摇摆反映了理论上的争论。1959 年 1 至 3 月，中共中央在北京召开教育工作会议，会议要求，在党的领导和教学相长的原则下，发挥教师在教学工作中的主导作用，建立正常的师生关系。1959 年 5 月，中共中央批转教育部党组《关于高等学校学生编写讲义问题的意见》，指出学生的主要任务是学好规定的各种课程，时间、精力应主要用在学习功课上。8 月，教育部又通知编写全国通用的高等工业学校教材，“以有效地运用教师力量，吸收各校的经验，提高教学质量”[②]。

到 1961 年，随着“调整、巩固、充实、提高”方针的提出，高等学校的课程和教学政策开始调整。9 月，中共中央印发《中华人民共和国教育部直属高等学校暂行工作条例（草案）》（又称“高教六十条”），要求“正确执行群众路线”，明确教师的任务是“教好学生”，而学生的任务是做到“身体好、学习好、工作好”，并特别强调，“在教学中起主导作用的是教师”，学生“学习必须依靠个人的刻苦钻研”，对学生的成绩考核，也“应该以本人的成绩为依据，不能以集体的成绩代替个人的成绩”。[③] 这些要求在一定程度上限制了高等教育中的群众运动。在“八字方针”指导下，1961 年至 1966 年上半年，在高等学校的课程和教学领域，基本恢复了 1958 年之前的统一管理政策。

然而，1966 年 6 月开始的“文化大革命”，在高等教育领域将群众路线推到了顶峰。这既是一场自上而下的政治运动，又是一场自下而上的群众运动。1966 年 8 月中共八届十一中全会通过《关于无产阶级文化大革命的决定》，要求“‘敢’字当头，放手发动群众”，“要充分运用大字报、大辩论这些形式，进行大鸣大放，以便群众阐明正确的观点，批判错误的意见，揭露一切牛鬼蛇神”，“在这场文化大革命中，必须彻底改变资产阶

---

① 中央教育科学研究所．中华人民共和国教育大事记（1949—1982）[M]．北京：教育科学出版社，1984：235 - 236.

② 《中国教育年鉴》编辑部．中国教育年鉴（1949—1981）[M]．北京：中国大百科全书出版社，1984：254.

③ 中华人民共和国教育部直属高等学校暂行工作条例（草案）（中共中央 1961 年 9 月印发）[M] //《中国教育年鉴》编辑部．中国教育年鉴（1949—1981）．北京：中国大百科全书出版社，1984：694 - 695.

级知识分子统治我们学校的现象”。[①] 大批教师被当作“资产阶级知识分子”“反动学术权威”“黑帮分子”“牛鬼蛇神”进行批判；学校进驻以工人为主体的毛泽东思想宣传队，以体现工人阶级的领导，打破知识分子一统天下的局面，开展“革命大批判”；“文化大革命”前的教育制度、课程设置、教材内容、教学方法、考试制度等，被说成地主、资产阶级旧教育和修正主义的破烂货。学校正常的教学工作遭到彻底破坏。

不是所有的事情都适合采用民主的方式、采用群众路线来办理，群众运动在有些时候是很有破坏性的。高等学校的课程和教学管理是高深的事情，宜由熟悉这个事情的教师和教师组织承担，应该尊重教师的学术权利。在高等学校课程和教学管理中，多数情况下，在管理政策和管理文件的制定中，高等学校的一些专家发挥了很重要的作用。高等教育是相对高深的教育，如果为了实现某种政治价值，采用民主的方式、采用群众路线甚至群众运动，将高等学校的课程和教学水平降低到多数人都可以学习的水平（所谓“大学就是大家来学”），为了适合多数人学习而不顾高等教育的规律肆意改变教学方法（所谓“典型工程和产品组织教学”等），无异于取消高等教育。

第三节　下放管理权

群众路线也是下放权力，主要是把管理课程和教学的权力由教育部及其邀请的专家手中下放给学生、工人和其他非专业人员。20 世纪 80 年代中期以后的下放管理权，主要是把管理课程和教学的权力下放给高等学校和教师。这是一个正确的决定。

“文化大革命”在 1976 年随着毛泽东的逝世和“四人帮”被捕而结束，但教育领域的大规模拨乱反正却迟至 1978 年才真正开始，而教育改革到 1985 年才广泛开展。

“文化大革命”结束至 1985 年教育领域的工作，主要是恢复正常的教育秩序，具体说，是恢复 1961—1966 年的做法。1978 年教育部着手修订并于 10 月重新公布了“高教六十条”，并改名为《全国重点学校暂行工作条例（试行草案）》。教育部在公布这个草案的通知中说，“原高教六十条是得到毛主席肯定的好文件”，此次修订采取的原则是，“对其基本精神和主要内容一律不动，只作一些必要的修改”。修订后的文件仍为 10 章 60

① 何东昌. 中华人民共和国重要教育文献（1949—1975）[M]. 海口：海南出版社，1998：1 406 - 1 408.

条，各章名称基本不变。① 1979 年 9 月，中共中央批转教育部党组《关于建议重新颁发关于加强高等学校统一领导、分级管理的决定的报告》，中央认为，1963 年的文件试行效果是好的，经过必要的修改，还是适用的。同时，像“文化大革命”前一样，教育部相继确定和公布了文科、工科、理科各专业制订教学方案和教学计划的指导原则，制订和公布了一些专业的参考性教学计划，这些文件的内容也延续了“文化大革命”前的原则。1979 年 12 月 6 日，尽管复旦大学校长苏步青、同济大学校长李国豪、上海师范大学校长刘佛年、交通大学党委书记邓旭初等在《人民日报》呼吁给高等学校一点自主权，但离制定为一个政策还有不小的距离。

1985 年 5 月，中共中央发布《关于教育体制改革的决定》，在我国高等教育管理体制改革中，这是一个里程碑式的文件。《关于教育体制改革的决定》总结当时我国教育体制的主要弊端，第一条就是：“在教育事业管理权限的划分上，政府有关部门对学校主要是对高等学校统得过死，使学校缺乏应有的活力”。所以，“当前高等教育体制改革的关键，就是改变政府对高等学校统得过多的管理体制。在国家统一的教育方针和计划的指导下，扩大高等学校的办学自主权，加强高等学校同生产、科研和社会其他各方面的联系，使高等学校具有主动适应经济和社会发展需要的积极性和能力”。在课程和教学方面，高等学校“有权调整专业的服务方向，制订教学计划和教学大纲，编写和选用教材”。②自此，延续了 30 多年的中央人民政府高等教育管理部门发布制订高等学校各专业教学计划的原则和指令性或参考性教学计划的做法，成为了历史。

为了贯彻执行中央的《关于教育体制改革的决定》，1986 年 3 月，国务院发布《高等教育管理职责暂行规定》。《高等教育管理职责暂行规定》指出，“国家教育委员会（1985 年 6 月取消教育部成立国家教育委员会，1998 年 3 月取消国家教委恢复教育部——引者注）在国务院的领导下，主管全国高等教育工作”。在教学方面，行政管理部门（包括国家教委、中央有关部委、省级教育行政管理部门）的职责是“指导”性的，其中国家教委的具体职责包括，“制定高等学校的基本专业目录与专业设置标准，组织审批专业设置”；“制订指导性的教学文件，规划、组织教材编审”；“组织检查、评估高等学校的教育质量”。而高等学校则可以“根据党和国

① 教育部关于讨论和试行全国重点高等学校暂行工作条例（试行草案）的通知（1978 年 10 月 4 日）[DB/OL]．首都高教研究与决策网（http://www.cherd.org.cn）．

② 中共中央关于教育体制改革的决定（1985 年 5 月 27 日发布）[DB/OL]．教育部网站（http://www.moe.edu.cn/edoas/website18/18/info3318.htm）．

家的教育方针政策及修业年限、培养规格，可以按社会需要调整专业服务方向，制订教学计划（培养方案）、教学大纲，选用教材，进行教学内容和方法的改革”。①

1998 年，《中华人民共和国高等教育法》（简称《高等教育法》）出台。《高等教育法》明确了“国务院统一领导和管理全国高等教育事业”（第十一条）的权力，同时，赋予高等学校“面向社会，依法自主办学，实行民主管理”（第十一条）的权利。在课程和教学方面，高等学校有“依法自主设置和调整学科、专业”（第三十三条），“根据教学需要，自主制定教学计划、选编教材、组织实施教学活动”（第三十四条）的权利。这是我国第一次以法律的形式确定高等学校对课程和教学的管理权。

这是我国高等教育管理体制的重大进步。但是，在实践中，法律赋予高等学校的“自主制订教学计划”的权利并没有完全得到落实。尽管教育行政管理部门不再发布制订教学计划的原则和参考性教学计划，却仍然不断要求将一些课程作为高等学校的必修课程，纳入教学计划。

政治课和体育课一直是高等学校的必修课程，这种情况并未由于新政策和法律的出台而改变。2004 年 10 月，中共中央、国务院发布《关于进一步加强和改进大学生思想政治教育的意见》，强调“思想政治理论课是大学生的必修课”。2005 年 3 月，《〈中共中央宣传部、教育部关于进一步加强和改进高等学校思想政治理论课的意见〉实施方案》确定马克思主义基本原理（3 学分），毛泽东思想、邓小平理论和“三个代表”重要思想概论（6 学分），中国近现代史纲要（2 学分），思想道德修养与法律基础（3 学分），形势与政策（2 学分）为本科各专业的必修课程。1990 年 3 月，国家教委发布的《学校体育工作条例》要求“普通高等学校的一、二年级必须开设体育课”。

除此之外，2001 年 4 月通过的《中华人民共和国国防教育法》要求“将国防教育列入学校的工作和教学计划”（第十六条）。同年 5 月，教育部、总参谋部、总政治部《关于在普通高等学校和高级中学开展学生军事训练工作的意见》强调“学生军训是普通高等学校本、专科学生的必修课，学校要纳入教学计划”。教育部 2002 年 7 月发布的《学校艺术教育工作规程》要求“普通高等学校应当开设艺术类必修课或者选修课”，2006 年教育部办公厅发布的《全国普通高等学校公共艺术课程指导方案》，将公共艺术课程当作“限定性选修课程”，而 2009 年教育部制定的《高等学

① 高等教育管理职责暂行规定（1986 年 3 月 12 日国务院发布）[M] //孙琬钟．中华人民共和国教育法规全书．北京：中国法律年鉴出版社，1998：503－506．

校艺术教育的指导纲要》规定本科院校将艺术教育列入必修课。2007 年 4 月，国务院办公厅《关于切实做好 2007 年普通高等学校毕业生就业工作的通知》要求“将就业指导课程纳入教学计划”，同年 12 月教育部办公厅印发了《大学生职业发展与就业指导课程教学要求》。1990 年 6 月公布的《学校卫生工作条例》要求“把健康教育纳入教学计划”，高等学校要“开设健康教育选修课或者讲座”。

相信每一门课程都很重要，但管理部门的做法确实在一定程度上限制了高等学校的法定权利，而且造成了高等学校安排课程的一些困难，甚至出现了一些校内部门和工作人员拿着上级文件向学校教学管理部门要课上的情况。

除了具体课程之外，党和国家有关部门还会发布一些关于高等学校课程和教学工作的决定、指导性意见和原则等，在此仅举几例。

1998 年 4 月，教育部印发《关于普通高等学校修订本科专业教学计划的原则意见》，要求“高等学校要在国家宏观政策指导下适时修订教学计划”，要求各高等学校的教学计划体现加强对学生的基础知识和基本理论教育，加强文化素质教育和实践训练。提出教学计划中的课程设置由“公共基础课程、专业基础课程（技术基础课程）、专业课程，必要的教学实习，生产实习（社会实践）和毕业论文（毕业设计）等组成。公共基础课程应包括马克思主义理论课程（含邓小平理论课）、思想品德课程、体育课程、外语课程、军事训练课程、生产劳动课程、计算机基础教育课程和文化素质教育课程等。专业基础课程既要包括本专业的基本知识、基本理论和基本技能内容的课程，也包括相邻专业的基本知识内容的课程，专业课程既要体现专业培养目标的要求，又要体现专业自身的特点和办学特色；要根据需要和可能适当减少其占有的学时的比例”[①]。这些要求相当具体。而管理部门的要求越具体，高等学校的自主空间就越小。这些要求被高等学校作为修订教学计划的重要依据。

非同寻常的是中共中央、国务院 1999 年 6 月发布的《关于深化教育改革，全面推进素质教育的决定》。最高权力机构制定的政策具体到学校教学工作，确是比较罕见的。《关于深化教育改革，全面推进素质教育的决定》要求，“高等教育要重视培养大学生的创新能力、实践能力和创业精神，普遍提高大学生的人文素养和科学素质”，“应要求学生选修一定学时的包括艺术在内的人文学科课程”，高等学校“要创造条件实行弹性的学

① 教育部关于印发《关于深化教学改革，培养适应 21 世纪需要的高质量人才的意见》等文件的通知（1998 年 4 月 10 日）[DB/OL]. 首都高教研究与决策网（http://www.cherd.org.cn).

习制度”。[①] 这些要求成为各级教育管理部门制定政策的主要依据。

总体上说，自1985年以来，高等学校的办学自主权不断增加，政府管理部门对高等学校课程和教学由直接干预变为宏观指导和引导，管理方式和途径也有了显著变化。总结起来，20多年来，教育部管理高等学校课程和教学的途径主要有两种：教学评估和项目引导。

一、教学评估

1985年5月中共中央《关于教育体制改革的决定》在下放高等教育管理权的同时，要求教育管理部门“组织教育界、知识界和用人部门定期对高等学校的办学水平进行评估”。1993年2月中共中央、国务院《中国教育改革和发展纲要》提出“各地教育部门要把检查评估学校教育质量作为一项经常性的任务”。1995年《中华人民共和国教育法》规定“国家实行教育督导制度和学校及其他教育机构教育评估制度”（第二十四条）。1998年《中华人民共和国高等教育法》规定“高等学校的办学水平、教育质量，接受教育行政部门的监督和由其组织的评估”（第四十四条）。这些文件和法律构成了高等学校教学评估的依据。

评估首先在工程教育领域展开。1985年6月，教育部在黑龙江镜泊湖召开“高等工程教育评估专题讨论会”，11月，国家教委发出《关于开展高等工程教育评估研究和试点工作的通知》，一些省市开始启动高等学校办学水平、专业、课程的评估试点工作。

在试点的基础上，1989年12月，国家教委在郑州召开“全国高等教育工作会议”，讨论并于1990年10月正式颁发了《普通高等学校教育评估暂行规定》，这是我国第一个高等教育评估方面的行政法规。《普通高等学校教育评估暂行规定》指出，“普通高等学校教育评估是国家对高等学校实行监督的重要形式，由各级人民政府及其教育行政部门组织实施”。《普通高等学校教育评估暂行规定》确定教育评估的3种基本形式：合格评估（鉴定）：国家对新建普通高等学校的基本办学条件和基本教育质量的认可制度；办学水平评估：对已经鉴定合格的学校进行的经常性评估；选优评估：在普通高等学校进行的评比选拔活动。

1994年初，国家教委开始组织实施对1976年以后新建本科院校的合格评估，1996年，开始进行主要用于入选“211工程”学校的优秀评估，

① 中共中央国务院关于深化教育改革，全面推进素质教育的决定（1999年6月13日发布）[DB/OL]. 教育部网站（http://www.moe.edu.cn/edoas/website18/level3.jsp? tablename=208& infoid=3314）.

1999 年，开始随机抽取介于两类学校之间的普通院校进行随机评估。至 2002 年，教育部（国家教委）共组织对 192 所新建本科院校进行了合格评估，对 16 所进行了优秀评估，对 26 所高等学校进行了随机评估。

2002 年 6 月，教育部将合格评估、优秀评估和随机性水平评估 3 个方案合并为《普通高等学校本科教学工作水平评估方案》，2004 年 8 月，教育部又对此方案进行了修订。

2003 年 2 月，国务院转发教育部《2003—2007 年教育振兴行动计划》，提出“健全高等学校教学质量保障体系，建立高等学校教学质量评估和咨询机构，实行以五年为一周期的全国高等学校教学质量评估制度”。2004 年 8 月，教育部专门成立高等教育教学评估中心，负责组织实施高等学校本专科教育的评估工作。

教育部使用 2002 年 6 月和 2004 年 8 月的评估方案，至 2008 年 9 月，共对 589 所本科高等学校进行了本科教学工作水平评估。参与评估工作的高等学校师生员工近千万人，评估专家 6 000 人次，评估专家考察了高等学校教学基本设施，抽查审阅 10 多万份参评高等学校学生试卷和毕业论文（设计），听课 3 万多门次，走访 1 万多个高等学校教学和行政职能部门，召开了近万次各种类型的座谈会和研讨会，开展了 6 000 余次学生基本技能测试。[①] 这样的评估规模，在世界高等教育领域是空前的。

20 世纪 80 年代以来，除了影响巨大的普通高等学校本科教学工作水平评估之外，教育行政管理部门还开展了对高职高专、独立学院教学的评估，对一些专业的专业评估和专业认证，开发高等学校本科专业状态数据信息系统等工作。

下放管理权既符合大学学术自治的传统，也符合 20 世纪 80 年代以来世界各国和我国行政管理改革的趋势。这毫无疑问是一个正确的方向。下放管理权不意味着政府放弃其对高等教育的责任，包括在高等教育质量和发展方向方面的责任，尽管在教育质量方面，高等学校应该承担主要责任。那么政府如何承担它在高等教育质量方面的责任呢？评估是一个重要的手段。80 年代以来，人们热衷于谈论“评估型政府”。所谓“评估型政府”，对于高等教育来说，“是一种能被观察到的由官僚政治授权的可选择性的管制方法。通过对评估目的的转换，即转换到对高等教育结果进行评估，政府放弃了对高等教育进行细节和直接的控制。通过对关注重点的转

① 首轮普通高等学校本科教学工作水平评估圆满结束［DB/OL］. 教育部高等教育教学评估中心网站（http://www.pgzx.edu.cn/upload/files/jb1.pdf）.

换，即将重点转移到强调对输出质量的控制，教育系统产生了更大的自由”①。

按照官方的总结，“从总体上看，教学评估工作对高等学校扩招后提高本科的基本教学质量、改善办学条件、规范教学管理等方面起到了显著的促进作用”②。有关研究也认为“教学评估整体上对学校发展和建设促进明显”③。

教学评估由教育行政管理部门主导，各高等学校都非常重视，对学校明确办学特色，改善教学基本条件，规范教学管理，发挥了积极作用。但一些问题也无法否认：第一，评估的成本巨大。评估机构要派出庞大的评估队伍到学校，学校为迎接评估更要花费大量的人力和物力，学校既定的教学改革被推迟，甚至影响了一些学校正常的教学秩序。第二，结果的可信度令人生疑，多数学校获得“优秀”，没有学校“不合格”，甚至很少学校获得“合格”，结论似乎是，多数高等学校的教学质量都很高，与公众、学生、用人单位对高等教育质量不满的情况形成了鲜明对比。第三，由于全国高等学校使用相同的标准，损害了各高等学校探索各具特色的教育理念和教学政策的积极性，忽视了教育质量的多样性，妨害了高等教育的多样性。另外，在评估中，一些学校搞形式主义，急功近利，甚至弄虚作假，一定程度上搞坏了学校的风气。

其实，这些情况并非中国独有，英国的高等教育评估中也出现过。1997 年，英国成立高等教育质量保证局（The Quality Assurance Agency for Higher Education，QAA），2002 年，QAA 设计了一种院校评估体系，2003—2005 年，所有英国高等院校完成一次评估。学科教学质量的总分数为 24 分，评估结果是所有学科平均得分为 21.6 分，好一些的学科是 23 ~ 24 分，差一些的学科也是 20 ~ 22 分。英国的高等教育质量评估也存在成本巨大的问题。从 1993 年启动学科评估，到 2001 年结束，总共进行了 2 904次实地考察，涵盖英格兰高等教育基金委员会资助的 62 个学科领域，发布 2 904 份学科评估报告和 62 个学科领域综合报告，培训 5 700 名评估专家和 98 个评估小组主持人。2001 年 1 月，Warwick 大学的 6 名经济学教授写信给《卫报》，激烈批评进行质量评估“可能是人类发明的最有破坏

① 蒲蕊，王乐夫．对西欧高等教育改革中“评估型政府”的思考［J］．中山大学学报：社会科学版，2006（1）．

② 首轮普通高等学校本科教学工作水平评估圆满结束［DB/OL］．教育部高等教育教学评估中心网站（http://www.pgzx.edu.cn/upload/files/jb1.pdf）．

③ 李延保，等．我国首轮本科教学评估效益的调查分析［DB/OL］．教育部高等教育教学评估中心网站（http://www.pgzx.edu.cn/upload/jb2.pdf）．

性和毁灭性的管理制度”。①

正是在此时，英国高等教育管理机构开始用院校审查制度代替原来的教学评估。院校审查制度的重点是，推动高等学校建立内部质量保障机制，就像是在企业内部建立自身的审计制度，一方面是企业自主经营并记录各种开支，另一方面企业审计部门监控和检查每一项开支的合理性以及有无漏洞。院校审查制度就是要审查院校层次的质量保障机制，这种机制的执行情况，以及院校对外公布的信息的准确性、完整性和可靠性。院校审查的过程，一般是院校先提供一份自评文件，在此基础上，评估组到院校实地考察。在考察中，重视学生意见的收集，邀请学生代表参加一些主要的会议，或提供书面意见。

英国的高等教育评估方法的变化，似乎对我国的高等教育评估具有参考价值。事实上，我们已经看到，教育部开始重视各院校教学基本信息的公布。

二、项目引导

继20世纪80年代中期以后“体制”成为高等教育领域的热词，90年代“质量”成为热词，当时提出“增加投入是前提，思想变革是先导，体制改革是关键，教学改革是核心”（或许应该加上“教育研究是基础”）。为了提高质量，20世纪90年代至21世纪，教育行政管理部门推动了一系列教学建设和改革项目。

1. 高等教育面向21世纪教学内容和课程体系改革计划

1994年国家教委提出“高等教育面向21世纪教学内容和课程体系改革计划”。教育行政管理部门认为，当时高等学校的教学内容和课程体系陈旧，不能适应经济社会发展的要求，没有反映科学技术的最新进展，也不符合教育规律和先进的教育思想的要求。② 这个“计划”的目标是“使我国高等教育主要专业的课程体系及其基础课程、核心课程的教学内容有比较大的改革”。

“改革计划”按照《普通高等学校本科专业目录》，分科立项。至1996年，在文科（含哲学类、中国语言文学类、外国语言文学类、新闻学类、历史学类、教育学类、图书信息档案学类）、理科、工科、农林、医药、外语、财经政法7个领域共设立211个大项目，985个子项目，322校

① 金项兵. 英国高等教育评估与质量保障机制：经验与启示［J］. 教育研究，2005（1）.

② 陈祖福. 面向21世纪改革高等教育的教学内容和课程体系［M］//陈学飞. 中国高等教育研究50年：1949—1999. 北京：教育科学出版社，1999：290－291.

次 10 256 人次参加研究。

1998 年开始对“改革计划”一些项目进行鉴定和推广。比如，新的《大学英语教学大纲》作为“改革计划”的项目之一，于 1998 年 12 月通过专家鉴定和付诸实施；在计算机基础教学方面，出版了系列教材，开发 CAI 系列课件 10 余件，开始在教学中试用。至 1999 年，各科类分别对所属项目进行了结题验收，同时，教育部组织了对各项目的鉴定。

“教学改革研究报告”是“改革计划”的重要成果。在正式立项的 211 个项目中，教育部决定精选出 100 份左右的优秀成果，作为代表国家级水平的面向 21 世纪高等教育改革研究报告正式出版，供各高等学校在教学和教改中选用或参考。“改革计划”另一重要成果是出版了“面向 21 世纪课程教材”近千种，编制了大量的课程 CAI 软件。

1999 年以后，教育部有关部门和各课题组组织开展了大量的师资培训，结合课程改革促进教师教学思想的转变。

2. 新世纪高等教育教学改革工程

在“高等教育面向 21 世纪教学内容和课程体系改革计划”取得阶段性成果的基础上，2000 年 1 月，教育部决定实施“新世纪高等教育教学改革工程”。两个项目“既有联系又有区别，是上一计划的扩展与延伸”，后者“突出教学改革的整体性、综合化和实践运用”。

“新世纪高等教育教学改革工程”的主要内容包括：高等教育人才培养战略规划研究；高等学校本科教育教学改革与实践；高职高专教育教学改革与实践；现代远程教育资源建设；高等学校中青年骨干教师培训；高等学校基础教学实验室改造与建设。①

2000 年 8 月，教育部发出《关于批准“新世纪高等教育教学改革工程”本科教育教学改革立项项目的通知》，批准了第一批“本科教育教学改革立项项目”670 项，其中包括世行贷款“高等教育发展项目”的软课题“21 世纪初高等教育教学改革项目”336 项。265 个高等学校或单位承担了有关项目研究任务，经费总投入 2 530 万元。

2003 年 6 月，教育部办公厅通知对“新世纪高等教育教学改革工程”立项项目进行结题验收。验收之后，高等教育出版社出版了《中国经济学类专业教育教学改革与发展战略研究》《中国法学专业教育教学改革与发展战略研究》《中国管理科学与工程类专业教育教学改革与发展战略研究》

---

① 关于实施“新世纪高等教育教学改革工程”的通知（教育部 2000 年 1 月 26 日印发）[DB/OL]. 教育部网站（http://www. moe. edu. cn/edoas/website18/level3. jsp? tablename = 1185&infoid = 4267）.

《中国独立设置的财经院校综合改革问题研究与实践》等研究报告。

3. 高等学校本科教学质量与教学改革工程

2004 年 3 月，国务院批转教育部《2003—2007 年教育振兴行动计划》,此计划提出实施“高等学校教学质量与教学改革工程”。这项工程主要包括两项内容：以提高高等教育人才培养质量为目的，进一步深化高等学校的培养模式、课程体系、教学内容和教学方法改革；完善高等学校教学质量评估与保障机制。[①] 2006 年之前，这项工程的主要工作包括：开展“精品课程”建设，推动大学英语教学改革，开展高等学校教学工作评估。

2006 年初，教育部开始考虑实施新的、更大规模的、专门针对本科教育的“高等学校本科教学质量与教学改革工程”。经过将近一年的研究和论证，在广泛听取各方面的意见基础上，2006 年 12 月，教育部、财政部共同向国务院报送了“高等学校本科教学质量与教学改革工程”立项申请，国务院批准实施这一工程。2007 年 1 月，教育部、财政部联合印发《关于实施高等学校本科教学质量与教学改革工程的意见》。

此项工程主要包括 6 个项目：专业结构调整与专业认证，课程、教材建设与资源共享，实践教学与人才培养模式改革创新，教学团队与高水平教师队伍建设，教学评估与教学状态基本数据公布，对口支援西部地区高等学校。“高等学校本科教学质量与教学改革工程”由中央财政专项支持，“十一五”期间，总预算为 25 亿元左右，项目建设分年度、分项目逐步实施：计划资助 15 000 名学生自主开展创新性试验；建设 10 000 种高质量教材、3 000 门国家级精品课程和 3 000 个特色专业点；资助 3 000 名教师和管理干部开展对口支援交流；遴选 1 000 个国家级教学团队；建设 500 个实验教学示范中心、500 个人才培养模式创新实验区和 500 门国家级双语教学示范课程，奖励 500 名国家级高等学校教学名师。

教育部对“高等学校本科教学质量与教学改革工程”极为重视，将其定位为继“211 工程”、“985 工程”之后，我国在高等教育领域实施的又一项重要工程，是新时期深化本科教学改革，提高本科教学质量的重大举措。[②]

---

① 2003—2007 年教育振兴行动计划（教育部 2004 年 2 月 10 日印发）[DB/OL]. 教育部网站（http://www.moe.gov.cn/edoas/website18/17/info34017.htm).

② 教育部、财政部关于实施高等学校本科教学质量与教学改革工程的意见（2007 年 1 月 22 日）[DB/OL]. 教育部网站（http://www.moe.edu.cn/edoas/website18/level3.jsp?tablename=1185&infoid=25442).

2007 年，“高等学校本科教学质量与教学改革工程”全面启动，至 2008 年底，评选 400 个人才培养模式创新实验区、1 820 个特色专业、2 435门精品课程、507 种精品教材、200 门双语教学示范课程、400 个国家级教学团队、400 名教学名师、360 个实验教学示范中心、60 个大学生创新性实验计划项目。另外，启动了专业设置与人才培养数据库及预测机制研究、“全国高等学校教学基本状态数据库系统项目”与“高等学校本科教学工作分类评估方案项目”的申报和评审工作、专业认证和专业评估工作，委托 150 个教学指导委员会进行了专业规范的制订，开展对西部高等学校的对口支援等。

以上几个项目是高等学校综合性的课程和教学改革，还有某些领域的课程和教学改革也采用项目引导的方式推进。例如，20 世纪 90 年代，中央教育行政管理部门倡导“大学生文化素质教育”改革，主要措施是设立“国家大学生文化素质教育基地”项目，供全国高等学校申报，并于 1999 年和 2006 年两次批准在全国 157 所高等学校设立 93 个基地。

除此之外，教育部还通过扶持教学改革实验点，举办各种研讨班和培训班，推广和交流成功的经验等方式，引导高等学校在某些的课程和教学进行改革，比如工程教育中的 CDIO 模式改革、大学英语教学改革、公共计算机教学改革等。

项目引导的基本思路是正确的，保证学校探索自己课程和教学改革的空间的同时，教育行政管理部门以项目为“抓手”，向学校传达它们的关注，在一定程度上引导学校课程和教学改革的方向。在实践过程中，这些项目对保障和提高高等教育质量发挥了重要作用。

但若说达到了预期的、令人满意的效果，恐怕会引起一些争议，否则，高等教育质量问题也不会受到社会持续的关注。

推动高等学校课程与教学改革，解决高等教育的质量问题，政府需要创新机制。20 世纪 90 年代以来的这些质量工程都是由政府提出和推动的，高等学校和教师似乎显得被动，主动性似乎没有充分地发挥。这显然是一个非常值得政府管理部门关注的问题。我们看到，管理部门实施的各种“工程”都产生了一系列的数据，但这些数据背后是什么？产生了什么实际效果？对提高教育质量发挥什么作用？对这些问题，除了管理部门自己的总结报告（基本上都是肯定的结论）以外，也缺少外部机构采用可靠的方法进行的评估，因而无法消除人们对这些工程的实际效果以及在这些工程中公共财政使用效率的怀疑。

高等学校和教师是课程和教学改革的实现者，是高等教育质量的保证者，他们最清楚课程和教学方面存在的问题在哪里，保障和提高教育质量需要在哪些方面着力，况且，不同学校有不同的具体情况，管理部门也鼓励每个学校都办出特色。所以，在课程和教学改革方面，在保障和提高高等教育质量问题上，政府的责任似乎应该是创造一个环境，激励高等学校和教师愿意在人才培养方面花钱、投入时间和精力，而不是自己提出一些事情，要求学校和教师去做。但后一种方式似乎正是管理部门熟悉和习惯的做法。

这种做法本身对发挥高等学校和教师的主动性和积极性的作用是负面的。既然管理部门掌握了很多的资源和权力，而且已经告诉我们要做什么事情，学校为什么还要再另起炉灶呢？跟着管理部门走，是最省心、最安全的。还会有一些高等学校想探索自己的办学道路，这些高等学校经常会面临抉择，是跟着管理部门走呢，还是按照自己的思路走呢？比如，“高等学校本科教学质量与教学改革工程”有很多的项目，学校是把精力放在拿这些项目上呢，还是潜心开展本校的教学改革呢？两者同时实现当然好，但并不是总能做到。如果没有拿到项目，学校上下都会感到压力；如果把主要精力放在拿项目上，又会打乱自己的改革部署。①

同时，由于政府管理部门经常对学校完成项目的过程缺乏有效的控制，对项目取得的效果缺乏有效的评价，学校在争取项目的时候很有积极性，但不少项目草草收场，而效果无人知晓。

政府管理部门插手高等学校的课程和教学改革，很难做得恰如其分。比如，在教育过程中，课程从不是独立的，课程要适应培养目标，适应学生的学习能力，反映知识和科技的最新进展，还要适应教师和学校的其他支持条件，而且，随着上述因素的变化，还要不断地改进。国家建设精品课程，容易把课程“固化”；要求所有的学校都学习精品课程，则没有考虑到不同学校的培养目标、学生学习能力、师资及其他条件。再比如，管理部门积极推进全英或双语教学，推进在教学中使用信息技术，这些工作也未必适应实际情况。全英或双语教学不仅要求教师有较高的英语写作和口语水平，学生也要有较高的英语水平，而且不是所有课程都适用英语教学。如果不考虑实际情况，盲目推行英语教学，徒然降低教学效果，别无益处。在一些情况下，在教育中使用信息技术，可以提高教学效率和效

---

① 中国科技大学前校长朱清时曾用一个比喻批评教育部的管理方式：“我们都是坐在火车里的人，突然发现火车走错方向了，但是这个时候谁都不敢跳车。因为这个时候你要承担很大的风险。你跳车，即使安全着陆了，其他人也都不认你了，觉得你很不合群。因此大家都抱着从众心理，大家都错我也错，大家纠正我再纠正。这样做最安全。”

果，但不是没有短处，它降低了师生面对面交流所带来的情感因素和感染力。管理部门尽可以说并不要求所有学校、所有教师、所有课程都要做精品课程，都要英语教学，都要使用信息技术，要考虑自身的具体情况，学校应以提高教育质量为工作的出发点和归宿，但是管理部门也应该知道，在行政主导的高等教育领域，没有项目给高等学校所带来的压力。

管理部门的精力应该主要放在认真考虑如何创造一个有利于高等学校积极主动地探索课程和教学改革、提高教育质量的环境上，而不是去做直接插手高等学校的课程和教学改革这样事倍功半的事情。应对高等学校进一步放权和适当地引入竞争机制。课程和教学改革项目应由学校而不是由管理部门提出，学校依靠自己思想先进、切实可行的规划竞争政府的经费，学校不仅要向政府证明它们的办学成果，更应向社会、学生和用人单位证明它们的办学成果。将“高等学校面向社会自主办学”落到实处，而不单是面向政府办学。

第七章　高等学校校内课程和教学的管理

高等学校校内课程和教学管理受到国家和政府政策的强烈影响。新中国成立初，按照政府的要求，与专业化教育相适应，各校建立了教学研究指导组作为学校课程和教学管理的基本单位，20世纪80年代以后，为了在教育和研究中实现知识的融合，满足宽口径培养人才的要求，各校增加了学系（后来叫学院）对课程和教学管理的职责，近年来一些重点高等学校又开始探索学部制。在课程和教学管理模式上，各校陆续实施了学分制。

第一节　从教研组、学系到学院、学部

一、教研组和学系

1949年之前，我国的高等学校以大学为主体，并且规定大学至少要有3个学院，每个学院至少有3个系。大学实行学校—学院—学系三级管理。专门学院独立设置，但地位低于大学。

新中国成立后，1950年5月，教育部颁发《北京师范大学暂行规程》（简称《规程》），按照《规程》，北京师范大学校内不再设置学院，“本校各系科为教学行政的基层组织”。在系内设教学研究组，作为“教学基层组织”。教学研究组“由一个学科或性质相近的几种学科的全体教授、副教授、讲师、助教及实验室技术人员等组成之”，主要职责包括：研究制订和实施本学科的教学计划和教学大纲，审查本学科的教材和教法，检查本组人员的教学和研究工作，等等。教学研究组的工作报告直接提交校务委员会审查。①

这个《规程》是新中国改造旧的高等学校的一次尝试。

同年6月，教育部在北京召开第一次全国高等教育会议，确定了专门学院与大学的平等地位，并提出在大学中逐渐取消“学院”一级机构。作为会议成果之一的《高等学校暂行规程》，8月由教育部颁布。《规程》规定，“大学及专门学院设若干学系”，如有必要，也可以设置学院，在学院内设置学系。学院和学系的设置由中央教育部决定。事实上，后来各校均

---

① 北京师范大学暂行规程（1950年5月19日教育部颁发）[DB/OL]. 首都高教研究与决策网（http://www.cherd.org.cn）.

不再设置学院。

《规程》规定高等学校的“教学研究指导组为教学的基层组织”，教研组“由一种课目或性质相近的几种课目之全体教师组成”。教研组设主任1名，由校（院）长在教授中聘任，并报中央教育部备案。教研组主任的职责为：

①领导本组全体教师，讨论及制订本组课目的教学计划与教学大纲。

②领导及检查本组的教学工作和研究工作。

③领导与组织本组学生的自习、实验及实习。

学系“为教学行政的基层组织”，设主任1名，受教务长领导，由校（院）长在教授中聘任，并报中央教育部备案。系主任的职责为：

①计划并主持本系的教学行政工作。

②督导执行本系教学计划。

③领导并检查本系学生的自习、实验及实习。

④考核本系学生成绩。

⑤总结本系教学经验。

⑥提出有关本系教职员任免的建议。

在学校层面，采用校（院）长负责制，校（院）长“领导全校（院）一切教学、研究及行政事宜”。校（院）长之下，设教务长一名，对校（院）长负责，由校（院）长在教授中遴选提请中央教育部任命。教务长的职责为：

①计划、组织、督导、检查全校（院）各系及各教研组的教学工作。

②计划、组织、督导、检查全校（院）的科学研究工作。

③校（院）长及副校（院）长均缺席时代行其职务。

由此，组成以教研组为基本教学学术单位，以学系为基本教学行政单位，在教务长领导下的课程和教学管理基本架构。① 一直到20世纪80年代末，除教务长的职责由副校长和教务处替代外，我国高等学校的课程和教学管理都基本采用这个架构。

1952年，当时的教育部副部长曾昭抡在《人民教育》发表《高等学校的“专业”设置问题》一文，解释了学系和教研组（教研室）设置与专业教育的关系。文章认为，1949年以前，大学中的院系设置漫无目的，

---

① 高等学校暂行规程（教育部1950年8月14日颁布）[M] //《中国教育年鉴》编辑部. 中国教育年鉴（1949—1981）. 北京：中国大百科全书出版社，1984：777－779.

培养目标不明确。新高等教育以专业作为教学组织的核心。高等学校教学机构的设置，不是先考虑系的设置，而是先根据国家的需要和学校条件，考虑要设置的专业；确定了专业，几个相近的专业结合为一个系，一个专业也可以成立一个系；同时，根据每个专业教学计划中的课程设置，确定教研组的设置；教研组是基本的教学组织，每门重要的课程都设有教研组，领导这门课程的教学与研究工作，专业课的教研组由系主任领导；系主任管教学行政，教研组管教学和研究，避免系主任集行政、学术于一身，顾此失彼。20 世纪 50 年代我国高等学校课程和教学管理体制结构，如图7－1所示：

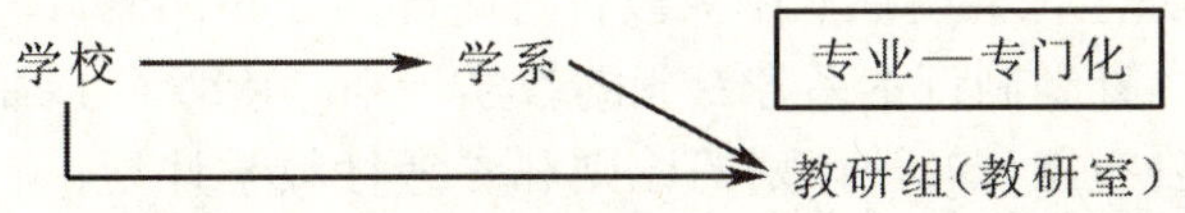

图 7－1　20 世纪 50 年代我国高等学校课程和教学管理体制结构①

中国人民大学在 20 世纪 50 年代初是新中国高等教育一个标志。对于该校教研室的工作，当时任中国人民大学副校长的成仿吾曾说："教研室是本校教学与研究工作的基本组织，直接进行一门或数门有密切联系的学科的教学方法与科学研究的工作。这是我们关于教研室的规定。""这是一个组织，或有组织的集体。担任一门或几门同种类的课程的教师们组织起来，共同进行教学与研究工作。"② 这个解说直接、明确，在当时有代表性。

成立教研组的一个直接效果是，改变了教师的教学方式。在此之前，大学的教学是个人的活动，一名教师承担一门课程，从课程内容和教学方法的选择，到考核方式，都被看作是他自己的学术自由，由他自己决定。而在教研组中，每一门课程的内容和教学方法，由教研组集体研究决定，教学研究组的成员互相听课，教学成为一种教师的集体活动。这被认为发挥了集体力量，体现了集体主义精神。

由于教研组限于对一门或几门课程的教学和研究，各专业课程和教学的行政工作，包括综合性学术工作，像教学计划的制订、培养模式的改革、学科发展方向的确定、师资队伍的建设等，只能由学系层面承担。所

① 曾昭抡．高等学校的"专业"设置问题［M］//陈学飞．中国高等教育研究 50 年：1949—1999．北京：教育科学出版社，1999：299－300．

② 成仿吾．中国人民大学的教研室工作［M］//陈学飞．中国高等教育研究 50 年：1949—1999．北京：教育科学出版社，1999：514．

以，尽管学系是作为教学行政部门设置的，但在实践中，学系依然承担了重要的学术工作。《北京师范大学暂行规程》规定系主任“计划并领导”本系教学研究组的工作。按照当时中国人民大学的做法，系主任负责“草拟本系整个学程的教育计划，经校长批准后，公布实行”。同时，系主任领导系委员会的工作，而系委员会行使审查教研室学期和学年工作计划和报告，以及专门学术事务的计划和报告的职责。①

领导制订本系各专业的教学计划并组织实施，是系主任在课程和教学管理方面最主要的职责。1953 年以后，我国高等学校实行中央教育行政部门组织制订的统一教学计划，系主任不再需要考虑教学计划的制订问题。1956 年以后，系主任需要依照中央教育行政部门公布的制订教学计划的原则和参考性教学计划制订本系各专业的教学计划。1985 年以后，教育行政管理部门不再公布制订教学计划的原则和参考性教学计划，制订教学计划主要由系主任负责（当然，学校经常提出制订教学计划的原则），即使从 20 世纪 80 年代开始各校纷纷实行了学院制之后，也是如此。而教研组的职能，随着学院制的实行，逐渐削弱，一直到新世纪很多学校已经不再有教研组的设置。

事实上，自 20 世纪 50 年代至 90 年代前期，学系一直是我国高等学校课程和教学管理的核心。

二、学院制和学部制

1949 年之前，我国大学实行学院制。国民政府 1929 年 7 月公布，1934 年 4 月修订的《大学组织法》规定，“大学分文、理、法、教育、农、工、商、医各学院”（第四条），“凡具备三学院以上者，始得成为大学。不合上述条件者为独立学院，得分两科”（第五条）。② 新中国成立后，为了适应专业教育的要求，学习苏联的做法，取消了学院设置，建立了学校—学系—教研组校内三级管理体制。从 20 世纪 80 年代开始，多数本科院校逐渐恢复了学院制。在 80 年代实行学院制的高等学校有大连理工大学（1984），中国人民大学和华中理工大学（1985），以及青岛海洋大学（1988）等。90 年代是我国高等学校学院制改革的高潮。至 2007 年 5 月，

---

① 何戊双．中国人民大学“系”的工作［M］//陈学飞．中国高等教育研究 50 年：1949—1999．北京：教育科学出版社，1999：516－517．

② 大学组织法（1929 年 7 月 26 日国民政府公布，1934 年 4 月 28 日国民政府修正公布）［M］//编纂出版委员会．中国教育大系・历代教育制度考．武汉：湖北教育出版社，1994：2 328－2 329．

在全国741所本科院校中，460所实行学院制。①

20世纪80年代以后我国高等学校的学院制改革，大致主要基于以下几个理由：

第一，促进相近学科的融合和交叉，拓宽人才培养的基础。20世纪50年代以后的专业教育培养口径窄，不利于学生的全面发展；在学科建设和科学研究上，过分专门化的学系和教研组管理体制也阻碍了学科融合和交叉。实行学院制，将相近学科在管理体制上结合起来，对培养复合型人才，促进学生的全面发展，以及在科学研究中不同学科的交叉、融合和合作，都有积极意义。

第二，改革高等学校的管理方式，下放管理权力。学校—学系—教研组管理体制使管理权集中于学校层面，通过组建学院，将管理向学院下放，增加学校的活力，更好地应对市场经济给高等教育带来的挑战。同时，合并相近的系组建学院，可以减少二级单位的数量，减少管理幅度，简化管理机构，提高管理效率。

第三，优化校内资源配置，提高资源使用效率。原来的实验室、仪器设备属系、研究所所有，相近的学科重复添置，相近学科组建学院有助于提高仪器设备的使用效率。

也有人提出组建学院便于高等学校国际学术交流，因为国外高等学校多实行学院制。

另外，20世纪90年代以来高等学校大幅度增加招生人数，学校规模迅速扩大，学科和专业数量大量增加，学校管理事务日益复杂，下发管理权和增加管理层级不可避免，这也是推动高等学校学院制改革的重要因素。

从学系到学院制，在实践中，我国高等学校一般通过两种方式：一种是直接将学系升格为学院，然后分解为新的学系，比如一些学校的教育学系升格为教育学院后，将原来的学校教育、学前教育、教育管理等专业独立成系；另一种是将相近的学系组成学院。

学院的组建，一般以学科分类为基础，以一级学科或二级学科组建学院，比如各校的理学院、物理学院等；也有一些学院以产业为基础组建，比如珠宝学院等；还有一些学院是为了特定的目的设立的，例如北京大学的元培学院、复旦大学的复旦学院等，这些学院设立的目的是为本科生提供一般教育。

---

① 李北群，徐月红．对我国再度兴起学院制的思考［J］．中国高教研究，2008（1）：33.

在推行学院制初期，由于国内缺乏可供参考的成功经验，各校的做法很不相同，虽然都名为“学院”，但管理权限有很大差异。20世纪90年代各高等学校的学院设置有“虚”“实”之分。“实体学院”有行政机构、有经费、有实际职权，而虚设学院则不过几个机构的松散联合，内部机构在行政、经费、职权方面相对独立。实践发现，虚设学院很难实现学院制改革的目标，所以，随着学院制的逐渐成熟，大多数高等学校的大多数学院成为实体。成为实体的学院被赋予实际职权。尽管学院作为校内机构在各校的设置和地位、职权并不完全相同，但实行学院制的高等学校多采用校、院两级管理体制，学校基层管理的重心由学系转到了学院。一些学校在章程中明确了学院的职权，例如，《吉林大学章程》(2005) 规定，“学院作为人才培养、科学研究、学科建设的具体组织实施单位，在学校授权范围内实行自主管理”。《章程》赋予学院以下职权：

> 学院根据学校的规划、规定或授权，制订学院发展规划，制订并组织实施学科专业建设、师资队伍建设、课程建设及教学计划，组织开展科学研究和其他学术活动，提出年度招生计划建议，设置内部机构，制定内部工作规则和办法，决定学院人员的聘任与管理，负责学生的教育与管理、就学生的奖惩提出意见，管理和使用学校核拨的办学经费和资产；行使学校赋予的其他职权。(第三十三条)①

虽然章程规定独立建制的学系“享有与学院同样的权利和义务”（事实上，该校目前已无独立建制的学系），但对学院内学系的职权没有任何规定，按照《章程》，学院可以在学院内自主设置学系，并在学院职权范围内，确定学系的职权，学系没有独立于学院的职权。个别学校的个别学院，甚至在一定时期内取消了学系设置（比如汕头大学商学院），或者学院内一直没有学系建制（比如汕头大学长江新闻与传播学院）。

在其他实行学院制的高等学校，无论有无章程，学院的职权以及学院与学系的职权划分也大致如此。

不过，在实践中，由于每个学院都包含不同的学系，而且，一些学院中的学系学科跨度还比较大，例如吉林大学文学院就设置了中国语言文学、新闻学、广告学、历史学、考古学、博物馆学等系，学院没有能力直接管理每个学系的课程、教学和研究工作，所以，像教学计划的制订、教学工作的安排和组织、课程建设等学术性工作，仍然要下放给学系。教学行政工作在学院。在国家政策和学校教学政策范围内，学院层面也经常确

---

① 吉林大学章程（中国共产党吉林大学第十二次代表大会于2005年12月28日通过）[DB/OL]. 吉林大学教务处网站（http://jwc.jlu.edu.cn/? file=info&act=view&id=3230).

定本学院的课程和教学改革政策，这些政策对学系有一定的约束力，且需要学系执行。

我国高等学校实行学院制，在一定程度上实现了预定的目标。人才培养的知识基础拓宽了，不少学校探索在学院层面按学科大类招收学生，设置学院层面的基础课程。在学院内部，课程、教师和其他教学资源的共享更为便利。如果没有学院制，庞大的学校管理将非常困难。我国高等学校的学院制改革总体上说是成功的。

然而，实行学院制之后，许多高等学校学院设置数迅速增加。出现这种情况，有多方面原因：由于20世纪90年代开展的大规模的院校合并和大幅度增加招生数量而造成的学校规模的急剧扩大，经济、社会和科技发展带来大量新行业、新职业，一些学校好大喜功和为更多人提供晋升机会。现在实行学院制的高等学校，学院设置数一般都在20个以上，不少学校在30个左右，少数学校甚至在40个以上，一些学院涵盖的学科领域也较为狭窄，比如哲学学院、历史学院、数学学院、物理学院、计算机学院、土木建筑工程学院、基础医学院、教育技术学院等。学院数较学院制之前的学系数有过之而无不及，且学院中学科设置狭窄，实践中遇到了与20世纪世纪八九十年代开始进行学院制时相似的问题，进入新世纪，新的改革开始酝酿，改革的目标依然是：扩大人才培养知识基础和促进学科交叉；减少管理幅度，精简管理机构，提高管理效率；优化资源配置，提高资源使用效率。

改革的主要措施依然是合并，前一次是将学系合并为学院，这一次是将学院合并为学部。“学部制”在我国最先出现在北京大学。2000年4月，北京大学将教学单位分设为人文学部、社会科学部、理学部、信息与工程科学部、医学部、跨学科类6个学部。随后，武汉大学（2001）、吉林大学（2001）、浙江大学（2008）相继全面实行学部制，大连理工大学、北京师范大学、北京理工大学、天津大学等高等学校也开始在校内试点学部制改革。

北京大学组建学部，是为了贯彻本科教育“加强基础，淡化专业，因材施教，分流培养”的原则。[①] 浙江大学学部制改革希望实现的目标主要包括：发挥学科综合优势，优化资源配置；规范和完善学术机构及其功能，体现“教授治学”，激发基层学术组织活力和自我发展能力；推动学科交叉，开拓新的学科领域和研究方向；推动学校机关简政放权，提高管

① 赖云云．研究型大学学部制探微［J］．知识经济，2009（16）：137．

理水平和效率等。[①] 北京师范大学组建教育学部的目的，是为了“整合优质资源、优化学科布局、强化教育特色，同时通过探索学部制管理模式，在体制机制创新、提高治理效能方面作出有益尝试，机构调整的核心是为了提升学科实力”[②]。这些目标，用在推行学院制改革，完全适用。

与学院制改革刚刚开始时一样，各校学部的“虚”“实”不同。北京大学设置学部时，确定的原则是“三级建制、两级管理”，所谓“两级管理”，就是校、院两级，学部为“虚”。吉林大学在2001年5月设置学部后，2005年12月通过的学校章程并未赋予学部实际权力。在两校，学部并非一级管理机构和行政机构。后来实行学部制的浙江大学，则将学部作为一级行政机构，赋予其较大的管理权限。而2009年6月成立的北京师范大学教育学部，则明确确定为一级行政管理机构，下设的学院、研究中心，不再具有行政职能和行政级别。

会不会还像学院制经历由“虚”到“实”一样，先是虚设学部后发展成为实体学部，还有待观察，预计可能性比较大，因为一个学校三四十个学院，管理起来毕竟显得幅度过大。

实行学部制，为建立学部层次的课程平台和学生在学部内各学院课程互选创造了条件。浙江大学在原来按学院招生的基础上，在2009年基本实现了按学部大类招生，进一步扩大了本科教育的学科基础。

三、课程与教学管理中的行政权力与学术权力

行政权力与学术权力的关系是我国教育管理中经常被拿来讨论的问题，原因是这个问题一直解决得不够好，学术人员经常抱怨他们的学术权力受到行政权力的侵犯。课程和教学是高等学校主要的学术领域，保证在课程与教学管理中的学术权力是一件重要的事情。

这个问题在政府对高等学校课程和教学管理中也存在。在强调对高等学校课程和教学实行统一管理的20世纪五六十年代，高等学校教师仍然是制定学术文件的主要参与者，教育部（高等教育部）公布的统一教学计划、教学大纲主要出自高等学校教师之手，服务于教育部的教材编审委员会和各学科教材编审委员会的成员也是高等学校教师。但是，高等学校教师制定的学术文件一经政府发布，就是以行政权力的方式存在，不能再认定为学术权力。学术权力的执行不仅要看是否是由行内专家作出的决定，

---

① 王文馨. 学部制改革：探索有中国特色的现代大学制度——浙江大学七大学部巡礼［N］. 浙江大学学校报，2009-10-16（5）.

② 李江涛. 北师大组建教育学部，行政和学术职能相对分离［DB/OL］. 中国新闻网（http://www.chinanews.com.cn/edu/edu-jygg/news/2009/06-29/1752637.shtml）.

而且要看决定是如何作出的、如何执行的。尽管学术权力不能排除作出要严格执行决定，但这些决定在任何时候都是学术讨论的对象。在决定的执行中，学术人员的自主判断依然受到尊重，而且学术组织掌握着修改和废止这些决定的最终权力。况且，按照统一管理的模式，在政府对高等学校的课程和教学管理中，非学术性质的决定更为重要，比如，国家政策决定了关于高等学校课程和教学学术文件的基本方向，国家也经常通过非学术途径要求学校设置必修的公共课程。

至于高等学校课程与教学管理中的群众路线，则更为藐视学术权力，无论在理论上还是在实践上，都是比统一管理更加失当的管理方式。

1985年以后，高等学校的自主权得到扩大，1998年《高等教育法》更明确将制订教学计划和组织教学的权力交予高等学校。教育行政部门依然通过组织教学指导委员会、开展教学认证和评估、设立项目进行引导，以及规定公共必修课程等途径，这虽然一定程度上影响了高等学校的课程和教学工作，但高等学校对课程和教学的管理权基本得到了保障。

其实，无论按照现实主义的价值观，还是从当前实际情况出发，在课程和教学管理中的学术权力与行政权力关系问题上，都应该对校内的情况给予更多的关注。

关于高等学校内部权力结构，“校长治校，教授治学”的说法得到较为广泛的认同。校长应该对学校宏观的发展战略、财务状况和财务分配、学术机构和行政机构的设置等事务负责。尽管校长是学术人员，但他代表的却是行政权力，正如受聘教育部的专家代表行政权力一样，况且校长还要对政府管理部门和社会负行政责任。在校长之下，是学校的行政系统，在课程和教学管理方面，是主管教学的副校长、教务长，以及行政岗位上的院长或学部长。教师的权力主要体现在学术事务的决定中。制定学校方面学术政策的权力虽然包含在教师的学术权力之中，但经常受到行政系统的干扰，而本应由教师掌控的课程方案和教学过程也会受到行政系统的干扰。

在很多高等学校的管理机制中，学校层级都设立了诸如学术委员会之类的组织，负责学校的学术政策。但在实践中，这些委员会经常由行政机构主导：一是行政机构负责人（校长或副校长）通常是这些委员会的主席（或主任），而其他行政人员（包括院长和处长）则通常是委员会中的重要成员；二是学术政策草案通常不是由这些委员会提出，而是由行政机构提出（在课程和教学领域，通常是教务处在主管副校长主导下提出），这些委员会对行政机构提出的学术政策草案论证的充分性也经常得不到保障。

政府教育行政机关不断用评估和项目的方式涉入课程和教学管理，由于增加了学校相关行政机构的责任（学术委员会显然不会对评估的结果和争取到的项目的数量负责），从而增加了它们对在这些委员会中的权力的期待和掌控（这也符合“责权相称”的原则）。

学校教学管理部门很习惯使用行政权力掌控课程和教学工作。它们的这些做法有些是合理的和必要的，但更多的却不是这样。比如发布关于教学计划制订的原则，若这些原则的通过经过了恰当的学术审核过程，不排除在学校层面确定教学计划原则的合理性，但有时会具体到规定各专业教学计划中各类课程的比例，显然由于过于具体而限制了基层学术机构的学术权力，况且由于各专业的不同，过于具体的规定未必适合所有专业。教学管理部门对教学过程控制的兴趣超过了对课程的控制，而它们在这方面做法的恰当性通常更低。它们有时会对教师选用教材（比如选用教育部推荐教材）、教学方法（比如多媒体手段、课堂讲授时间）、考核方式和评分方法（比如采用闭卷考试，甚至要求学生成绩要正态分布，规定不及格的比例）作出详细的规定。这些做法通常会以“维护教学秩序，保证教学质量”的名义提出，政府部门评估的压力经常是校内教学管理部门提出要求的重要理由。

20世纪50年代，我国高等学校建立教研组作为基层教学组织，每门重要课程，课程内容设计，教材的选用，以及考核方法的选择，由教研组教师集体讨论决定，教研组还经常研讨教学方法，组织教师交流教学经验，与一个教师独立负责一门课程相比，有明显长处，实践证明，效果也很好。当然，教研组活动也应当给予教师个人的学术自由以恰当的尊重。90年代实行学院制以后，高等学校教研组的作用被弱化了，甚至连建制不知在什么时候也被无声无息地取消了，不能说不是一个损失。但是，任何试图影响教师教学过程的计划都需要十分谨慎。如果由学校的教学管理部门以行政权力的方式干预教师的教学活动，基本是不恰当的。

在高等学校内部，教学过程应该主要属于教师的学术自由范围，而课程管理应该主要是基层教学部门的权限。

尽管教师参加学术委员会之类的组织，参与战略的和宏观的决策，但在学校这类决策中，他们经常是配角。“教授治学”的权力主要不是体现在学校层面的决策中，这是政府（有时还有董事会）、校长及其领导的行政系统的“领地”，教师们的“领地”在基层学术单位（主要是院系）。大量的、具体的学术决定通常也不是在学校层面作出的，而是在基层学术单位作出。在这个层面，教师通过主导一系列的委员会，例如学术委员会、教学委员会、人事委员会、职称评定委员会等，讨论制订教学计划和课程标准，决定教师的聘用和职称的晋升。尽管学院院长和学系主任由于领导这些委员会而拥有比其他成员更大的影响力，但他们只有得到教师支持才能有效地行使权力，他们经常不得不因此而向教师妥协。

不得不承认，在我国高等学校，保证教师的学术权力还是一问题。但可以看到，不少高等学校已经关注这个问题，并开始探索解决的途径。2009 年 6 月，北京师范大学组建教育学部，保障学术权力被设定为要实现的目标之一。采取的措施是行政权力与学术权力的适当分离：行政事务由学部的行政部门统一行使；学术研究方面的事务，则完全以教师为主管理，组建并加强学术评议和咨询机构（发展指导委员会、学术委员会、学位评定委员会、教学指导委员会、人事工作委员会）的职能，并明确规定，担任学部党政领导职务的人员，不能再担任学术机构的职务。①

其实，这个事情并不非常特别，多数学校都建立了基层学术单位的学术评议和咨询机构，例如《吉林大学章程》规定：“学院（学科）学术委员会依其章程独立行使学术权力，保障学术民主和学术自由。”

可能现在最需要改变的状况是行政权力对学术权力的轻视和傲慢，以及教师缺少对学术权力的珍视，对行使学术权力缺少积极性和责任感。

第二节　学　分　制

学分制是一种以学分为计量单位，记录学生学业进展的一种教学管理制度。学年制将学生要修习的课程编排在每个学期，学生在每个学期学习规定的课程，以年级记录学生的学业进展，在学年制中无需“学分”概念。只有在允许学生在一定限度内安排自己的学习内容和学习进度的情况下，才有必要用学分记录学生的学习进程。学分制是在选课制的基础上发展起来的。

一、学分制的起源和我国高等学校实行学分制的探索

1779 年，美国第三任总统托马斯·杰斐逊（Thomas Jefferson）把选课制引入了威廉·玛丽学院。1825 年，选课制的建议被弗吉尼亚州议会通过，并在新建立的弗吉尼亚大学试行。随后，美国的一些老牌大学，如耶鲁大学、布朗大学和哥伦比亚大学等，也开始尝试实施选课制。直到 1872

① 钟秉林．强化办学特色推进教育创新——组建北京师范大学教育学部的若干思考［J］．中国高教研究，2009（12）．

年，在校长艾略特（Charles W. Eliot）的推动下，学分制作为一种教学管理制度在哈佛大学开始实施，现代意义的学分制才真正出现。

艾略特认为，人天生在智力和倾向性方面就有差异，对不同学生的教学不能按照相同的进度，学生学习的内容也不能仅仅由学校和教师来安排。所以，他主张扩大课程范围，为学生提供多样化的课程，允许学生按照自己的能力、倾向性和兴趣选课，并按照自己的学习能力安排自己的学习进程。1894 年，哈佛大学规定，学生修满规定学分，即可获得学位。

美国的学分制在五四运动前后传入我国。1918 年，蔡元培在北京大学实行“选科制”，这是我国大学正式推行学分制的标志，其他高等学校纷纷效仿。1929 年 8 月，国民政府教育部公布《大学规程》，规定“大学各学院或独立学院各科课程，得采用学分制”（第九条）。[①] 1949 年之前，我国高等学校基本上都采用学分制。20 世纪 50 年代初，在学习苏联过程中，我国完全废除了学分制。

1978 年 3 月，在全国科学大会上，国务院副总理方毅提出，在高等学校试行学分制。[②] 随后，教育部在武汉大学、北京大学、南京大学、上海交通大学、哈尔滨工业大学等一批重点高等学校先后试行学分制。到 20 世纪 80 年代初，试行学分制的高等学校由重点学校扩展到非重点学校，一些学校还实行了与学分制相配套的“导师制”“主辅修制”“优秀生培养制”“三学期制”等。1985 年 5 月，中共中央《关于教育体制改革的决定》提出要积极进行包括学分制在内的各项教学改革。到 1986 年，全国已有 200 多所高等学校试行学分制。

然而，当时，在各高等学校积极推进学分制改革的过程中，出现了准备不充分和冒进的情况，影响了正常的教学秩序和教学质量。1986 年 7 月，国家教委在哈尔滨召开部分实行学分制的高等学校座谈会。会议认为，实行学分制是高等学校教学管理制度的一项重大改革，有利于调动教与学两方面的积极性，有助于改革过去教学计划统得过死，忽视学生才能和个性差异的弊端。同时指出，实行学分制要因校制宜，不搞一刀切，要保证选修课的质量，严格要求，提高教学质量，建立良好的学风。1987 年，国家教委发布《部分高等学校试行学分制工作座谈会纪要》，指出学分制尚属试验阶段，不宜一哄而上。此后，各高等学校学分制改革的热情

---

① 大学规程（1929 年 8 月 14 日国民政府教育部公布）[M] //编纂出版委员会. 中国教育大系·历代教育制度考. 武汉：湖北教育出版社，1994：2 327.

② 中央教育科学研究所. 中华人民共和国教育大事记（1949—1982）[M]. 北京：教育科学出版社，1984：513.

回落，统一的专业要求和规范的教学秩序再次成为反复强调的价值，一些试行学分制的学校又恢复为学年制。1989 年后，学分制改革与高等教育领域的其他改革一样，出现了短暂的停滞。

1992 年邓小平南方谈话的发表又一次吹响了改革的号角。1993 年 11 月，李岚清副总理与南京部分高等学校领导座谈时，重新提出要逐步探索将学年制改为学分制。1994 年 6 月，全国教育工作会议在北京召开，李鹏总理在会议报告中要求“逐步实行‘学分制’”。① 20 世纪 90 年代中期，学分制再次成为我国高等学校改革的契机和热点，许多高等学校将其视为崭新的教育理念付诸实施，但在实践中仍然遇到了 80 年代中期在试行学分制时出现的教学秩序失控问题。不过，面对同样的挫折，多数高等学校没有再次选择后退，学分制思想已经深入人心，改革已经不可逆转。在不断探索中，这种教学管理制度得到不断完善。② 进入 21 世纪，几乎所有高等学校都开始实行学分制，尽管不同高等学校在学分制的理念和制度上可能有很大的差异。

二、学分制的理念

虽然学分制是一种教学管理制度，但把由学年制向学分制的改变，仅仅看作是教学管理制度的改变，是不全面的。

学分制在一定程度上改变了教育的某些重要特征。在一定意义上，教育具有专制的本性。教育者选择教育内容，安排教育过程，选择教育方法，把受教育者培养成他所期望的样子。教育完全在教育者的掌控之中。尽管近一些年来，强调受教育者是发展的主体，但教育者却控制着他们发展的方向。在教育中，在学习什么内容，信仰什么价值观等方面，受教育者几乎没有任何自由。如果这种状况在初等教育中，甚至在中等教育中，在学生的心智还不够健全的时候，尚有必要性和合理性，那么，在高等教育中，在学生心智已经基本健全的时候，仍然完全无视他们的权利，完全不给学生选择自己学习内容、选择教师、安排自己的学习进程的自由，其必要性和合理性就值得怀疑了。

学分制正是这样一种教学管理制度，在一定程度上，它给学生选择学习内容、选择教师、安排自己的学习进程的机会，教育不再完全掌控在教育者手中了。学分制在一定程度上颠覆了传统的教育价值观。

---

① 《中国教育年鉴》编辑部. 中国教育年鉴（1995）[M]. 北京：人民教育出版社，1995：9.

② 李现曾，杜锡钰. 高等教育现代化进程中的学分制视野 [J]. 山东师范大学学报：社会科学版，1999（6）：80.

学分制不仅具有教育学意义，而且具有政治意义。了解这一点，对于学分制不是由教育家提出，而是由杰斐逊这样的政治家提出，就不奇怪了。我们也可以假设，学分制在美国出现，与美国的个人主义和多元主义的传统有某种联系。

但是，即使是在美国，在教育中，个人的选择也并不总是绝对的。艾略特时期的哈佛大学确实非常自由，自 19 世纪 70 年代开始实施选课制，每年都有一些必修课变为选修课，而新增的课程全部为选修课。必修课越来越少，选修课越来越多。到 1886 年，艾略特在哈佛大学建立了完全的自由选修制，学生只要完成 18 门课程，它们之间任何两门课程没有直接联系，且有 1/4 的课程成绩在 C 或 C 以上，其余课程成绩不低于 D，就可获得学士学位。这 18 门课程可以从学校提供的 153 门课程和 61 门“半门课程”（half-course）[①] 中选择。

然而，完全自由选课的缺陷也是明显的。主要的缺陷是完全由学生自由选课，难免盲目和随意，学生也可能挑选容易通过的课程，每一位学生所学的知识可能是杂乱无章的，支离破碎，缺乏内在联系，无法保证知识的完整性和系统性，无法保证核心的社会价值得到传承，核心学科和核心知识的价值不能得到体现，学生的心智训练也得不到保证。

事实上，艾略特在哈佛大学推行自由选课制，在当时就受到校内外的激烈反对。哈佛大学校务管理委员会的马丁·布莱默甚至要用长剑刺艾略特，约翰·昆西·亚当斯要用木棍殴打艾略特。1885—1886 年，校务管理委员会曾试图从两位候选人中物色一位新校长，只要有一位候选人同意出任校长，那么校务委员会就要求艾略特辞职。以耶鲁大学校长诺亚·波特为首的新英格兰 8 所大学的校长联合要求哈佛大学校监委员会保留希腊语作为获得文学学士学位的必要条件。普林斯顿大学校长麦克考什（James McCosh）说：“我与艾略特博士一样渴望自由，但是我所要的自由是有规则的自由。我要求的是自由而不是放纵。”他公开嘲笑说，一群进入哈佛大学的心理怪物拒绝吞食真正的精神食粮，只会沉溺于美术、音乐和法语的游戏之中。[②]

艾略特的继任者劳威尔（Abbott Lawrence Lowell）也是自由选课制的反对者。劳威尔 1909 年上任伊始，随即着手取消自由选课制，至 1914 年，哈佛大学全面推行集中与分配制（concentration and distribution）。哈佛大学

---

① 或学期课程。在美国一些大学，一门课程要持续一个学年，持续一个学期的课程就被称为“半门课程”。

② 陈利民. 哈佛大学办学理念研究［D］. 华中科技大学博士论文，2005：61.

当时的集中与分配课程体系规定，每一个本科生为获取学士学位必须选修16门课程：①其中至少有6门课程集中在一个学科领域，以保证学生在专业领域的知识深度。②其他10门课程中至少有6门课程分配到所学专业领域之外的自然科学、社会科学和人文科学3个领域中，以保证学生具有比较宽的知识面。③其余4门课程由学生自由选择。

现在允许学生完全自由选课的美国大学已经寥寥无几了。按照布朗大学"教纲"的规定，学生们只需在4年内通过30门课程，并且证明自己在文字表达上的能力，即可毕业。① 耶鲁大学的本科学生在人文和艺术、自然科学、社会科学3个领域每个领域完成至少2门课程，完成2门定量推理（quantitative reasoning）课程，2门写作课程，在外语方面达到学校的要求，并获36学分，即可毕业。② 这些学校算是比较独特的例子了。如果将允许学生完全自由选课作为一端，完全不允许学生自由选课作为另一端，今天的美国大学，处于两个极端的是少数，而多数在两个极端之间，不过是一些大学接近这一端，而另外一些大学接近另一端罢了。

在我国，经常可以听到所谓"完全学分制"的概念。这个概念很不清晰。可能被赋予两方面的意思：一是尽可能减少对必修课程的要求（甚至取消必须课程），最大限度地允许学生自由选课；二是取消学年制管理模式，学生按照教学计划要求，完全自主地决定自己的学习进程，获得规定的学分即可毕业。

如果是前一个意思，"完全学分制"未必是所有高等学校追求的目标，自由选修的范围并非越大越好，而在我国，还没有哪一所大学的哪一个专业的教学计划不规定必修课程的。究竟是必修课程多一些，还是选修课程多一些？在教学计划中两者的比例如何？似乎并不完全是一个基于事实判断的科学性问题，而是一个包含价值判断的哲学性问题。这涉及大学的教育哲学。如果一所大学对教给学生系统而严谨的知识，培养学生高尚的价值观，比对为学生提供自由选择和自由发展的空间更为关注，那么，就不应减少而应增加必修课程的比例。

后一个意思与前一个意思有联系。如果一所大学坚持必修课程的价值，坚持严格的学习顺序和对学生严格的训练，学年制管理方式很适合，那么就没有必要实行学分制管理方式。如果有一定比例的选修课程，那么，就可以允许学生自由安排自己选修课程的学习进程，必修课程在遵守

---

① 布朗大学官方网站（http://www.brown.edu/Administration/Dean_of_the_College/academic_standing.）

② 耶鲁大学官方网站（http://www.yale.edu/yalecollege/academics/requirements/index.html.）

先修后续关系的前提下，也可以允许学生自由安排学习进程。在这种情况下，可以实行弹性学制、主辅修制等与学制相配合的管理制度。而且选课和安排自己的学习进程本身，对学生来说，就是一门课程（隐性课程），他们应该在其中学会自主安排自己的事情。教学管理给学生留下的自由空间，应该与教学计划的要求相适应，应该与学校的教育哲学相适应。

所以，学分制不仅是一种管理制度，而且导向一种人才培养模式。是否使用学分制，使用什么样的学分制，要看学校的教育哲学和人才培养目标。并没有最好的学分制，更没有唯一的学分制，只能寻找符合本校教育哲学和实际状况的学分制。学分制并非越“彻底”越好，世界上一些最好的大学，并不实行学分制。我国高等学校学分制一哄而上，而缺少对学分制意义的认真考虑，正是缺少自己独特的教育哲学的表现。

三、与学分制有关的教学管理制度

学分制首先是一种教学管理制度，通过这种制度，实现特定的教育哲学。学分制教学管理制度由一系列相关的制度组成。

1. 选课制

选课制是学分制的基础，没有学生选课，就没有学分制。

学生选课之前，需要非常清楚自己在毕业前需要完成哪些学习任务，包括要学习的必修课程，要完成的选修课程学分及范围，以及像毕业论文（毕业设计）、专业实践和社会实践等要完成的学习环节。还要了解学校的学术政策，像关于学生修业年限、转专业、双学位和辅修专业、休学等与学生完成学业有关的所有规定。这些信息必须以适当的方式，提供给学生，以方便他们随时查询。没有这些信息，学生无法选课。

接下来，第一个问题是提供哪些课程给学生选读？

（1）教学计划中的必修课程是要提供给学生的，而且，按照学分制管理原则，在遵守先修后续原则的前提下，必修课程应该提供给不同年级的学生，而不像在学年制情况下，同一年级的学生在同一时间修读相同的专业课程。

（2）在教学计划中，必修课程的比例要适当减少，以便为学生提供适当的自由选修的空间。如果没有适当的选修空间，学分制的实际意义就大打折扣。在减少必修课比例的同时，要认真考虑选修课的目的和质量，不能只关心选修课的数量。

（3）全校课程资源应尽可能共享。我国高等学校的课程资源，即使在校内，由于资源分配方式问题，不同院系课程共享经常面临障碍。需要在学校层面采取适当措施，打破院系壁垒，促使在保证本院系学生必修课优先选读的条件下，将各院系开设的选修课程和必修课程（包括专业课程）提供给其他院系学生选修。

第二个问题是每门课程学分的确定。确定每门课程的学分的基本依据是本门课程的学习量，由课程内容的多少和难度决定，而课堂上课时间是确定一门课程学分的直接依据。按照国内和国外的一般做法，一门课程每周课堂教授1小时，学生课外学习（包括预习、作业、实践、复习等）2小时，持续一学期（12～18周），计1学分。按照这个计算方法，若学生每周学习6天，每天学习8小时，每周学习时间不超过50小时，那么，学生每学期选课不应超过20学分。超过20学分，要么学分贬值，要么学生学习负担过重。在我国实行学分制的高等学校，学分贬值是较为常见的情况。

第三个问题是课程和校历的安排。保证学生选课顺利进行，课程安排非常重要，这是一项技术性很强的工作，目标是在保证学生在适当的时间选读必修课程外，为他们创造更多的选课机会，具体要解决的问题是上课时间的冲突。解决这个问题策略的要点是恰当安排必修课和尽可能增加选课的充裕时间。

选课制也会影响到校历的安排。由于允许学生跨年级、跨学院选课，造成不同学生有不同的上课时间表、实习和实践，以及其他同一个专业学生集中安排的活动找不到恰当的时间。一些学校因此调整旧校历，在原来每学年两学期的基础上，增加一个小学期，以便安排这类工作，也可以灵活安排其他一些课程。

2. 导师制

实行选课制，必须配合导师制。

选课制要求学生在一定程度上自主安排自己的学习，包括学习内容和学习进度。但并不是所有学生都能做出恰当的选择，尤其是那些刚刚进入高等学校的新生，面对自由选课，经常不知所措。教师的指导是必要的。

本科生指导教师的基本职责是，在学分制条件下，指导学生顺利完成学业。具体职责至少包括：指导教师要熟悉学生和本专业的教学计划，根据教学计划帮助每个学生制订个性化的学习计划；向学生说明教学计划中各门课程及其之间的关系，对学生每学期的选课提供帮助和提出建议；为学生提供学习方法方面的指导，解答学生提出的具体学术问题，为学生的研究活动提供帮助；对本专业学生跨专业学习的可能性提供咨询。

实行学分制的学校基本上都建立了本科生导师制，但普遍存在的问题是这种制度发挥的实际作用令人怀疑，原因也是共同的：指导教师不是非常重视这项工作。建立合理的教师考评制度可能是解决这个问题的重要途径。

3. 主辅修制

在学分制教学管理制度中，如果在校内能做到每个专业的课程都向其他专业学生开放，主辅修、双专业、双学位问题即可作为选课制度的一部分得到解决，学校教学管理部门要做的工作仅仅是组织制定主辅修、双专业、双学位的标准，取得证书的程序，以及在课程安排方面解决好学生选课的时间冲突问题。

现在很多学校有这些制度，一般做法是为申请修读主辅修、双专业和双学位的学生单独开设专业课程教学班。这种做法使得教学时间安排和教学管理较为简单，但缺点是保证质量的难度比较大。为外专业学生单独开班，任课教师很容易由于这样那样的原因降低要求；这些学生未能与主修本专业的学生共同学习，既缺少学习氛围，也缺少学生间的交流。在学分制管理制度之内实施这些制度，非主修本专业的学生与主修本专业的学生在一起学习，可以在很大程度上解决这些问题。

按照现在的管理制度，主辅修、双专业在法律和政策方面尚未得到管理部门的支持，证书由学校颁发，政府一般不干涉。双学位有政策依据，但政府的管理政策尚不能与学分制管理制度相配套，比如，规定学生必须在取得第一学位之后，参加适当的考试，经过学校重新录取，方可攻读第二学位，第二学位休学年限为两年。这些规定显然没有利用学分制的优势，却给学生攻读第二学位设置了障碍，打击了他们积极性。

4. 弹性学制

弹性学制是学分制可能带来的结果之一。由于允许学生跨年级选课，个别特别优秀的学生可能在规定的学制内提前完成教学计划规定的学习任务，应该允许这些学生提前毕业和获得学位；另一些学生的学习进度可能比正常的学习进度慢，他们在规定的学习年限内无法完成教学计划规定的学习任务，这些学生可能会推迟毕业。在学年制管理制度下，基本不可能出现提前毕业的情况，而对于跟不上正常学习进度的学生，则会要求他们留级。

首先应该强调，学分制并不是为学生提前和推迟毕业而设计的。如果有大量的学生可以在规定的学制内提前完成学业或推迟完成学业，就要检查，学制年限设置是不是合理，或者教学计划对学生在学期间完成的学习量的要求是否合理。即使学制年限和学习量设置都合理，由于学生学习能力的差异，也会出现个别学生提前完成学业，另一些学生推迟完成学业的情况。学分制教学管理制度没有理由要求已经完成了教学计划规定的学习任务的学生继续留在学校，应该允许他们提前毕业。根据实际工作经验，现在的问题不在学校，而在政府教育管理部门。政府管理部门还控制着学生毕业文凭审核和注册的权力，这些部门通常不愿意随时审核高等学校提交的学生毕业信息并将这些信息注册，一般每年只在大量学生毕业的时候（每年六七月间）审核和注册一次，造成一些学生完成了学业无法拿到毕业证书，或者拿到了毕业证书也无法注册的情况。

看来为适应学分制教学管理制度，政府部门也需要改善它们的管理。

5. 住宿社区管理制度

课外生活是高等教育非常重要的组成部分。英国教育家约翰·亨利·纽曼曾经说过，如果有两类大学，其中一类不为学生提供住宿，只要通过一系列课程的考试就可以授予学位，另一类大学既没有教授，也根本不安排考试，而只是把一大群年轻人召集到一起生活三四年，然后把他们送出校门，如果有人问他，这两者中哪一种方法更有利于才智训练，他会毫不犹豫地优先考虑那种既无教授也不考试的大学。①

由于“以教学为中心”思想的影响，我国高等学校对学生课外生活的重视普遍不是很够。课堂教学、考试和教学计划规定的实践环节之外的学生管理工作，重点是不出问题、少出问题。教育部三令五申，要求高等学校按照班级安排学生住宿，主要目的也是便于管理。

在学年制条件下，按照以专业和年级为基础建立的班级安排住宿和进行管理，是比较方便的，因为同一个班级的学生共用一个课表，共同上课，共同活动。但在学分制管理制度下，每个学生的课表各不相同，即使同一个专业和年级的学生，也在不同的时间上不同的课程，按班级住宿和管理的方便没有了。在这种情况下，一些高等学校开始探索打破专业和年级的住宿制度，这种制度可以促进不同专业和年级学生之间的交流，扩大学生的知识视野，促使学生了解不同的思维方式，也扩展学生交友的空间。

这种住宿安排，需要建立住宿社区管理制度。个别学校（例如汕头大学）参照国外大学的做法，建立住宿学院，负责学生课外生活的安排和管理。住宿学院制度不仅是一种学生管理制度，更重要的是一种教育制度。

① ［英］约翰·亨利·纽曼．大学的理想［M］．杭州：浙江教育出版社，2001：65.

住宿学院通过丰富多彩的课外活动，培养学生的品质，提高学生的能力。这成为学校教育不可或缺的一部分。

学分制是一项综合的教育改革工程，其核心是人才培养模式改革，涉及人才培养目标的重新审视，课程的重新构建，教学方法的创新。同时也需要一些相关管理制度相配合，除了以上几种制度外，还需要收费制度、教师人事制度、财务制度等方面的改革。

第三部分

新中国成立60年高等学校课程和教学研究

第八章　中国高等学校课程研究的历史发展

总结新中国成立60年以来高等学校课程研究产生和发展的历史，可以从纵、横两条思路进行。从纵向讲，新中国成立60年，除去混乱的“十年动乱”，大致可以分为4个发展阶段：“文化大革命”前为第一阶段；“文化大革命”结束到20世纪80年代末为第二阶段；20世纪80年代末到1997年为第三阶段；1997年以后为第四阶段。从横向讲，可以按照课程与教学领域所涉及的几个范畴来进行总结。为叙述方便起见，笔者将这些范畴归并为4个主要方面，即高等教育课程和教学思想研究、高等学校课程编制研究（教学计划、大纲、教材研究）、高等学校课程实施研究以及高等学校课程评价研究。这一部分的后面各个章节分别来描述。

这一章仅以纵向的历史发展轨迹为主，兼顾横向的范畴，按照我们所说的4个阶段来做一些阐述。

第一节　经验主导阶段（1952—1966）

就高等教育而言，“文化大革命前十七年”是一种习惯说法。对课程和教学领域来说，实际上应是从1952年院系调整算起，到1966年“文化大革命”爆发，前后有15年时间。这15年，几乎没有什么教育研究杂志，各种研究论文和文章大多散见于报纸上，文章的数量也不多。这15年有个共同的特点，就是基本上是凭行政指令和经验来指导高等学校的课程和教学活动的，理论研究十分薄弱。因此，可以称这个阶段为“经验主导阶段”。

这一阶段，学习苏联的人才培养模式，以“专业”来组织课程，作为培养高级专门人才的基本模式。这一阶段高等学校课程与教学工作的总体指导思想可以说是一锤定音的，在各个高等学校中对教育思想的研究和讨论，也基本上囿于这种人才培养模式之中，并主要集中在如何按照这一模式把教学工作中各项任务完成好；从课程角度看，主要集中在课程的实施领域而不是它的生成或编制领域。有关专业设置的文章，只在1952年院系调整过程中出现过。一经定音，从1953年开始，直到“文化大革命”，就再难见到这种题目的文章了。

在这一阶段，对高等学校课程和教学领域的研究和讨论，主要涉及的是具体的教学内容和教学过程。这与苏联的教育学所涵盖的内容颇为一致。当时苏联的教育学中的课程与教学理论，主要集中在这两个范畴。而教学计划的制订过程（即课程编制理论与技术、课程评价原理）几乎没有什么理论研究，在中央一级也是凭经验来进行教学计划的制订的。可以想见，新中国成立后的课程与教学理论，一方面来自苏联的教育学，另一方面则来自向苏联学习后的教学实践。在这一阶段，教学研究与教学实践倒是结合得相当紧密。在专业培养模式的大前提下，这一阶段在教学内容和教学过程方面所进行的研究和讨论，主要涉及的问题有：学生的独立思考问题、学习负担过重问题、提高质量问题、理论联系实际问题、教学与生产劳动及科学研究的关系问题、基础课与专业课的关系问题等。尽管这些研究文章在理论上还有所欠缺，基本上是就事论事，所提出的论点也还欠明确，但值得肯定的是，在这 15 年中所提出的很多问题和见解，直到今天仍然具有一定价值，值得我们深思。像学生个性培养问题、产学研结合问题、拓宽基础问题、能力培养问题、全面提高素质问题等，都是我们今天的高等教育所面临的问题。若不是“文化大革命”的干扰，这些问题一直研究下来，我国高等学校课程与教学理论的进展可能会比现在快得多。

“文化大革命”期间由于教学秩序被打乱，研究工作是在不正常的情况下进行的，很多研究都带有那一特殊历史时期的错误观点。这段非常时期的历史，还是留给专门研究“文化大革命”的史学工作者去写，在这里不作为一个阶段来描述课程与教学研究的发展。但这并不是说“文化大革命”时期人们不再思考高等学校的课程和教学问题了，实际上，那一段非常时期中的许多做法，本质上是“文化大革命”前，尤其是 1958—1961 年，对高等学校课程与教学活动进行思考的继续。若排除其中的政治因素，单从课程与教学理论上来审视，也有很多值得研究的东西。如“开门办学”、“典型产品（病例、案例等）组织教学”等，都有其一定的现代教育思想根源，只是在“文化大革命”中将其推向极端，并与政治因素搅在一起罢了。

这一阶段的课程与教学问题的研究者和文献的作者，大多是第一线的教师和管理干部，用行话说，都是“兼职研究人员”。在他们中间，有相当一部分还是著名的专家教授，因此有很高的可信度。这些人员投入课程与教学研究，为“文化大革命”后课程与教学理论的发展奠定了广泛的群众基础和实践基础，其中有些研究文章，在今天读来也仍然不失启发性和现实意义。这些作者在高等学校课程与教学研究领域所做的贡献，将永远载入史册。

第二节 理论探索阶段（1978—20 世纪 80 年代末）

从党的十一届三中全会召开到 20 世纪 80 年代末，是我国高等学校课程和教学理论发展的第二阶段。在这一阶段，随着十一届三中全会的召开，教育科学迎来了春天，高等学校课程与教学理论建设，开始步入一个崭新的阶段。十一届三中全会后，我国的各条战线都在努力探索一条具有中国特色的发展道路。农村联产承包责任制的推行、经济特区的创建、知识分子政策的落实、真理标准的大讨论……这一切伴随着改革开放政策的不断出台，使中国大地发生了翻天覆地的变化。而人们感受最大的变化乃是思想上的空前解放。这些变化无疑为我国高等学校课程与教学理论的深入研究提供了广阔的天地和充分的外部条件。正是在这一大好形势下，高教理论界一方面开始彻底反思过去的做法，并对“文化大革命”中的错误进行拨乱反正；另一方面根据新的形势进行新的探索。在这一阶段中，人们对很多教育问题重新进行理性思考和研究，努力寻找一条振兴中国高等教育之路。因此，可以把这一阶段称为“理论探索阶段”。

值得一提的是 1977 年恢复高考后，停顿了多年的教育系开始招生。从 1982 年开始，在教育理论研究队伍中，逐渐加入了一批年轻的生力军，即所谓“科班出身”的研究力量。1978 年我国第一个专门的高等教育研究机构——厦门大学高等教育研究室诞生了，自此，在我国逐渐形成了一支专门研究高等教育理论的专职研究队伍。这些力量的出现，大大改变了过去课程与教学研究以兼职研究队伍为主力的局面，也大大推进了课程和教学研究的进展。

20 世纪 80 年代初期开始，高教界在恢复了教学秩序的基础上，在课程与教学中的很多方面进行了有益的探索。这里仅择其要者分述如下：

1. 对大学生智能培养问题给予了极大的关注

这一阶段，有关智力、能力培养的文章相当引人注目，而且有不少文章开始从理论上探索这个问题。这些文章不仅对过去只重知识传授而轻能力培养的倾向给予猛烈的抨击，而且阐述了新的观点。例如从教学过程本质方向，提出了教学过程不仅是认识过程，而且也是学生智力发展过程、大学的科研活动是培养学生能力的有效途径等主张，有的学者借鉴国外教学理论，对学习与发现、教学与发展、知识与能力等关系进行了理论介绍和阐述。这些研究成果对我国后来的高等学校课程与教学实践产生了重大影响。

2. 对教学过程中的师生关系进行了重新认识和理论探讨

新中国成立后最初的17年，我国高等学校对学生的学习主动性和个性培养问题有较严重的忽视。过去虽有个别研究文章谈到这个问题，提出了学生是教学过程（学习过程）的主体，要充分培养学生的学习主动性、积极性和创造性等主张，但为数寥寥。这一时期的研究不仅重新提出这些主张，而且还从师生关系、心理学、教育学原则、教学方法等诸多角度进行探讨。这些主张和探讨对这一阶段高等学校的课程和教学实践也产生了重要影响。

3. 开始注意整个教学计划的灵活性

正是由于对学生能力、创造性和个性的关注，导致人们对教学计划灵活性的关心。这一阶段，随着对外开放的不断扩大，西方的教育思想和教育管理方式不断传入我国。高教界开始批评“苏联模式”，而对其批评最激烈的就是它的教学计划的刻板与僵化。从20世纪70年代末开始，高教界就有学者开始讨论学分制教学计划。此后，有关学分制的讨论越来越多。在讨论中，人们提出，学分制的本质在于使人才培养方案变得灵活和富有弹性，一方面能够照顾到学习者的个别差异，另一方面使学习内容的安排能够留有充分的余地，使新兴学科和新的科学文化知识随时能便利地进入到人才培养方案中来。在当时条件下，这一教学管理制度上的探索可能是这一阶段在教改实践上最富有成效的成果之一。学分制的改革实践，不仅引发了人们在教育思想上的变革，也为后来的“拓宽基础”“淡化专业”等方面的教学改革的深化奠定了实践基础。

4. 开始把高等学校课程与教学作为一个独立的学术领域进行探索

20世纪80年代后期，已经有学者将大学课程和教学单独作为一个领域来研究，出版了若干本专著，也发表了若干文章。“大学教学论”“大学课程论”这样的名词术语也开始出现在教育文献中。这些文献开始以理论探讨的姿态，从规律、结构、系统等高度阐述这一领域，如对这一领域基本研究框架的构想、对教学体系的总体思考、对教学计划的总体设计等，都反映出我国高教理论界已开始对这个领域有了“自我意识”。这类专著和文章尽管不多，研究的深度和广度也还不够，但可以说，没有这一阶段这种“自我意识”，也就没有90年代在这一领域的研究进展。

除了上述4点比较突出外，这一阶段也开始对之前比较忽视的，诸如教育思想、专业设置、课程编制以及课程与教学评价等方面进行了研究。尽管这些研究成果比较零碎和薄弱，但毕竟是向前迈进了一步。总体上，这一阶段的研究，主要还是局限于教育内部的研究，而对高等学校课程与社会经济、政治、科技、文化之间的关系的研究，仍然处于若明若暗的状态。这是因为，在思想政治领域，关于什么是社会主义，什么是资本主义，社会主义可不可以搞市场经济等重大理论问题仍然没有明确，思想解放的任务还远未完成，因此在高等学校与市场、人才培养与社会需求、专业设置与劳动力市场等一系列关键问题上，人们的思想仍然受到一定的限制。

回顾这一阶段的研究活动，可以概述为以下 3 个特点：

第一，在经过长期“左”的思想干扰和“文化大革命”破坏后，教育理论界一旦获得思想解放，那种冲破牢笼的推动力之巨大，追回失去时间的紧迫感之强烈，投身“四化”建设的热情之高涨，是新中国成立以来从未有过的。特别是这一阶段敢想、敢说、敢为的精神面貌，给人们留下了难以忘怀的记忆。这一精神面貌对高等学校课程与教学研究也产生了重要影响。许多大胆的观点，如教育商品化、将高等教育推向市场、引进西方（特别是美国）教育模式等主张，也赫然出现在报纸杂志上。尽管有些观点比较偏激，但这种勇于探索的精神，总体上是应当肯定的。

第二，对国外的教育理论情有独钟。在与国外隔绝了几十年之后，中国教育理论界一下子接触到大量外国的教育理论和思想，确使人们有一种耳目一新之感。此一阶段，理论界翻译介绍了大量国外教育著作，特别是西方的教育思想和理论，为过去沉闷的教育理论界输入了一股新鲜气息。但由于理论饥渴的时间太长，封闭的时间太久，当国外的东西大量涌入的时候，难免来不及消化而一股脑吸收进来。但总的来看，广泛借鉴国外的教育思想和理论，对以后更加全面认识中国自己的教育，对中国教育研究的进展，对后来的科学决策，都是必不可少的。

第三，高教管理体制改革占据了主导地位，教学改革未受到应有的重视。20 世纪 80 年代以来，对中国高等教育的反思和重新认识，主要是围绕体制展开的，应该说这条思路本身并不错，而且也取得了一定的成效。但问题是在考虑体制的时候，忽视了教学改革。除了少数高校，绝大多数高等学校在这一阶段主要精力都放在了管理体制改革上。加上学校经费紧张、教师待遇偏低，创收之风盛行，在相当程度上影响了这一阶段的教学质量，也影响了这一阶段的课程和教学研究。这一阶段所产生的课程与教学方面的研究成果，很多都是在“冷板凳”上苦干出来的，是靠精神力量的支撑取得的。但这些成果对于改善当时的课程和教学工作几乎没有发挥什么作用。

从总体上看，这一阶段全社会都处于探索阶段，因此尽管高等学校课程与教学领域做了大量的介绍和研究，但要形成较系统的理论体系还有相当距离。但不可否认，这一阶段的探索，为下一阶段的理论建设做了大量前期工作，准备了相当充分的条件。

第三节　理论初建阶段（20世纪80年代末—1997）

从20世纪80年代末到1997年，这是我国高等学校课程与教学研究领域发展的第三阶段。这一阶段的主要标志是，经过上一阶段的探索和一定的积累，产生出一批比较系统的专著和文献。其中有些文献对这一领域的基本理论和研究范畴进行了总结，并逐步建立起这一领域的有关理论的系统（包括基础理论、应用理论和技术理论）。但这一阶段的理论建设与开始在全国范围进行的教学改革的需要相比，仍然有很大的距离，而离理论的成熟更是相距甚远。因此我们可以认为，这一阶段是我国高等学校课程和教学研究的“理论初建阶段”。

这一阶段的理论初建，一方面得益于上一阶段的探索和研究的积累，另一方面也与这一阶段的大环境有关。1992年邓小平同志的南方谈话，加快了改革开放的步伐，整个社会的思想进一步解放。特别是邓小平同志关于建设有中国特色社会主义理论的进一步完善和建立社会主义市场经济体制理论的提出，使中国的改革开放在经过了若干年的探索后，更加明确了方向。高教理论界在这一新的思想和理论的指导下，逐渐能够比较冷静、客观地分析中国的国情，并根据改革开放和“四化”建设的目标，积极进行高等学校课程和教学理论的建设。

高等学校课程和教学研究在这一阶段比之以前不仅有量上的增加，也有广度上的扩展和深度上的深入。主要表现在：①开始以系统观点整体地研究课程和教学领域，使这一领域中的各种范畴得到了较全面的研究。例如，这一阶段注意到非智力因素及其对教学的影响、隐性课程的作用、文化对课程和教学的影响和制约等，使人们探讨问题时的眼界更加开阔。②在一些重要领域，研究有了明显的深入。例如关于课程与教学评价方面的研究，在这一阶段明显增多，无论是专著还是文章，均比上一阶段大为增加。此外，对大学生学习情况进行调查的研究报告也明显多了起来，说明整个研究活动正朝着科学化方向迈进。这些进展一方面为理论的初建提供了必要的素材，另一方面也为以后建立新的分支学科和研究领域准备了条件。

在这一阶段，有三件大事或热点问题最引人注目。

第一件事是国家教委于1994年启动了一个叫作“高等教育面向21世纪教学内容和课程体系改革”的计划。这个计划牵动了几百所高等学校的上万名教师和干部参与其中，有许多著名的科学家、两院院士和大学校长也参加进来。该计划相继投入了大量资金，并取得了一批成果（包括各种新的人才培养方案、音像教材、教学软件和课件）。这项计划范围之广、影响之大、投入之多，都是新中国成立以来所罕见的。与过去大规模的改革相比，这项计划的最大特点是，改革不是通过行政命令来推行，而是通过有效的倡导和鼓励，激励各高等学校积极参与的。这项计划的倡导与推行，与当时国家教委的指导思想进一步明确化有密切关系。国家教委在总结前一段教育改革的基础上，经过深入的调查研究，提出了一个“十四字方针”，即“体制改革是关键、教学改革是核心”。后来在实践中又加上14字，即“增加投入是前提、转变思想是先导”。这28个字后来就成了一个时期我国高等教育改革和课程与教学改革的指导方针。

第二件事与前一件密切相关。在上述改革计划实施过程中，各高等学校发现，若要将课程和教学改革进行下去，首先必须转变教育思想，全面反思过去的理论和实践。因此在启动这项改革计划的同时，一场教育思想的大讨论便悄然兴起。这场大讨论并未像过去那样轰轰烈烈，但却十分广泛和深入，几乎触及每位大学校长和教师。也正是在这一过程中，上面所谈的“转变思想是先导”便自然而然成为后来改革深化的指针。转变教育思想是一场革命，它关系到在新的形势下，中国的高级人才的培养如何才能跟上世界高教改革的步伐并结合自己的国情，闯出一条有中国特色的道路来。这一阶段中，这场革命仅仅是个开始，这个好的开端是迈向21世纪的中国高等教育确立了一个重要的起点。

第三件事是这一阶段全国上下都在议论的大学生的素质教育问题。本来“素质教育”是针对中小学“应试教育”的偏差提出来的，后来引入到高等教育中来。尽管对大学生的素质教育有不同理解，如有的强调人文素质教育，有的则强调道德素质教育，更多的是主张全面素质的提高，但这些主张都与高等学校课程和教学息息相关。素质教育没有停留在思想和理论层面，而是很快就付诸实践。所以将其列入此阶段的大事或热点也并不为过。

上述三件大事都是这一阶段理论与实践结合的产物，这一点与前两个阶段有所不同。第一阶段有实践但理论欠缺，第二阶段理论有进展但实践跟不上。因而这一阶段为理论的初建，并在实践和理论方面同时得到升华。这在我国高等学校课程和教学研究的发展史上将留下浓重的一笔。特别值得一提的是，在这一阶段，许多实际工作者，包括教育决策者和广大教师，开始重视教学理论并主动寻求理论的提高；而理论工作者的一些成果，已经在高等学校改革中发挥了指导作用。特别是那些既有基础理论和思想观点，又具有较好的应用价值和操作性的较系统的理论研究成果，更受广大实际工作者欢迎，在实践上也更具有指导意义。

第四节　理论发展阶段（1997—2008）

在1999年笔者为《中国高等教育研究50年·高等学校课程与教学卷》做序时，提出了第四阶段的设想。[①] 第四阶段的起点定在1997年，这完全是因为一次全国性的会议。

1997年6月17—19日，在北京平谷县金海湖召开了“高等教育面向21世纪教学内容和课程体系改革经验交流会”。有人认为，以此次会议为契机，中国高等学校的教学改革进入了一个实质性阶段，也标志着中国高等学校课程与教学理论的研究进入了一个新的阶段。笔者当时权且以此为线，希望这次会议以后，这一领域将是一个大发展的阶段。在笔者的《序》中，对这个还没有到来的阶段的特点进行了推测：这将是一个新的时代，在这一时代，人们的思想观念将会发生重大变化，除了已经被人们认识的信息高速公路、可持续发展战略和近年来人们频频谈论的知识经济将对这一领域产生重大影响之外，21世纪将是一个不断改变人们思考方式和思想观念的世纪，新的事物会层出不穷。为此，高等学校课程与教学领域的研究活动本身也应跟上时代步伐，有较多的创新；上阶段所出现的诸多不足，特别是经费投入的不足，在未来的发展阶段中也将给予弥补；在研究手段和方法上，可能会出现质的飞跃……总之一句话，希望在总结过去展望未来之际，我们的同仁对未来的变化要有所准备，因为“机遇总是偏爱那些有准备的头脑”。

从写作那篇序言到笔者写下这一本专著，恰好是10年时间。的确，在这个10年中，新的思想不断出现：构建和谐社会、全面建设小康社会、科学发展观等，都是这10年里提出来的。政府为大学城的贷款买单，很大程度上缓解了高等学校经费投入不足的状况。这些为我们的高等学校课程与教学领域的研究和建设都提供了新的养分。这一阶段里，这一领域的理论建设将会更加成熟，在质量上也会有一个大的提高。希望本书能对上述的

---

① 陈学飞．中国高等教育研究50年：1949—1999［C］．北京：教育科学出版社，1999：237－242.

文字做一个小小的论证。

在这篇《序》中，笔者还对第三阶段结束时，我国高等学校课程与教学领域在理论建设方面存在的主要问题做了一个归纳。现在看来，虽然有些问题已得到缓解，但并没有完全消除。所以有必要在这里将这些问题再呈现给读者，作为今后进行这个领域的理论建设时的参考。

这些问题可以从理论和实践两个方面来阐述。

从实践方面看，主要存在3个问题：

1．课程概念上的混淆导致实践上的混乱

在改革中，不少高等学校对一些与课程相关的重要概念在思想上仍然模糊不清。例如，什么是学科？什么是学科建设？学科建设的目的和内容是什么？什么是课程？什么是课程建设？课程建设的目的和内容是什么？学科建设与课程建设之间是什么关系？什么是专业？什么是主修？专业与主修的关系是什么？等等。由于概念上不清晰或不一致，在实践上的直接后果就是使改革和实践产生混乱。

2．重视课程条件而忽视课程实质

高等学校要培养合格的人才，无疑需要基本的办学条件，就课程来说，也需要一定的课程条件，如师生的一定比例、教师职称及学历结构、图书资料、教师的授课水平等。这些条件当然重要，但高等学校课程的一个基本问题在于选择哪些内容和方式来培养某类人才，即“教什么”“学什么”的问题。如果内容选择不当，教学和课程条件再好，也会因无法达到预期目的而使人才培养目标难以达成。长期以来，我们在实践上对此缺乏研究。这种忽视课程实质的后果在于，我们很可能花费了很多精力和进行了很大投入，但是难以达到最佳效果。这就如同一部机器，尽管各个零件的质量都不错，但因对机器要达到的主要功能认识不清，组装起来仍然难以发挥每个零件的效能，整体效能仍然很差。

3．重微观课程而轻宏观课程

这个问题与上一个问题紧密联系。我国自改革开放以来，高等学校课程改革和课程建设大多是指向微观课程，而对课程总体及其结构则触及很少，即使触及，也多凭经验行事。这种情况在课程评价上也有反映。我国的课程评价在实践上主要是针对单个课程进行的，在高等教育评价的文献中，涉及课程评价的章节，也主要是阐述微观课程评价。目前这种情况虽有改观，但仍旧没有根本性的改变。这种只见树木不见森林的状况，对课程和教学理论建设和改革实践都是不利的。

从理论上看，这一领域存在的主要问题也有3个：

1. 课程和教学思想研究多，教学计划、培养方案的编制技术涉及较少

高等学校的课程和教学思想是高等教育思想和基本理论在高等学校课程和教学领域的反映。没有课程和教学思想的研究，就很难把握这一领域的发展方向。但如果只研究课程和教学思想，而不涉及如何将这些思想转变为具体的专业设置、课程结构、教学方式、方法和技术，对高等学校教学改革来讲，是不会有什么作用的。在我国的教育文献中，很少能看到系统阐述这些具体问题的专门内容。

2. 研究中较少注意吸收其他学科的资源

高等学校课程与教学理论的建设同整个教育科学理论建设一样，都需要以其他学科的概念、原理、方法作为其生长和发展的资源。高等学校课程和教学领域尤其需要借助像哲学、逻辑学、心理学、社会学这样一些学科的理论支持，也需要向普通教育的课程和教学理论学习和借鉴。然而这种借鉴十分贫乏。

3. 研究的方法论基础薄弱

高等学校课程与教学研究是高等教育研究的主战场之一，且又具有相当的复杂性和艰巨性。因而在研究过程中，对方法论的思考就显得格外重要。然而高教理论界在方法论研究方面却显得薄弱。方法论研究的薄弱带给我们的后果之一就是使我们的有些研究长年在较低的水平上徘徊而没有真正的累积性进展。

以上所谈这些问题和不足，随着研究的深入，会得到逐步的改善，这里提出来作为一次温习，旨在能使我们在进行理论建设和实践探索的时候时刻记住这些问题，以便让我们的研究工作更好、更快地进行，使改革实践能取得更大的成效。

第九章　高等教育课程和教学思想研究60年回顾

我们在前一章对研究进展情况的四阶段划分，最能体现中国的高等教育课程和教学思想研究。可以说，在60年岁月里，无论外界发生了怎样的变化，对课程和教学思想的研究一直就没有停止过。这种情况很符合中国的国情。为什么这样讲？从文化的角度看，不少文化学者都对最能体现中国文化特点的中国人的思维方式或者叫作民族性做过这样的概括：中国人讲究的是“如何应该”，而西方人讲究的是“如何可能”；中国人崇尚诸葛亮，西方人看重泰勒；中国人讲情理，西方人讲论理。如果把这些文化上的特征拿来分析中国高等教育课程与教学领域的3个主要方面的研究情况（课程和教学思想、课程编制理论和方法、课程评价方法），那么不难看出，第一个方面追求的是“如何应该”，是聪明者的思考方式（法国哲学家狄德罗说过，知道事物应该是什么样，说明你是聪明人；知道事物实际是什么样，说明你是有经验的人；知道怎样使事物变得更好，说明你是有才能的人），是道德和情理中的事情（讲究该不该、对不对、符合不符合）。而后两个方面，追求的则是“实际怎样”和“如何可能”，是知道事物的规律和怎样将事物变得更好。所以，中国文化中的核心部分——民族性和思维方式，决定了在课程和教学领域进行研究，必然对课程和教学思想更加关注，而不太关注事物的运动规律和法则，更不太关心怎样把事情变得更好的具体操作过程。所以，我们的教育常常培养的也是聪明人，但较少培养有经验的人，更少能培养有才能的人。我们通过这一章和下面两章将会看到这些明显的区别。

与教育的核心是课程一样，高等教育思想的研究最核心的部分也是最活跃的部分是课程和教学思想的研究。但与一般的宏观和微观领域研究之间的关系有所区别的是，宏观领域的教育思想研究对课程和教学领域是有直接影响的，其表现是，如果宏观教育思想的研究结果不能具有明确的课程和教学含义，那么这样的教育思想研究要么就是不完整的，要么就属于管理思想研究（因为有关教育体制等方面的研究按照严格意义讲，主要属于管理思想研究，尽管这些研究与教育领域之间有某种交叉）。微观教育思想研究则在一定程度上就是宏观教育思想研究的深化或者说是宏观教育思想研究的具体化。根据这些认识，我们对课程和教学思想研究的总结，就必然涉及宏观的教育思想，但又不能偏离宏观教育思想与微观的课程和教学思想的关联性。

这里还必须说明的是，思想是行动的指南，高等学校课程和教学思想的研究结果都会作为行动的指南。但正确思想的产生必定是来自于实践。这是马克思主义的一条基本原理。就教育领域而言，人们的教育思想虽然最终都是来源于实践，但从最直接的影响因素看，主要来源于 3 个方面：一是直接的实践经验，通过多年的经验积累，逐渐形成了一些重要的思想。二是来源于教育思想家的思想。长期以来，中外有不少教育思想家总结出很多教育思想并流传到现在，正是这些思想家的思想，滋润和哺育着一代又一代的教育工作者。不同的是，教育实践者会根据自己的实际情况，从不同教育思想家那里吸取精华，并重新组合成自己的教育思想，用来指导实践。三是来源于教育理论的研究成果，包括心理学、教育心理学、学习心理学等领域产生的新的成果。这些成果揭示出教育教学上的规律性，影响着人们进行实践时所遵循的思想。在这三个来源中，就课程和教学思想的研究来说，对第二个来源研究比较多，几乎所有的教育研究者和课程教学研究者都会接触到这些思想家的作品。而第一个来源，教育研究者研究的比较少，这可能与进行这种研究的难度较大有关。因为从大量实践者的思想中进行归纳整理和提炼，是一件很繁重也很烦琐的事情。至于第三个来源，是近代科学产生以后才有的，我们的研究者在这方面的研究就更加薄弱了。但不管怎样，在高等学校课程和教学思想研究上，新中国成立 60 年来，无论从研究的广度还是深度上，都有可喜的进展。

这里，我们还是按照上一章的时间段来讨论这 60 年的发展。

第一节　经验主导阶段（1952—1966）

实际上，从古至今，我国对人才培养思想的研究从孔夫子开始就一直没有间断过。只是大多是从长期教育经验中加以总结和归纳的。尽管其中不乏真知灼见，有些在今天看来也符合现代教育科学理论和现代心理学理论。但不管怎样，从总体上看，将教育经验变为教育科学，应该说是 19 世纪以后的事情。但作为高等学校的课程与教学研究，要比普通学校的课程和教学研究起步晚很多，因此在这个领域的思想研究上，同样也起步很晚。虽然普通教育中的课程和教学思想不少都适用于高等学校教学，但毕竟有一定的区别。所以，我们说，新中国成立开始到 1966 年开始的“文化大革命”，从总体上看，仍然处于经验主导阶段。这可以从以下两个方面加以证明：

其一，新中国成立初期，我国开始学习苏联，几乎全盘引进了苏联的课程体系和教材体系，但很多包含在这些体系中的课程和教学思想并没有一同被我们吸收，而是直接把人家研究的结果拿来使用。在笔者所著的《课程研究领域的探索》（四川教育出版社1988年版）中，曾就这个问题做过分析。书中把从苏联引进的教育理论和思想归纳为集中在对已经制订好的课程计划的实施方面，而基本上没有课程编制过程中课程与教学思想的内容。

其二，这个时期，在我国对高等教育的系统研究活动整体上还没有开始。在实践领域虽然有不少的教师和教育工作者做过研究，也进行过一些实践，但将其归纳成理论和成型的课程和教学思想，即便不是没有，也极为少见。从陈学飞教授主编的《中国高等教育研究50年（1949—1999）》（教育科学出版社1999年版）这本大部头的文献中，也可以窥见这一阶段具有代表性的文献在研究方法和策略以及理论修养上的欠缺。在这本书的各分卷中，没有专门的分卷讨论课程和教学思想。在课程和教学分卷中，1966年以前选入的研究课程和教学思想的文章只有一篇，在该分卷的“基本论文目录”中。1966年以前的有关高等学校课程和教学的文章目录中总共也只有不足200篇，而与课程和教学思想有关的论文就更少了。在该书的“高等教育原理”分卷，所收录的论文和卷尾所开列的论文目录中，几乎找不到一篇是与高等学校课程和教学思想有关的文章或目录。

诚然，论文的缺少并不代表对课程和教学思想的研究就少，而是说，这样的研究大体上还处于经验的层面。这些经验，主要是来自于教学第一线的教师。在我们上面提到的那些论文里，在探讨课程和教学思想问题时，所涉及的内容是有一定的广泛性的。从关于学生科研能力培养、智力发展、独立工作能力等个体能力素质培养目标的探讨，到专业设置的思想、课时安排甚至产学研等人才培养模式方面的指导思想的探讨，从少而精、因材施教、启发式教学等教学原则的探讨，到具体的某类课程的教学研究。这些探讨在教学的经验层面都涉及课程和教学思想这个领域。不可否认，这一阶段的课程和教学思想的研究，难免也带有那个时代外界环境的烙印。一些研究也与“教育为政治服务”“开门办学”等当时的一些意识形态密切相关。但在那样的外部环境中，还是有不少研究在探讨有关“百花齐放，百家争鸣”、反对教学中的教条主义等问题。说明了在我国高等学校的教学活动中，在新中国成立的最初的17年里，高等学校教学思想研究是相对比较活跃的，其发展也是健康的。

这里我们有必要就“文化大革命”中的有关教学思想的研究也来做一个简短的评判。尽管我们没有将“文化大革命”的10年纳入我们研究的时间段，但这10年中，有些关于教学的思想问题还是有审视和思考的必要。“文化大革命”的10年，教育领域，特别是高教领域，是一个重灾区。但严格讲，这一时期关于教学思想的研究并没有中断，也没有完全被外部的政治环境所扭曲。这不能不归功于我国广大的教育工作者，是他们，在那样的一种外部强大的压力之下，不忘人民教师的历史使命，不忘国家的兴亡和自己的责任。我们无法全面客观评价这一阶段的课程和教学思想，但从研究的角度，我们至少可以看到以下几个有意义的方面：

（1）重新思考了关于高等学校教学中理论与实践之间的关系。在典型产品（病例、案例、任务等）组织教学方面进行了一些探索。不管这些探索是如何产生的，也不管其结果如何，就教育研究而言，这些探索在教育教学思想的研究上还是有其价值的。

（2）对教学领域中关于教师和学生及其相互关系进行了探索，尝试着进行了（尽管是被动地进行）实际工作者（所谓“土专家”）作为教师参与教学的试验，为后来研究教师队伍素质变化对教学的影响问题提供了一个有价值的参考（尽管有些是反面的影响）。对学生观的探讨也推向了一个极端，让那些只有实际经验而缺少基础知识的学生来学校学习，从而从反面或以极端方式扩展了对学生的认识。

（3）对传统教学模式从某些角度进行了改变的尝试。“文化大革命”中，以社会需要为单一参照而完全排斥知识系统性的尝试，在一定程度上反证了知识、个体和社会三者在人才培养过程中相互依赖和互为中介的规律。

以上这些归纳并不一定全面，但比照西方的思维方式来，中国在“文化大革命”中却从实践上着实履行了一次把事物推向极端的西方思考方式，并从中得到了很多经验和教训。如果能这样看待“文化大革命”10年中的课程和教学思想的研究，对我们今后把握这个领域的客观性和科学性是很有价值的。

第二节　理论探索阶段（1978—20世纪80年代末）

对高等学校课程和教学思想的理论研究，与对高等教育理论的研究背景密不可分。确切地说，作为高等教育理论的核心部分的高等学校课程和教学思想研究，也是伴随整个高等教育领域的理论研究来进行的。随着我国改革开放的逐步展开，高等教育理论界迎来了理论研究的春天。

作为这一阶段特征的“理论探索”，可以从以下从几个方面来加以说明：

（1）1984年由潘懋元教授主编的我国第一本《高等教育学》（人民教育出版社）正式出版，标志着我国高教理论研究从经验主导阶段进入理论探索阶段。而高等学校课程和教学思想的研究，也随之进入理论探索阶段。在这一阶段，首先进行的是对高等学校教学原则体系建立的探索。在这本教育学著作中，用了很大的篇幅来阐述教学原则及其体系。教学原则体现教学规律，同时又是教学思想的体现。但教学原则体系的建立除了要符合教学规律，体现一定的教学理论，还要符合社会对教育的要求。如科学性和思想性相结合的原则，就体现了社会要求。因此，课程和教学思想的研究在这一阶段还无法完全从理论建设的角度来进行。

这本《高等教育学》中，还用了大量的篇幅阐述教学计划、教学大纲和教材问题。由于我国刚刚开始改革开放，对国外的研究情况还不是很了解，因此，有关这些部分的阐述，基本上还是属于经验总结的性质，首先进行的是对高等学校教学原则体系建立的探索。特别是在谈到教学计划和教学大纲的设计时，总会把理论上的一些思路吸纳进来，使人多少有一点理论探讨的感觉。

（2）中国高等教育学会以及各个分会的先后建立，标志着高教理论探索的真正开始。各种学会就是进行理论研究的。学会的成立，使这个领域带有了理论品格，也具有学科的味道。中国高教学会于1983年5月30日正式成立。随后，各个省份的高教学会和各专业分会以及行业分会陆续成立。这些学会的成立，为高等学校课程和教学思想研究提供了一个背景。但与高等学校课程和教学思想的理论研究最为直接的两个专业分会却是直到下个阶段才成立。因此，对这个领域进行真正意义上的理论建设，并不是这个阶段的事情。

（3）高等教育学作为学科，纳入到国家学科目录中。1986年，国家教委正式将高等教育学作为教育学的二级学科纳入国家的学科专业目录，并开始正式招收该学科的博士研究生。作为学科，在人才培养、科学研究方面，既得到了社会的认可，也有了群众的基础。这使得包含在此学科中的各个领域比学科外的其他领域具有更多发展的可能性，为这些部分的理论建设提供了土壤。

但理论建设的土壤并不等于理论建设的全面实现。中国教育体制上的集权性和教育管理上的自上而下的科层性决定了在我国这一阶段，高等教育学科的主要兴奋点基本都集中在宏观上。从研究人员到研究经费再到研究课题的厘定，大多集中在高教体制和结构、高教管理上。但比起前一个阶段来，在课程和教学领域的研究成果却成倍增长。在上述提到的高教研究50年的文献中，关于课程和教学的目录中，就收录了近600篇文章，其中不乏真知灼见的关于课程和教学思想的探索文章。这一数量，比起有关课程编制和课程与教学评价的文献来，明显要多很多。但研究显得分散和缺少体系。

（4）这一阶段，我国高等教育理论研究的专门机构开始建立。我国第一个高等教育的专门研究机构——厦门大学高等教育研究室于1978年设立。此后，很多大学都纷纷效法，在全国高等学校建立起一批高教研究机构。然而这些机构的研究内容与国家这个时期以体制改革为主导的大环境相呼应，多数力量即使不是集中在宏观体制改革上，也是集中在校内的管理体制改革上。在高等学校课程和教学思想上的研究显得淡薄且是零星的、非系统的，也是缺少研究范式的。这一点从这一阶段发表的论文情况和著作情况就可以看出来。所以把这个阶段叫作课程和教学思想研究的理论探索阶段，应该说是恰当的。

第三节　理论初建和理论发展阶段（1990—2009）

与课程和教学领域的一般理论研究不同，在高等学校课程和教学思想领域，理论初建阶段和理论发展阶段难以作出明显的时间区分。这是因为，从1990年开始，关于课程和教学思想的研究在数量上和质量上都取得了相当的进展，而这些进展同时得益于国外教学心理学和课程教学思想研究成果的引进，而这些引进的成果和国内逐渐开始对高等学校课程与教学实践的重视结合起来，使研究活动成长的曲线不那么容易分出阶段性。但即使如此，大体上还是在我们划定的阶段内，并具有各个阶段的典型特点。

其中最有代表性的是王伟廉教授于1998年在《江苏高教》杂志第4期发表的《关于高等教育思想的范畴问题》一文。这篇文章发表的时间恰恰是在两个阶段的交界处，可以认为是理论初建阶段的总结和理论发展阶段的开始。这篇文章把高等教育思想从范畴上加以归纳，区分出宏观和微观两个层次以及教育和管理两个类别，而微观高等教育思想所指的主要就是我们这里所说的课程和教学思想。这项研究，实际上是在试图寻找一种研究的范式，也是对形形色色高等教育思想的一种分类。因此，可以认为这样的研究在课程和教学思想研究上具有方法论意义和理论价值。

王伟廉教授进行这样的研究并非是纯学术的探讨，而是基于实践的需要。20 世纪 90 年代中后期，我国高等学校掀起了一场教育思想大讨论的热潮。随着讨论的深入，很多大学教学活动的领导者提出一个带有普遍性的问题：转变教育思想，究竟都要转变哪些教育思想？需要转变到哪些思想上来？这个问题的第一问，如果从理论上看，就是关于教育思想的范畴问题。为此，王伟廉教授就这个问题进行了探讨，并将研究结果发表在上述杂志上，后来这个成果纳入了其主编的《高等教育学》(福建教育出版社 2001 年版）和王伟廉教授所著《高等学校课程研究导论》(广东高等教育出版社 2008 年版）中，成为一个关于高等学校课程和教学思想研究的内容。

王伟廉教授在上述文章中所进行的范畴的分类，虽然将高等教育思想按照宏观和微观来阐述，但由于课程居于教育事业的核心，所以整个高等教育思想的各个范畴都与高等学校课程和教学发生直接或间接的联系。以下是王伟廉教授的分类。

宏观高等教育思想包括以下 7 个方面：

（1）高等教育的本质观。

（2）高等教育的价值观。

（3）高等教育的功能观。

（4）高等教育的目的观。

（5）高等教育的发展观。

（6）高等教育的人才观。

（7）高等教育的管理观。

这 7 个方面都对学校课程和教学具有直接或间接的影响。

微观高等教育思想则包括 9 个方面：

（1）学校观。

（2）办学观。

（3）人才观。

（4）知识观。

（5）认识观。

（6）课程观。

（7）教学观与学习观。

（8）教师观与学生观。

（9）质量观。

其中，人才观是宏观和微观教育思想的共同观念，它将宏观和微观两个层次紧密结合起来。宏观的人才观是国家和社会层面对人才的总体要求和期待，微观的人才观则是在宏观人才观的基础上对各层次和各类人才的具体要求和期待。

上述所有这些范畴，都会对高等学校课程和教学产生影响。所以，可以认为都是高等学校课程和教学思想需要研究的范畴。这里举一个最不贴近课程和教学思想的范畴——高等教育的管理观——来做个说明。

就管理的民主化而言，高等教育的管理观影响着课程的管理方式。例如，是将教育机构分为学术性的和职业性的，还是在一所教育机构中同时将学术性和职业性的课程都纳入进来。这其实就反映了管理观，同时也反映了在课程设置上的思想。欧洲大陆的双轨制（或双重制）是一种处理办法，它反映的是管理体制上的治理方略。而美国则是在“一个屋檐下”（即在同一所大学里）同时安排学术性课程和职业性课程，以此来体现教育的民主。初看起来，管理的民主与否与高等学校课程和教学思想没有什么联系，但如果将这些思想一旦变为具体的课程设置，就会发现，它们最终都会落实到具体的课程设置和教学上来。而课程设置和教学上如何安排，则必然受这些思想的支配。显然，这也就是我们要研究的课程和教学思想的一个重要方面。

这项研究为我国教育理论工作者研究教育哲学（或教育思想体系）提供了一个可参照的框架。在课程与教学思想体系的研究方面，我们与国外——特别是发达国家——相比，显然还有不小的距离。迄今为止，我们还没有看到有哪一所大学从宏观高等教育思想到微观高等教育思想，能首尾一贯地把这些思想都讲清楚，并最终形成自身的教育哲学或教育思想体系。可以断言，衡量一所大学是否按照科学的方式进行教育，一个判断的标准就是，这所大学是否能提出一整套与上述思想范畴相一致并且各个范畴之间具有逻辑联系的教育哲学或教育思想体系。缺少了这一点，我们的改革就不能说是建立在科学发展观基础上，也就不能说我们的教育思想转变的任务已经完成。

课程与教学思想的研究在相当程度上依赖于教学心理学的进展。在这里，我们没有能力和知识基础来评价我国心理学的研究进展。但可以肯定的一点是，国内外有关教学心理学的研究在这一阶段有了明显的发展。这些发展所形成的新的理论，为研究课程与教学思想奠定了基础。但也不可否认，在教学心理学研究领域，我国与发达国家之间也存在很大差距，笔者看到的有关这方面的文献，多数都是从国外翻译过来的。在普通教育研究领域，像布鲁姆的掌握学习理论、布鲁纳的发现法和学科结构的理论、关于“问题解决”的心理学模型的探索、建构主义教学思想等，都无一例外地受心理学特别是教学心理学理论和学习理论进展的影响和促进，但几乎都是来自国外心理学界和教育理论界。在高等教育领域，国外的研究借鉴了普通教育领域的很多成果，作为大学教学的指导思想、原则或目标，如笔者在拙作《高等学校课程研究导论》(广东高等教育出版社 2008 年版）中所引用的美国学者斯塔克归纳总结的15 条目标或建议以及暗含在这些目标和建议背后的基本原理。这些基本原理中，很多都是来自包括教学心理学在内的心理学原理。下面是这 15 条目标以及相应的基本原理：①

1. 促进智力发展

原理：学习依赖于知道怎样学习。

要使学生从一个不成熟的学习者变成一个有能力的、独立的学习者，教师必须为每一个教学任务提出目标。最好的办法是既写出较宽泛的课程目标，也写出更为具体的教学目标，同时努力去理解每一种教学方法是怎样帮助学生达成这些目标的。

2. 发展学习技能和学习战略

原理：基本的学习技能提供了一个关键性的基础。

教会学生学习技能的最有效的办法，就是将这些技能埋植于课程材料之中。在学习过程中有两种机制在起作用：一是认知战略，这是学生加工信息的方式；二是元认知战略，它帮助学生了解应使用哪种战略以及为什么。美国有学者在研究中发现，如果他们教给学生隐藏在教学战略背后的心理学原理，他们就能够成功地教会学生“学会怎样学习”。

3. 促进反思和元认知

原理：只有当学习者对其学习过程和结果进行了反思，学习活动才算完成。

所谓元认知，按照心理学家的解释，就是对自己的学习类型和战略进行反思。这种反思要比仅仅获得更多的学习技能重要。

4. 培养有效思维能力

原理：教育的一个重要目标就是有效思维。

有效思维是所有学科和学术领域教学的最重要的目标之一。这一目标可能是在学习内容和学习技能的过程中实现的。与这一目标的表述可以相互替代的术语有：批判思维、逻辑思维、分析思维。

---

① Joan S. Stark and Lisa R. Lattuca：Shaping the College Curriculum：Academic Plans in Action，Boston，Allyn & Bacon，1997：236 – 259.

国外有学者对有效思维进行了研究，得出有效思维的5个方面：①对争论的问题进行分析和评价；②做出推论和提出结论；③明确问题和分析问题的能力；④进行归纳的能力；⑤对各种可供选择的解释进行概括。[①]这5个方面的重要性依学科的不同而有所不同。

有效思维或批判思维的一个具体类型是"问题解决"。一般说，有两种类型的问题需要解决：一种是严密结构化的问题，另一种是松散结构的问题。前者具有确定的答案，而后者则没有确定答案。解决前者时，不同的学科领域的做法是不同的；解决后者的问题则无一定之规。所谓创造性地解决问题，主要是指解决这类松散结构的问题。一位研究批判思维的著名专家指出，所谓批判思维就是"对相信什么和做什么进行的合理反省"。[②]

5. 鼓励学生进行研究和探索

原理：学生有必要知道，一个学术领域是如何产生和发展知识的，以及该领域已经产生了哪些知识。

6. 促进有目的的学习

原理：有目的的学习者在他们大学毕业后会继续他们的学习并改进他们的学习技能。

要提高这方面技能，可以向学生提供具有挑战性的内容，并使学生理解该领域的结构，也可以按照布卢姆的目标分类中目标水平依次排列的办法提高这方面的技能。较高级的学习技能往往是通过课堂以外的活动获得的，比如要求学生到课堂外去搜集信息。一般讲，在很多学科领域，让学生自己到图书馆查阅资料进行研究和撰写论文，可以促进学生获得比较高级的学习技能。

7. 提高动机、鼓励参与、获得统合

原理：学习取决于想要学习；学生是从材料中获得意义。因而学生必须在这一过程中成为主动的学习者。

8. 完善讲授法

原理一：在讲授中，教师控制着信息传递的速率和顺序，因此，他可以增进一致性，却难保统合性。原理二：好的讲授既清晰、有条理又富有情感，它们能在较短的时间里提高学生的学习兴趣。原理三：任何讲授都

---

① D. Powers and M. Enright. Analytical Reasoning Skills in Graduate Study. Journal of Higher Education, 1987, 58 (6), 1987, 58 (6): 658－682

② R. H. Ennis. A Taxonomy of Critical Thinking Dispositions and Abilities//In J. B. Baron & R. J. Sternberg (Eds.). Think for Thingking New York: Freeman, 1987: 9－26.

可以通过学生对所讲内容的参与得到改善。

9．把讨论作为积极的过程

原理一：教学应该最大限度地发掘意义，并使遗忘达到最小。原理二：进行讨论最要紧的是要对讨论的题目做出精心安排。

10．个案研究和有关的变式

原理：接触一次现实的价值不亚于一打抽象的理论。

11．同伴互教

原理：教等于学了两遍。

12．学习共同体

原理：学习共同体有利于促进社会的和智力的参与。

13．将课堂加以拓展

原理：借助“听”的学习，有时是学习；而通过经历的学习则几乎总是学习。

14．编制以学习者为中心的教学计划，并建立课堂环境和课程环境

原理：如果说学习意味着去冒风险，那么教学则意味着去建立信心。

当课堂和课程包含挑战但又是一个充满信任和尊敬的地方时，学生的学习就会达到最好的效果。

此外，过大或过小的压力都不利于学习。

美国的两位学者于1987年提出了一个称为“本科优秀教学实践的七原则”的关于课堂环境的建议。它们是：

（1）师生课内课外要经常地相互作用，这可以提高学生的动机和参与愿望。

（2）学生之间是相互合作，而不是相互竞争或孤立地学习。

（3）通过对所学内容进行讨论、撰写论文和进行应用来主动地学习。

（4）对学生的表现给予及时的反馈，从而帮助学生对自己现有知识和能力做出评价。

（5）强调完成任务的时间——即帮助学生学会有效利用时间。

（6）向所有学生——不管是基础差的学生还是具有明确动机的聪明学生——转达“对他们抱有很高期望”的信息。

（7）尊重学生天赋上以及已有学习方式上的个别差异。①

---

① A. W. Chickering & Z. F. Gamson（Eds）. Seven Principles of Good Practice in Undergraduate Education. AAHE Bulletin，1987，39（7）：3－7.

15. 建立和转达期望

原理：如果学生想要表现卓越并对自己做出判别，就必须知道自己的表现究竟是怎样被判别的；优良的课堂有助于学生内在的学习动机的养成。

无论对一门具体的课程还是对具体的学习单元来说，优秀的教学当中最重要的也是最可能被忽视的因素之一，是将清晰的目的、目标和标准转达给学生。

从上面这15条目标或原则所依据的原理中，我们不难看出那些直接来自心理学和学习理论的原理至少包括：

第三条来自心理学中的元认知理论。

第四条来自心理学的学习迁移理论（思维方式的获得能取得最大的学习迁移效果）。

第六条来自学习目的理论。

第七条来自心理学的动机理论。

第八条来自学习兴趣的理论和主动学习的理论。

第九条来自有意义学习的理论。

第十二条来自竞争学习与合作学习对比效果的研究。

第十三条来自主动学习效果优于被动学习效果的理论。

第十四条来自对学习中非智力因素影响作用的研究。

第十五条则来自皮格马利翁效应（亦称罗森塔尔效应、期待效应）。

其他几条原理，也或多或少间接地以心理学或学习理论为基础。

像这样的研究，显然是把教学心理学、学习理论的原理，经过与教学活动结合，转化为直接指导教学活动的思想或原则。课程论和教学论研究的一个重要任务就是要进行这样的转化。相比而言，我们在这方面的研究非常欠缺。好在随着改革开放的深入，我们不断从国外引进了很多这样的成果，并把这些成果纳入我们自己的文献，这也在一定程度上促进了我国关于高等学校课程与教学思想研究的进展。

然而，中国高等学校在课程和教学思想领域对实践问题的研究，比在理论界的借鉴、介绍要来得活跃。从20世纪80年代后期开始，我国高等学校通过各种学会，在人才能力培养、素质提高以及与之有关的课程和教学思想的研究上，取得了很大进展，这些进展在很大程度上转变了我们的教育思想和教学思想，也深刻影响了教育实践。导致这一实践上的活跃局面的，有很多原因，其中一个重要原因是我们的高教工作者开始关注课程与教学理论的进展，并受这些影响，在实践中进行了应用和改造。我们不可能一一举例来说明，这里仅举几个例子。

关于大学生能力培养问题，我国高等学校曾进行过很多探讨和实践，一些专业学会就这个问题也举行过定期的研讨会。其中一所大学，提出了教学过程中要为学生“有意留下信息缺口”的主张，意在让学生产生“问题意识”和好奇心，从而更好地提升学生的能力。这个主张显然多少受到学习理论中“问题教学法”研究的影响。此外，在能力培养中让学生感觉有一定难度但又能通过努力而达到目标的教学内容安排理论，显然受到苏联心理学家维果斯基“最近发展区”理论的影响。人们还用一个中国化的语言对此加以描述：学习内容的安排在难度上就是要使学生能够“跳一跳摘桃子”，意思是说，桃子（教学内容）既不要放得太低（难度太小），让学生不费劲就可以够着，也不能放太高（难度太大），使学生无论怎样蹦都够不着。这也是一种能力培养的教学思想。在实践上，这些来自理论界的思想和观念有些已经得到了实践者的深刻认识，并付诸实践。就此而论，理论初建与理论发展，在中国高等教育实践上的体现比在中国高等教育理论界的体现更为明显。

从数量上看。我国从1990年到1999年10年间，关于高等学校课程和教学的论文就有800多篇。这比前两个阶段要多很多。这些文章中不乏对课程和教学思想的探讨。在理论品位上，已经出现了就“教学观”“学习观”等范畴问题进行探讨的文章，说明研究中的理论意识的增强。此外，就涉及的范围看，这些文章所涉及的范围也比前两个阶段更加广泛，几乎涉及课程和教学领域的各个环节。从2000年到2009年的10年，我们没有一个准确的统计数据。但从报纸杂志上的文献进行估计，可以不含糊地说，在上述所说的涉及范围和理论品位上，更是上了一层楼。这一点从前面介绍的情况就可以窥见一斑。

但我们也必须承认，在高等学校课程和教学思想研究这个领域中，无论我国的教育研究者还是教育实践者，60年来几乎很少有人很好地对教学思想体系进行综合的、系统的和整体的研究。尽管有一些学者就一般的课程和教学思想从“哲学”或“体系”的角度做过探讨，也出版过专著（典型的如张楚廷教授所著《课程和教学哲学》，人民教育出版社2003年版）。这些著作对于高等学校课程和教学思想体系的研究具有借鉴价值。但鉴于高等学校课程和教学与普通中小学课程和教学毕竟存在很大差异，完全针对高等学校课程和教学思想体系进行整体研究的著作还没有问世。此外，在实践上，几乎看不到任何一所大学能根据一套完整的高等学校课程和教学思想体系进行教学改革。虽然有些学校具有一些比较系统的思想，但对照科学理论，也仍然显得粗糙和随意。笔者认为，这一点是我国高等学校课程与教学领域改革长期以来难以深入和取得实质性进展的一个重要原因。

笔者曾在厦门大学和汕头大学做过多年教学改革的研究和实践，在最近的10年中，才逐渐把这些思想理清，逐渐形成一定的系统思想体系。这个领域能否总结出一个可以供其他院校复制的思想体系和实施方法的系统来，对我国高等学校课程和教学改革具有重要的价值和意义。我们正在进行这方面的整理和提炼。期望不久的将来，可以出版另外一本专著，把教育教学思想体系和改革的方法体系以及所有碰到的人才培养模式上、管理上和评价上的各种问题纳入一个科学的框架。毋庸讳言，我们在写这本书的时候，很大程度上受到我们已经开展的工作的影响，在字里行间透露着凭借这些东西对60年发展作出评判的痕迹。也许这样做的结果可能会对公正评价60年来的成绩有失公允，但指出这些不足和关键的欠缺，无疑对今后的发展是一剂苦口良药。至少笔者是这样认为的。

第十章　高等学校课程编制研究60年回顾

第一节　概　　述

课程编制领域作为一个学术研究领域，最早来自美国中小学课程编制。它与“课程研究”领域几乎是同时诞生的。最早的课程研究领域的著作中，不少都是以课程编制（curriculum development）来命名的。①

在我国，课程编制的研究也是从中小学开始的，只是我们的研究比美国要晚些。也可以说，在整个课程研究领域中，课程编制的研究在我国是起步最晚、成果最少、进展最慢的研究领域。新中国成立以后，由于学习苏联的教育理论，把“课程”纳入了教学论的范围，仅仅作为教学内容来进行研究，而且，由于那个时代我国的中小学以至大学的教学计划（课程）都是由中央统一制订的，所以课程编制活动在广大学校，包括高等学校，几乎是不存在的。那时的课程编制活动，无论是中小学还是大学，都是在中央一级进行；也由于那时的课程编制活动几乎都是凭借经验来完成的，因此从中央到各个高等学校，极为缺少课程编制理论和方法的研究。对课程编制的研究，不管是针对中小学的还是针对大学的，其分期都比整个课程研究领域要推迟很多年。

在我们所做的课程研究的时间阶段中，在经验主导阶段（1949—1966），从苏联借鉴的凯洛夫教育学，根本就不探讨课程编制过程，而是预设学校教授的课程（教学计划）是早就规定好的，教育学所要研究的，只是如何把这些预设好的教学计划执行下去，所探讨的都是在执行中应该遵循的教育教学原理和原则。

对比国外的课程编制理论的发展过程，我们不难看到我国在这个领域的落后。美国最早研究课程编制的著作诞生于20世纪初叶，是美国有名的博比特的《课程》(1918）和《如何编制课程》(1924）两书。这两本著作既是课程研究领域的最早著作，也由于在美国，课程编制是课程研究领域最早涉及的内容，因此成为课程编制领域最早的著作。而1949年泰勒的《课程与教学的基本原理》一书，则是在过去课程研究和课程编制研究的

① 王伟廉．课程研究领域的探索［M］．成都：四川教育出版社，1988.

基础上的集大成著作，奠定了课程研究领域的基本框架。从1918—1949年，历时31年，美国完成了课程编制理论从起步到初步形成框架的路程。也就是说，在新中国成立前的31年，美国的课程编制和课程研究已经初步形成了基本框架或研究范式。而如果从1949年新中国诞生到1966年“文化大革命”开始，这17年在这个领域的停滞，我们在这个领域已经比美国落后近半个世纪。如果再加上“文化大革命”的10年，这个差距就是60年。

我国在课程编制研究领域的落后，直接影响到后来高等学校课程编制研究领域的进展。但值得庆幸的是，改革开放以后，这个领域开始在借鉴国外研究成果的基础上，以相当快的进展，逐渐缩小了与国外的差距。我们在后面还要谈到。

这里需要说明的是，我国在课程编制研究领域的落后，是有其历史原因的。首先，新中国诞生后，国家的教育管理体制实行的是高度集权的制度。由于课程居于教育事业的核心，因而受到国家高度重视，课程编制活动的权力高度集中于中央教育主管部门。编制好的教学计划和教学大纲以及教材这些课程的形式，直接以文件的方式下达各个高等学校。而各个高等学校（中小学也如此）由于没有课程编制的任务，对课程编制进行研究也就自然受到冷落。其次，在中央一级，由于新中国成立初期开始全盘学习苏联，从教学计划、教学大纲甚至教材，大批引进并翻译现成版本，即使没有从前苏联引进版本的专业，也都凭借解放区办学的经验来组织课程，因此，对课程编制进行研究的热情也不高。最后，由于当时苏联的课程编制研究同样薄弱，而西方国家对我国的封锁使西方的课程编制研究情况在我国也不可能得到，加上那时对西方的文化的抵制情绪，使课程编制研究的可能性变得几乎为零。

在中国，最早涉及课程编制领域的著作应该是陈侠先生的《课程论》①一书，也就是说，第一本开始把课程编制研究作为一个部分进行探讨，是在我们所说的课程研究的“理论探索阶段”的最后时刻。该书第一次把课程编制作为一个独立的部分进行探讨，虽然使用的是“课程编订”这样的表述，却着实反映了陈侠先生对这个问题的关注。但令人遗憾的是，陈侠先生作为新中国成立后课程领域的知名专家，在其书中对美国课程研究领域的集大成者和课程研究鼻祖拉尔夫·泰勒以及他的名著《课程与教学的基本原理》却只字未提。泰勒的这本名著以课程的基本问题为主线，全面

① 陈侠．课程论［M］．北京：人民教育出版社，1989.

阐述了课程编制的基本理论和方法。直到今天，这些基本原理和方法仍然对高等学校课程编制理论的建设和课程编制实践具有重要的影响。而就是这本著名的著作，在我国是到了20世纪80年代才被台湾学者翻译成中文，而在内地，更是到1994年才被华东师范大学的施良方教授翻译成中文出版。可以想见，改革开放前的时期，由于美国对我国的封锁，国外的很多研究成果都无法进入我国，使我们对课程编制的研究处于无法参照国外成果的几乎空白的状况。

与陈侠先生的《课程论》同年出版的钟启泉教授的《现代课程论》[①]中，有三章篇幅涉及课程编制理论与方法。不同的是，钟启泉教授这本著作是根据国外的课程研究资料编著而成，其中收录了很多国外课程研究的成果。可以看出，改革开放以来，我国教育理论界已经在寻求把国外这方面的研究成果介绍到中国来。

而在前一年，王伟廉编著的《课程研究领域的探索》一书，以考古的方式，以框架的形式把国外，主要是美国课程领域的研究进展情况进行了初步梳理。在这本著作中，按照历史发展的顺序，重点介绍和分析了西方特别是美国课程研究领域的成果，其中涉及课程编制的内容也不少。按照作者的观点，这本书为读者提供的是一个关于课程研究领域的示意图。所以，课程编制研究的成果在这本书中只是提供了一个研究内容和进展的大体脉络。尽管如此，这本专著对于后来的研究毕竟起到铺路石的作用。

综上所述，可以认为，我国教育理论界对课程编制领域的广泛关注和涉及，应该说是改革开放几年以后的事情。

第二节　理论探索阶段的主要进展

上一节所谈到的3本几乎同时出版的专著，可以看作这一阶段我国关于课程编制理论和方法方面有代表性的著作。其中，陈侠先生的著作从我国实践出发，阐述了课程编制的基本原理和原则；钟启泉和王伟廉两位的著作，则主要侧重介绍国外的课程编制理论和方法。但3本专著的一个共同特点是，都是围绕中小学或普通教育领域的研究成果，都没有直接涉及高等学校课程编制问题。尽管如此，由于在课程编制的原理和方法上，中小学和大学有相当多的共性，所以也可以认为，这些研究成果和介绍，为我国后来高等学校课程编制领域研究的发展，奠定了一定的基础。因此有

① 钟启泉. 现代课程论［M］. 上海：上海教育出版社，1989.

必要就这些进展做一些描述和评介。

陈侠先生的这本专著可以认为是这个阶段的代表著作之一。在阐述课程编制理论时，陈先生用了三章的篇幅。把“学校课程的编订和实施”这同一个题目分为上、中、下三讲，后面两讲实际上都是一些要求和必须处理好的各种关系，并未接触到课程编制的科学方法和程序。第一讲则涉及具体的程序、编制人员和机构，并提出了课程编制的原则。在课程编制原则的阐述中，所提出的各条原则相对还比较宏观，也比较笼统，对于指导具体的课程编制活动似嫌不足。从该书的255页开始，比较详细地涉及并阐述了课程编制活动的3个相互联系或逐渐细化的方面：教学计划、教学大纲（课程标准）和教科书。

在“编订教学计划”这个部分，该书对目标的采集、目标的设立、课程的选择、学生背景的调查等都做了安排。比照美国课程理论之父泰勒的观点，这个程序中，缺少了课程内容的组织和课程实施结果的评价两个环节，但毕竟考虑到了最为重要的目标的采集和确立这个环节。从逻辑上看，把目标放在课程编订的首位是正确的，但同时把目标的采集来源并列起来表述（第二、四、五条分别为了解学生身心发展、调查社会生活需要、调查个人生活需要）在逻辑上显得有些问题。而且，书中所列的目标采集的来源也不全面。在泰勒的理论中，目标的来源有三：学科专家的建议、对社会生活的调查、学生个体的需要。而这里显然没有考虑到学科专家的建议。而书中所列的第四条，“了解学生已有程度”，从逻辑上看，应该是属于对已经选择的目标进行筛选时应该考虑的因素，在泰勒的理论中，属于对目标进行筛选的一道“筛子”，即教育心理学的筛子。陈先生将这些工作都作为几个应该准备好的工作进行阐述，应该说还是很具体的、有针对性的。只是从理论上看，缺少课程组织和课程评价两个重要环节，不能不说是很大的缺憾。当然，在没有参考国外理论的情况下，能进行这样的总结已经很不错了。美国最初的课程编制环节中也是没有“评价”这个环节的，是泰勒完善了这个环节。也可以认为，这个环节是在实践的深入和对现代系统观点的认识加深的基础上才能考虑到并纳入理论体系的。就此而论，这本书能达到这样的程度，已是很了不起的了。

关于教学大纲（课程标准）的编订，陈先生提出了7个步骤：

（1）分析本学科的目的要求。

（2）考虑本学科的教材纲要。

（3）拟定各个部分教材的教学时间。

（4）涉及本学科参观、访问、调查、研究、实验、实习等项目。

（5）给以上各项实践活动安排适当的时间。

（6）考虑本学科的前后衔接（纵向联系）和本学科同其他有关学科的联系（横向联系）。

（7）研究如何寓思想教育于本学科的教材中。

同样，教学大纲的编订也首先考虑了目的问题。第六项考虑到教学大纲中各个内容之间的衔接问题和与其他学科之间的关联问题。这在泰勒的理论中体现为继续性原则、程序性原则和统合原则。这里的表述与泰勒的理论并无二致。不同的是，泰勒在谈课程编制时，这3条原则（前两条为纵向关系原则，后一条为横向关系原则）不仅适用于教学大纲的编订，也适用于教学计划和教科书的编订。这一点没有在编订教学计划中加以表述，应该说是一个遗憾。

在考虑教学大纲的编订步骤时，这本书阐述得比较简单，比照后来的一些研究，显得薄弱和不全面，但毕竟给出了教学大纲的一个初步的意见或者说是一个雏形。在没有任何理论参照的情况下作出这样的阐述，应该说是难能可贵的。

对教科书的编订步骤，同样也存在上述问题。总体上看，这是一本根据已有实践经验，参照有限的理论进行探讨的著作。但不管怎样，在理论探索阶段，有了这样一个初步的东西，为今后的进一步研究的深入和拓展，毕竟奠定了一个基础。

无独有偶，钟启泉教授的《现代课程论》中也同样是以同一个题目（题目叫做“课程编制的基本理论的考察”）分三章来阐述课程编制的。这本著作阐述课程编制的篇幅很大，前后用了近200页的笔墨（全书752页），涉及的内容也非常丰富。比照陈侠先生的那三讲，这本著作不仅吸纳了课程编制过程、课程管理、课程评价等课程应用理论内容，还吸纳了课程流派、课程结构、课程类型等课程中的基本理论问题，同时也把教育思想、教育基本理论中的很多问题纳入课程编制领域。从丰富性看，这本书所介绍的课程编制内容，涉及面广，提供的信息多，尤其把这个阶段以前国外的这方面研究的结果作了较广泛的介绍。更为重要的是，在这本书中，第一次在我国比较详细地介绍了拉尔夫·泰勒的课程编制基本原理和一些变式。这对我国后来的课程编制研究进展起到了铺路石的作用。比照今日课程编制领域的进展，这本书在阐述课程理论、教育理论和教育教学思想、课程编制应用理论和方法时，在相互之间的范畴和逻辑上不是很清晰。尽管如此，在理论探索阶段内，能提供这样的国外信息和研究进展，无疑是非常可贵的。可以认为这是这个阶段介绍国外信息最多的一本著作。

王伟廉编著的《课程研究领域的探索》是这一阶段另一本具有代表性的著作。这本书内容不多，探索了西方国家特别是美国课程研究领域的历史脉络以及这一领域各个部分研究结果之间的关系。按照作者自己的话来说，这本书提供了一个关于课程领域研究情况的示意图。这本书的最大特点，是把这个领域的研究进展择其要者，根据逻辑关系做了一个梳理。作者借鉴了英国课程专家菲利普·泰勒所著《课程研究导论》(1979）一书中的系统图，经过改造，提出课程研究领域的两个系统（课程生成系统和课程实施系统)，并把课程编制纳入一个逻辑的范畴和框架中。这本书对于后人研究课程领域和课程编制领域提供了一个逻辑上的参考。此外，该书还第一次涉及了课程编制的模式，介绍了西方课程编制的主要模式。这在课程编制领域的理论探索阶段也是不可多得的一本专著。该书还就课程编制和课程研究领域在科学哲学方面的探讨也做了一些介绍，为后来确立课程编制和课程研究领域的应用科学性质起到了一定的影响。

以上提到的 3 本专著，虽不代表这一阶段课程编制研究的全部，但却基本反映了这一阶段课程编制作为一个研究领域在我国进行探索的基本情况。这里需要特别说明的是，普通中小学的课程编制理论和方法，在很多方面对后来高等学校课程编制理论和方法具有很多启发，为高等学校课程编制的进一步研究提供了很好的基础。但这毕竟还是局限在中小学课程领域。所以，相对而言，高等学校课程编制领域的研究在我国要比中小学课程编制领域的研究晚很多。从世界范围看，西方国家高等学校课程编制领域的研究也远落后于中小学课程编制领域的研究。但鉴于这两者之间吻合性多、可互相借鉴的内容多的特点，这里权且把中小学课程编制研究的情况作为高等学校课程编制研究来考察。

由于上述这个原因，我们有必要考察一下我国高等教育研究在课程编制领域的情况。两相对比，可以看出这两个相互联系的领域在我国研究发展的大致情况。

众所周知，我国第一本《高等教育学》是潘懋元教授 1984 年编写出版的。在这本著作中，大量吸收和借鉴了普通教育学的内容，但对于高等学校课程编制这个领域，却没有太多阐述。在该书中，几乎没有涉及高等学校课程编制的任何理论和方法的科学内容，在有关教学计划的部分，基本是按照工作逻辑，提出了编写教学计划的一些宏观原则。但不管怎样，还是提醒读者注意一些重要的方面。不过，作为一门应用科学的研究领域，可以说，在高等教育研究领域内，课程编制在这个阶段还谈不上理论探索。

高等教育研究对课程编制问题的忽视，是有历史原因的。由于处于高等教育作为一个学术领域进行研究的最初阶段，主要都集中在对高等教育的宏观理论和学科基本框架的建设上，在微观领域还没有来得及进行深入的研究。此外，改革开放初期，高等学校的课程编制权力还没有完全下放，而且即使正在下放这种权力，高等学校在实践上也还没有迫切提出对课程编制理论的强烈要求。加上这一时期国外的中小学课程编制理论和方法刚刚开始介绍进来，要转变为高等学校课程编制理论和方法，还需要一定的时间。当然，这些原因也阻碍了高等教育领域课程编制理论的研究和进展。这与后来由于实践上的迫切需要而理论界迟迟不能满足种种需要直接相关。

第三节　理论初建阶段的主要进展

从20世纪80年代末期到1997年，是我国高等教育课程研究领域的理论初建阶段。我们在第一章对这一阶段的理论建设情况做了一个粗略的描述。但相对于课程研究领域中的其他方面而言，关于课程编制理论和方法的研究仍然显得相当薄弱。公开出版的有关高等学校（大学）课程和教学方面的专著极少，将高等学校课程编制作为一个独立的部分来进行论述的著作更是凤毛麟角。而此阶段，关于普通学校课程和教学的专著如雨后春笋，大量增加。这些文献，有我国大陆及台湾地区的作者写的，还有一些从欧美国家翻译过来的。这些著作中，有不少都或多或少涉及课程编制领域。与上一个阶段相同的是，高等学校课程研究领域仍然落后于普通学校的课程研究领域，高等学校课程编制理论和方法的研究也同样落后于普通学校课程编制理论和方法的研究。

在这个阶段出版的少量关于高等学校（大学）课程和教学方面的著作中，开始涉及高等学校课程编制的一些内容。例如李希主编的《高等学校教学论》（兰州大学出版社1991年版）在第五章的第三节就涉及课程编制的一些原则，只是用了“教学计划的制订与实施”的标题。应该说，已经接触到课程编制的内容，只是其中只谈了粗略的原则，而没有涉及课程编制的科学程序。再如，卢曲元主编的《高等学校教学原理与方法》（湖南教育出版社1990年版）则用了一章的篇幅来讨论高等学校的课程设置和教学计划的编制原则（见该书第二章），并且还涉及教学大纲和教材的编写要求。同样，书中也没有涉及课程编制的科学程序问题。

在这一阶段，把高等学校课程编制的科学程序作为重要内容来描述课程编制的著作主要有两本。一本是张圻福主编的《大学课程论》（江苏教育出版社 1992 年版)。这本书可以说是我国内地首次以一章的篇幅以科学程序的角度阐述大学课程编制的著作。在该书的第七章，作者用“大学课程设计”为名，比较系统地阐述了高等学校课程编制的科学原理和程序，其中不难看出受到美国课程理论之父拉尔夫·泰勒的课程编制理论的深刻影响。书中还对课程编制的模式进行了阐述，这些阐述受西方课程理论的启发和影响是很明显的，但却是我国首次系统将这些理论用于高教领域的尝试。

另一本著作是王伟廉等撰写的《高等学校教学改革的理论研究》(云南教育出版社 1993 年版)。这本书以阐述教学改革理论为旨趣，但却用整整一章的篇幅详细阐述了高等学校课程编制的理论和方法。这一章的特点在于，不仅借鉴了国外最新的研究结果，将课程编制的目标设定和表述、课程内容和教育教学活动的选择和组织、课程的评价等 4 个主要环节都涉及并作为一个课程编制的整体来进行表述，而且结合了中国高等学校教学改革的实际，对这 4 个环节都进行了针对高等学校现实的分析和研究。而且，书中首次提出，我国高等学校课程改革必须解决好两个根本性的问题：一个是如何确立我国当前进行的高等学校课程改革的指导思想问题；另一个就是为落实这些指导思想提供一套较为完整的课程编制理论。这个思想的提出，为后来课程编制理论的进展提供了一个方向，同时揭示了课程编制理论和方法在课程改革中的重要地位：它是把观念层次的教育教学理论和思路加以具体化和落实下去的基本的应用理论和方法。而且第一次明确了高等学校课程编制理论和方法的应用学科的学科性质，为今后进一步发展这个领域在学科性质上作出了界定。

不过，就高等学校课程编制领域的范围上看，这本书的缺点也比较明显：在阐述课程编制理论和方法的时候，对课程表征中的 3 个重要层次，教学计划、教学大纲和教材，只涉及了教学计划一个层次。尽管教学计划编制中的很多内容对其他层次都有启发性，有些甚至可以通用，但毕竟各自的编制理论和方法还是有很多不同的。此外，由于对课程编制的其他两个层次没有专门涉及，因此对课程评价也必然研究得比较笼统。

但不管怎样，这些著作在这个阶段还是为理论的初建奠定了一个初步的基础。这些研究结果对高等教育改革的指导开始有了作用。但这种作用在这个阶段还很不明显，甚至可以说还是非常有限的。我国高等学校这一阶段的课程和教学改革，就严格意义上说，还没有一所大学是完全遵照这些理论和方法加以落实的。尽管有些大学的教学改革在经验层面多少符合了这些理论和方法，但从科学层面来衡量，基本上处于一种朦胧状态。

第四节 理论发展阶段的进展

从1997年开始，中国的高等教育教学改革进入了一个崭新的阶段。但高等学校课程编制领域的研究发展却和整个高等学校课程研究领域的发展态势很不协调。从1997—2009年的13年中，有关高等学校课程研究方面的文献较之前一个阶段有了一定的发展，各种版本的高等学校课程和教学理论的著作也比前一阶段有了明显的增加。但高等学校课程编制领域的发展却一直没有明显进展。这一阶段，在借鉴国外高等学校课程编制领域的研究成果基础上，一些学者充实了上一阶段的研究成果。还有个别学者将一些原有的理论付诸实践，取得了很好的进展。但高等学校课程编制领域的研究却比较滞后。

这个领域的滞后有如下一些原因：

第一，高等学校之间在人才培养质量上的公平竞争的态势还没有形成。上级主管部门在投资和政策上还远没有将大学自身的人才培养质量和自身的生存问题联系起来。高等学校对人才培养模式改革的积极性还没有真正调动起来。

第二，高等学校的办学自主权问题仍然没有从根本上得到解决。大学的课程与教学受主管部门各种项目和评价体系的影响，而这些项目和评价体系，对科学地遵循高等学校课程编制理论和方法没有任何要求，因此，凭借其他的办法完全可以应付的这些项目和评价体系，对大学领导和教师进行课程编制的积极性的调动，其作用是非常有限的，有时甚至是负面的。

第三，对高等学校人才培养模式的整体改革的认识还没有到位。人才培养模式问题是人才培养质量的首要问题，这个问题与课程编制理论和方法之间具有明显的和明确的关系。人才培养模式的理念是改革的方向和鹄的，课程编制理论和方法则是实现这个鹄的的手段。而人才培养模式改革虽然受到一定程度的重视，但凭借经验的办法仍然可以应对，而不必非要借助科学的编制理论和方法。

第四，我国在高等学校课程编制理论的建设和发展方面还不够成熟，现有的理论和方法对指导实践还缺乏成熟性。而能够在这方面进行培训的专家如凤毛麟角，无法形成这一领域的复制性的拓展和传播。

以上4个方面相互之间互为因果，使这个领域在前几个阶段的落后情况仍然继续下去。这终将成为我国大学教学改革深化的一个重要障碍。

理论发展的动力来自实践的需求，实践的需求不迫切，理论研究往往进展缓慢。但事情也有另一面，实践总是要求成熟的理论，但理论的成熟需要一个过程，实践经常没有耐心等待理论的成熟，这也会妨碍理论的发展。也就是说，正是由于理论本身的成熟性比较差，实践上对现有理论的需求的紧迫性往往被淹没或者被掩盖。究竟这两种情况在这个阶段哪个才是真实情况，根据笔者的了解，两个方面的情况都存在。所以，一方面需要加强这方面的理论研究，另一方面也需要从实践上运用这些理论并从中探索加强理论建设的道路。为此，有些学者开始将现有理论运用于具体的实践，并在实践中去发现现有理论的不足，找出现有理论的逻辑缺陷和空白点，并力求将那些国外的理论和具体的中国大学的实践相结合。需要说明的是，这样的实践并非比比皆是，在中国内地，由于体制上、条件上以及其他影响因素上的原因，只有个别大学进行了这样的实践，而且在笔者写作这本书的时候，这样的实践也才刚刚开始。尽管如此，仍然有必要对这样的实践的基本思路和已经做的事情做一个概要性的描述，通过描述，让读者了解高等学校课程编制领域的一些实践方面的进展以及这些实践将会对理论发展所起到的作用。

汕头大学人才培养模式改革中的通识教育改革的课程编制思路，可以看作是这个阶段课程编制理论进展和人才培养模式综合改革实践相结合的一个典型。这项改革在全国范围来讲，可以认为是按照教育科学已有的关于课程编制的理论，结合内地高等学校的实际进行的一项实践探索。通过对这些实践探索的历程的了解，可以大体把握这一阶段课程编制理论和实践在较高层次上的发展状况，也可以预计未来一定时期内我国大学课程编制领域在理论建设和实践两个方面的一些趋势。改革是从目标的提取和分解开始的，在笔者写作这本书的过程中，已经开始根据所挑选的目标进行课程内容和教育教学活动的选择和安排的活动。这里仅仅把目标选择这个过程的思路做一介绍。

以下是这项改革的思路。

一、通识教育[①]是大学教育中一个热点问题

从国外看，大学自中世纪产生以来，通识教育就成为很多古老大学的教育传统。尽管中世纪大学中的文学院后来逐渐演变为具有普通教育性质的文法中学，但随着高等教育的发展，普通教育逐渐上移，成为后来大学

① 本文所指称的通识教育，就是英文中的 general education。这里特指大学里与专门教育相对的普通教育。

教育中的不可分割的组成部分。从中国看，中国大学没有像西方大学那样的普通教育传统。中国近代大学产生以来，秉承“中学为体，西学为用”和“师夷之长技”的指导思想，大学多为应用性明显、职业针对性强的机构。北京大学算是一个特殊的例外。蔡元培执掌北京大学时，推崇学科而排斥术科，对应用不感兴趣，遂给人留下重通识而轻专业的印象。实际上，北京大学的教育从本质上看仍然是专门化的教育，而不是通识教育为经纬的教育，不同的只是所强调的专门化都集中在学术性的（academic）专业上，而不是专业性的（professional）或职业性的（vocational）专门化上。所以可以认为，中国大学并不具备西方大学那样的通识教育土壤和基础。虽然在民国期间有很多大学效法美国大学样式进行教育改造，但从本质上讲，仍然是以专门教育为组织课程的经纬。1952年后中国大学全盘学习苏联的专业教育，更使专门教育作为一种培养人才的模式或参照的经纬，达到了登峰造极的境况（顺便说一句，全世界各国的高等教育在性质上都是专门教育，只是叫法不同，我们叫“专业”，国外叫“主修”。为表述方便和与国外教育一起考虑，在非特指我国专业教育的地方，笔者统称为“专门教育”或“专门化教育”）。

随着社会的发展和科技的进步以及改革开放的进展，在人才问题上，人们逐渐认识到狭窄的专门教育的种种弊端，开始关注没有直接的专业针对性的那些对人的全面素质的提升具有关键作用的教育结果（或目标）。“素质教育”的提出，大大推进了中国大学实施通识教育的进程。由党中央、中央政府发文件来推行可以看出，通识教育问题在我国大学的人才培养上的意义有多么重大。

从理论上看，这之后的教育理论界不断有关于大学通识教育的研究文章，一些博士生、硕士生也以“通识教育”作为毕业论文的选题。从实践上看，这些年来，很多大学都先后对通识教育给予了关注并开始以各种方式加以落实，呈现出一片勃勃生机的景象。但这些年的理论研究和实践也暴露出一些问题。笔者认为最主要的问题有3个：

（1）对通识教育的内涵理解五花八门，对通识教育理念的把握上缺乏科学性。

（2）尽管在理论上人们都认为通识教育与专门教育都是人才成长不可或缺的内容，但在认识上往往把通识教育作为与专门教育并行的两种单独的教育理念，忽视两者之间的内在关联（包括时间上的关联和空间上的关联），从而导致实践上两者互不搭界甚至产生冲突。

（3）由于存在以上两个缺陷，两种教育理念的载体——课程，多是采用了拼盘式的或贴补式的办法，在专门教育课程“之外”，拼上一个或贴上一个通识教育课程，而两类课程之间的关系都是凭经验和各自的价值观来把握的，无法进行科学的评价。

西方大学由于具有通识教育的历史土壤和基础，所以他们的通识教育应该说相对比较成熟，但资料也表明，在处理两类教育理念的相互关系上，也走过弯路，在对待通识教育的实施内容和途径以及实施方法方面，也同样存在缺少科学方法和科学评价手段的问题。只不过由于他们的土壤和基础所形成的文化本身，在一定程度上抵消了这些实施上的问题所带来的困难。我们在考察西方国家特别是美国一些大学（如哈佛大学）的通识教育的改革道路时，也得到了上述的结论。因此，中国大学的通识教育要想获得推进和科学的实施，绝不能照抄西方大学的办法，不能把人家的理解误认为就是我们可以参照的典范。实际上，从哈佛大学2007年提出的通识教育方案来看①，除了从中看出他们通识教育涵盖的领域的宽广和对实施这种教育所提供的课程范围外，在实施战略和策略以及具体的操作层面几乎得不到任何其他对我们的改革直接有帮助的东西。这并不是说哈佛大学的方案不好，而是说，东西方的思维方式存在很大的差异，高等教育课程领域的历史走向也不同：西方是从分散走向集中，其中以主修和核心课程的设置最具代表性；而我们则是从集中开始关注分散，而以拓宽基础和知识面为特征。所谓“集中”，就是将一定的专门化领域或问题作为组织课程内容的经纬；而所谓“分散”，则是指课程内容不以某个问题或专门化领域为经纬。当然还有其他一些明显的差别。所以，中国大学的通识教育直接借鉴国外大学的现成方案显然不可取，我们只能结合中国的国情和现状，从对通识教育和专业教育关系的正确理解入手，在实施战略和策略上另辟蹊径，或者说有所创新。

二、从理念上和宏观上讲，通识教育和专门教育可以理解为两种人才培养模式

这两种模式并非是相互排斥的，通常我们对于两者的关系有3种典型的理解：第一种理解是，通识主要是做人的教育，在今天看来，就是做一个现代人的教育。专业教育则主要是做事的教育。前者在于提高一般素质，后者在于提高专门化能力。笔者曾持这种观点。第二种理解是，通识教育是专门教育的基础，只有好的通识教育才有好的基础。第三种理解

① 参见美国哈佛大学2007年关于通识教育改革的报告：Report of Task Force on General Education，2007.

是，通识教育是“博”的教育或者广度的教育，专门教育则是“精”的教育或者深度的教育。其实三种理解都不同程度地接触到通识教育的本质，尤其是第一种理解，除了没有揭示做人与做事、一般素质与专门化能力的关系外，最为接近通识教育的真谛。第二种理解从两者的纵向关系来观察，部分地接近通识教育本质，但忽略了它们横向的关联。第三种理解则从广度和深度的角度思考，注意到宽与窄的关系，但却忽略了做人和做事这一通识教育的重要视角。三种理解如果加起来，基本上反映通识教育的范围和轮廓，但却都忽视了通识教育的结构。所谓“结构”，就笔者的理解，就是做人与做事、基础与应用、广度与深度、一般素质与专门化能力之间的辩证关系，以及这些辩证关系在人才培养过程中的表现方式。笔者曾从课程的视角撰文讨论过这些关系①，限于篇幅，这里不一一展开。把这些辩证关系加以综合和归纳，可以得到以下这些认识：

(1) 通识教育与专门教育并不是并行的两种教育，而是你中有我，我中有你，没有一个明显界限的相互依存的人才培养理念。

(2) 由 (1) 可以看到，通识教育与专门教育在目标上必然有重合或共同的地方。对此，美国学者也提出了两种教育的10个共同目标。②

(3) 由 (2) 可以看到，通识教育与专门教育在实施过程中不应该在时间上硬性划出先后，也不应在空间上划出明显的界限，而是应该在时间和空间上相互交叉、相互依存、相互支撑、相互滋养。

(4) 根据学校层次和类型以及培养目标，可以对其中一方有所侧重，但并不表明可以在具体的课程分量上进行切割。侧重通识教育的完全可以用专门教育的途径达到通识教育目的，反之亦然。这一点的确不容易理解，但只要对美国心理学家桑代克的训练迁移的共同因素理论③有所了解，就可以理解为什么可以通过职业教育的内容同样能够达到最大迁移的效果，从而实现一般能力的培养。

根据上面的4点认识，笔者完全有理由认为，在设计人才培养的方案

---

① 王伟廉. 从课程视角找寻普通教育与专门教育的最佳结合 [J]. 教育发展研究，2003 (7).

② 这10个目标是：(信息) 交流能力、批判思维、环境感受能力、对美的感受性、专业归属感、职业道德 (或专业伦理)、适应能力、领导能力、推进专业发展的学术意识、继续学习的愿望。参见 Joan S. Stark and Lisa R. Lattuca. Shaping the College Curriculum. Academic Plans in Action, Allyn & Bacon, 1997: 88.

③ 美国心理学家桑代克提出训练迁移的共同因素说，认为一种学习对另一种学习的促进作用 (正迁移) 是因为两种学习中存在共同因素。所以无论是职业教育内容还是普通教育内容，只要存在共同的因素，就可以实现学习的正迁移。他的这个理论对推进职业教育和应用性的课程内容具有重要的影响。

时，对通识教育和专门教育在具体课程上的体现，完全可以先不加以讨论，而是根据重要性程度，把我们认为符合学校定位的人才培养目标先提取出来。这些目标中，有些是我们认为的通识教育目标，而另一些则可能是专门教育和通识教育的共同目标，还有一些则是专门教育的目标。根据这些目标和学校的条件和管理方式，再来考虑哪些目标由院系来承担，哪些由院系和学校共同承担，哪些由学校来承担。这样来认识通识教育和专门教育的关系，会在具体的课程选择和实施中表现得更加科学和具体，可以避免我们现在先规定通识教育学分，并规定由学校统一提供课程的做法所带来的在时间和空间上双方的矛盾，可以从更高的层面上处理双方的关系。当然还有其他很多长处。显然，要做到这一点，建立一个目标的平台，供不同层次、不同类型和不同培养目标的大学进行选择，就成为必要了。这也是我们在这个问题上另辟蹊径和作出创新的必然要求。

三、建立目标平台

我们想要建立的目标平台，其目的是要将大学培养人才的所有目标都加以涵盖（至少是所有重要的目标），以供不同大学在其中进行挑选。可以认为这个目标平台就是一个人才培养目标的框架或目标选择的菜单。这个目标框架既包括专门教育的内容，也包括通识教育的内容。它提示目标的原则与领域，同时进行一定程度的分解，其最后的表述要使一般的大学领导和培养方案的制订者能比较顺利地通过一定的决策程序从中进行挑选。这显然是前人没有做过的工作，必须要有所创新才能做好。

目标的提取首先碰到的问题就是从哪里提取。幸运的是，美国课程理论家泰勒早在 1949 年他的名著《课程与教学的基本原理》中就提出了目标的 3 个来源，只是他是在为中小学普通教育立设目标时提出的。不过他提出的目标来源从本质上讲，也可以适用于大学，区别仅仅在于大学在一定程度上实施的是专门教育。所以，只要把专门教育的问题纳入他的理论加以考虑，问题就可以得到解决。

泰勒提出的 3 个来源是：学科专家的建议、学生需要和社会要求。这 3 个方面与教育学在讨论教育的本质时提出的知识、社会和个人，以及与典型的教育价值观的 3 个流派（知识或学科中心、社会中心和学生中心）正好吻合。根据我们对教育本质、价值和高等教育的理解，可以把这 3 个来源表述为：人类文化遗产、社会发展需要、学生发展需要（或个体发展需要）。“人类文化遗产”来源主要侧重知道、学会或掌握了什么，“社会发展需要”来源主要侧重遵守、符合和提倡什么，“学生发展需要”则侧重形成或养成什么，这样我们就可以将这些来源确定下来。接下来需要考虑的就是高等教育的专门化问题，究竟应该放在哪个来源加以体现。显然，只能放在人类文化遗产和社会发展需要这两个来源里来考虑（人类文化遗产来源针对的是知识的分类或专门化，社会发展需要则针对的是职业领域的分类和专门化）。此外，3 个来源尽管涵盖了所有的教育价值领域，但毕竟比较笼统，直接从中提示目标还有一定的困难，主要是可能比较散乱。为此，我们必须在 3 个来源的基础上进一步将这些来源划分为几个领域或称为亚领域。

划分亚领域的工作实际上是一个具体化的过程。我们是这样来划分的：

目标来源一“人类文化遗产”可以划分为人类文化遗产总体中的精华和专门化的文化遗产精华两个亚领域，后者主要考虑将专门化考虑进来。这里把文化遗产加以提炼，用“精华”来表述，当然是考虑学校教育的时间有限。这也是通行的做法。

目标来源二“社会发展需要”没有可以依据的理论，但人们的生活空间显然可以作为划分依据。我们依社会生活空间划分为：社会生活领域、家庭与个人生活领域、职业生活领域 3 个亚领域。其中“职业生活领域”可以体现职业领域的类别和专门化。

目标来源三“学生发展需要”可以参照布鲁姆和他的同事的教育目标分类学划分亚领域。但布氏的划分比较细，作为大学的目标平台的框架，感觉过于琐碎。因为我们的目标平台和以后的实现方式以及具体的操作，一般都会在课程内容层面和方式层面，而一般不会具体到知识点（当然，最后还是会落实到具体的知识点和能力点上，但那是以后的工作）。所以在他们的研究的基础上我们做了合并，将这个来源划分为身体和心理两个侧面，心理侧面再细分为：思维方式、能力及应用、情感意志、动作技能 4 个亚领域。情感意志和心理动作两个亚领域实际上直接参照了布氏的分类，只是情感领域加上了“意志”，主要是参照了我国心理学家潘菽的心理两分法。① 而思维方式和能力及应用两个亚领域，则是对布氏“认知领域”6 个分类的取舍和合并。具体讲，布氏的“知识”和“领会”，我们认为与人类遗产方面的了解和掌握有关，所以合并到第一个目标来源；“分析”“综合”“评价”都与思维有关，所以用“思维方式”代替；而“应用”则体现能力，所以改为“能力与应用”作为亚领域。

这样，我们就得到了 3 个来源和若干个亚领域的初步框架（见表 10-1）。有了这个初步的框架，接下来的任务就是从这些领域中提取目标。我们称为一级目标。一级目标实际上是目标原则。但这些目标原则可以具体到为不同定位的高等学校选择自己的目标提供目标框架。所以这些

---

① 我国心理学家潘菽将人的心理分为认知和情意两个侧面，这里笔者采用了这个两分法。

表 10－1　大学培养目标体系框架

目标来源	亚领域	一级目标（特色选择目标：从学校层面选择，体现学校发展战略和特色）	备　注
人类文化遗产（侧重于学会、知道和掌握了什么）	人类文化遗产总体中的精华	*1. 具备中华文化素养	
		*2. 了解世界文化和文明的主要成就	
	人类文化遗产中专门化文化遗产的精华	3. 认识自然科学学科的精华并学会某种专门化知识技能	主要由院系专业教育完成
		4. 认识社会科学的精华并学会某种专门化知识技能	主要由院系专业教育完成
		5. 认识人文艺术学科的精华并学会某种专门化知识技能	主要由院系专业教育完成
		6. 了解系统科学等当代横断科学知识的精华	学校和院系共同完成
		7. 了解问题学、探究方法等当代探究领域的研究成果	学校和院系共同完成
社会发展需要（侧重于遵守、符合和提倡什么）	社会生活领域	*8. 良好的公民	主要由中小学完成
		*9. 了解所在社会的政治理念和信仰并树立这些理念和信仰	
		10. 了解并遵守所在社会的法律与规范	
		11. 理想与信念	
		*12. 社会责任感与服务社会的意识	
		13. 环境保护意识和实践	
		14. 爱国主义精神与民族认同感	
		*15. 正确的人生观和价值观	
		*16. 世界观和科学精神	
		*17. 人文精神	
	家庭和个人生活领域	18. 正确的婚恋观	
		19. 健康的性观念和性道德	
		20. 良好的家庭成员	
		21. 健康的生活习惯	
		22. 合理利用闲暇	
		23. 礼貌与风度	

续上表

目标来源	亚领域	一级目标（特色选择目标：从学校层面选择，体现学校发展战略和特色）	备　注
社会发展需要（侧重于遵守、符合和提倡什么）	职业生活领域	*24. 专业知识和专业技能	
		*25. 专业伦理和职业道德	
		*26. 领导和组织能力	
		*27. 全球化视野与意识	
个体发展需要（侧重于形成或养成什么）	身体领域	*28. 健康的身体和健康的生活习惯	
		29. 锻炼习惯的养成	
		30. 身体的协调和良好的姿态	
	心理领域：思维方式	31. 独立思考的习惯	
		*32. 有效思维能力	
		*33. 综合运用多种思维方式分析和解决问题的能力	
	心理领域：能力及应用	*34. 创新能力	
		*35. 自主学习能力	
		36. 获取和使用信息的能力	
		37. 交流能力（听、说、读、写、符号等）	
		38. 了解及适应社会环境的能力	
	心理领域：情感意志领域	*39. 健康的心理（人格）	
		40. 同情心与关爱	
		41. 历史感	
		*42. 对美的感受	
		43. 坚强的意志	
	心理领域：动作技能领域		由中小学完成
			由中小学完成
			由中小学完成

一级目标，是作为学校根据自己特点选择目标的参照。当一所高等学校从这些目标或目标原则中选择了自己的目标时，这所大学或高等学校的特色就会表现出来。所以，我们也把这些目标称为“特色选择目标”。其实，这些目标的选择也同样是价值选择，这里主要是为了区别二级目标的价值选择目标而采用了“特色”二字，并没有特别的意图。还需要说明的是，泰勒的目标来源理论还有一个筛选目标的过程，他提出的两个筛子：社会哲学和教育心理学，而大学的组织结构和运作对于筛选目标来说，通常是经过一定的决策程序，我们可以用一定的决策程序（如教学委员会或学术委员会）来实施目标的筛选。

一级目标的确定还要考虑目标的数量问题。我们从亚领域提示了几十个目标，那么应该从中选择多少目标最合适？我们在一开始还没有这方面的经验，所以，只能凭主观来选择其中的一部分（比如20个），而最后的确定目标数量和优先级，我们准备放到二级目标中来进行价值选择。表10－1中的“*”号是通过通识教育专家组选择的19个目标。

二级目标的选择程序可以由各个大学自己决定。这些目标是请通识教育专家组先提出重要的目标，然后经教学委员会和学术委员会决策。其重要性的顺序可以根据学校条件和从实施困难程度来排队，可以先实施那些比较容易实施且比较优先的目标。

二级目标一旦确定，接下来的任务就是根据这些目标，对实现途径和呈现方式进行选择。这个任务比较艰巨，也是目标平台能否起作用的关键环节。关于目标的实现途径和呈现方式，我们只能根据经验和一些已有的理论（这方面理论少得可怜）进行探索。这一环节的重要性除了能提示我们实现目标的方式并揭示评价这些目标是否达到的评价标准外，还能最终将学校的正式课程和其他能达到目标的教育教学活动以及课外活动纳入一体化的轨道。这一点的确是我们一直在追求的。通过目标的平台，如果能达到这样的目的，我们在教育的针对性、有效性和科学性方面就可以大大向前迈进一步。这是我们多少年来所期望的。限于篇幅，对这个环节，我们将另文讨论。

讨论到这里，还是要回到题目上：这样一个平台如何将专门教育和通识教育统合起来？我们看到，当整个目标提取出来并加以选择后，就是一所大学所要培养的人才的最基本的要求，这些要求就必须纳入各个专业的培养方案，成为整体培养方案的有机组成部分，而不是像过去那样，在专业培养方案之外另加一个通识教育课程。而且，这些目标的承担者，也不再像过去那样，分为专业课程的承担者和通识课程的承担者，而是根据条件共同承担或分开承担。将两种教育统合在一起的，是目标体系，而不再是想方设法考虑两类课程之间的关系。此外，在实现途径上，我们将看到除了正式课程之外的其他很多途径的整体运作，不仅在正式课程之间建立了联系，也把正式课程和正式课程之外的那些教育途径融为一体。这一思路也将会产生很多意想不到的结果。

诚然，在目标平台的建设和使用过程中，还会有很多问题需要解决，这里提供的目标平台本身也还需要不断完善。特别是由于教育现象本身的不严密的联系的特点，3 个来源以及后面的提取目标的各个步骤难免出现重复或概括程度不一致的情况，解决这些问题可以在最后的目标确定环节加以合并或做更进一步的细化。但无论如何，这种思路对于进行教育改革，特别是进行统合通识教育和专门教育的改革，以及进行人才培养模式改革，都是非常重要的。顺便提一句，国外大学的教育改革也在进行这方面的探索，我们看到，美国的教育理论家们同样在进行这方面的工作，最近得到的一些材料显示，他们深化大学教育改革的方向也是朝这个方向迈进，他们的很多想法与我们的想法可以说是不谋而合。①

最后还要强调的是，如果从宏观上看，通识教育和专门教育两种培养模式能够涵盖所有大学的目标，那么，建立这样一个目标平台，其实就等于把大学培养模式从宏观上给出一个菜单供大家选择，从性质上看，这项工作就是进一步深化宏观的培养模式改革的唯一途径。

这里提出这个问题，并提出解决这个问题的一些思路和具体途径，同时给出了一个框架供教育界同仁参考，在我国应该说还是一件原创性的尝试，引玉之砖，期望大家一起来讨论。

我们在同一标题的前文中将建立目标平台的基本思路做了一个描述，并且给出了一个以目标来源、亚领域和一级目标为经纬的目标框架。在前文中，我们提到，一级目标还比较笼统，还要进一步分解为二级目标。按照教育理论，目标的确定和表述、目标的实现途径（课程与教学以及其他教育教学活动）以及目标的评价，构成了人才培养方案编制的基本环节。所以本文也依据这些环节，逐一阐明我们的目标平台的一些细节。

按照我们的说法，一级目标是特色选择目标，必须分解为二级目标，才能供大学进行具体的人才培养方案的制订时参照。而要做到这一点，必须先将我们选择的 19 个一级目标进行分解。从操作的层面看，分解目标最关键的问题有两个，一个是分解后的目标是否对被分解的一级目标具有代表性，或者说，分解后的若干二级目标是否代表了原有一级目标的最核心的因素？另一个问题是，由于一级目标的概括程度大小不一，应该如何把

---

① ［美］罗伯特·M. 戴尔蒙德. 课程与课程体系的设计和评价使用指南［M］. 杭州：浙江大学出版社，2006.

握分解后的二级目标数量？为此，我们的做法是，每一个一级目标平均分解为3~5个二级目标。这3~5个二级目标，我们是通过通识教育委员会，用专家咨询办法，将专家认为含在一级目标中的最重要的二级目标列举出来，最后进行统计分析。通过上述办法，我们得到了72个二级目标。诚然，这个过程并没有像提示一级目标那样，是开列菜单的做法，而是直接进行了价值选择。这样做主要是为了避免提出太多的目标而造成操作上的麻烦。这72个目标理论上是应该实现的人才培养目标。然而从操作的角度看，完成这72个目标在时间、条件、背景等方面可能会存在问题，如果一开始就全面铺开实施，会造成一些困难。所以，从实施教学改革的策略考虑，应该先实施那些有条件、难度不大、重要性大的目标。为此，我们对这72个目标进行分析，根据上述因素，形成建议我校优先实施的26个二级目标。这26个目标里，有些目标我们学校实际上已经做了一些工作，有些则还没有真正开始落实。已经开始做了工作但还需要完善的目标，有14个，其余12个则是需要重新来组织落实的目标。此外，这里还有一个目标表述的问题。我们知道，目标的表述最为忌讳的就是含糊不清的词语。但有时也无法完全避免这样的词语出现，所以为避免这种含糊不清，我们只有把实现目标的途径和评价方式一起来考虑时，才能最后避免这种含糊不清（见本章第三节）。

表10－2　一级目标分解为二级目标示例

一级目标	分解后的二级目标
1. 具备中华文化素养	（1）了解中国历史（以近现代史为重点，突出主要文化典籍和中华文明的基本内涵），懂得中国文化在当代世界的独立地位和前景 （2）了解中国传统思想，尤其是儒释道思想 （3）了解中国文学和艺术发展史（古代和近代，尤其注重现当代文学艺术）
2. 了解世界文化和文明的主要成就	（1）了解世界思想史（特别是现当代世界思潮，包括科学主义和人文主义等哲学思潮和哲学流派、政治思潮以及主要宗教） （2）了解世界古代文明（侧重古希腊文明、欧洲基督教文明、四大古国文明） （3）了解世界非物质文化及自然地理常识

这里有两个问题需要说明：

一个问题是，当我们将一级目标分解为二级目标时，除了将通识教育的一级目标进行分解外，还要对专门教育的一级目标进行分解。我们在一级目标中把专门化知识能力是分散到两个目标来源进行操作的（人类文化遗产和社会发展需要），所以，当我们进行目标分解时，为了不影响今后由院系来进行专门教育的目标设定，这里进行了一次归类，将所有与专门教育有关的目标都归并为一个一级目标：专业知识和职业技能。然后再根据专门化领域的基本要求，把这个一级目标分解为4个二级目标：具有深厚的专业基础知识和牢固的专业知识、具有从事专业工作所要求的职业能力、掌握本专业的思维方式和解决问题的方法、具有一定的就业优势和专业发展潜力。这里的4个二级目标分别从专业知识、职业技能、专业思维方式和就业与专业发展4个方面来概括专业知识和职业技能，应该说基本符合专门教育的总体要求。

另一个问题是，在一级目标中，我们列出了创新能力，作为心理领域目标来源的一个具体的一级目标。但创新能力并不是直接教出来的，而是通过一定的保障体系，通过一定的活动激发培养出来的。基于这样的认识，这个目标的分解就与其他目标的分解不尽相同，我们一共列出了7项二级目标作为保障。它们分别是：知识保障系统的掌握和运用（主要为基本原理和规律）；思维系统的掌握和运用（多种思维方式的掌握和运用）；动力系统的培养和保持（怀疑精神、好奇心、求知欲、灵感、兴趣爱好、问题意识）；时间系统的保障（能安排思考和研究问题的时间）；实践系统的保障（能有进行创造的实践活动）；了解创造技法的一般原理，掌握主要技法；具有综合各种知识、能力、态度、动机创造性地解决问题的能力。前面5个二级目标为保障体系目标，后面2个则是方法和综合的要求。

实际上，二级目标本身也还是比较笼统的，如果要深入到非常具体的环节，则需要教学活动的不断深入，也需要不断的探索。这里需要进行的下一个步骤应该是把这些二级目标再做进一步的解释。让执行者能清楚地了解这些目标究竟要达到什么结果。所以，目标阐释就成为目标平台建设的必要环节。

所谓“目标阐释”，就是对要实施的每一个二级目标进行具体说明，提示可能的实现途径方法等需要考虑的范畴和观测点，具体课程重点、教学方式、评价手段等，也可以同时提示具体的落实单位。进行这样的目标阐释，并非书斋里的工作，而是要与院系协调并经教学委员会讨论后才能最后确定。下面是目标阐释的一个示例，供读者参考（见表10－3、表10－4）。

这里需要说明的是，二级目标仍然为培养目标，它们还需要在具体的操作过程中再次分解为课程目标和教学目标。每一次目标分解，都应伴随具体的对目标实现情况的评价。鉴于这个过程非常复杂，这里不可能做详细介绍。幸运的是，关于课程目标和教学目标的确立和表述，已有很多教育文献可供参考。

此外，表中的“目标实现程度”并非纯粹指重要性，而是同时把该目标本身在总体目标中的地位、时间花费以及目标所涉及内容的多寡等因素综合加以考量的。

表 10－3　目标阐释示例一

二级目标：了解中国历史（以近现代史为重点，突出主要文化典籍和中华文明的基本内涵），懂得中国文化在当代世界的独立地位和前景	期待结果：使学生对中国历史发展脉络、中华文明的深厚内涵和中国文化在世界文化中的地位有所了解，特别是对近现代史的了解，以形成学生对中华文化和历史的一定基础，并形成一定的历史感 实施途径：正式课程、讲座、工作坊、自学作业 参考教学方法：讲授、讨论（可以将有代表性的一些优秀的文化典籍、重要的历史事件以及整个中华文明发展的脉络集合起来进行教学） 落实单位：文学院、社科部，外校的知名专家 目标达成程度：低 参考评价方法：作业、开卷和闭卷考试、讨论发言

表 10－4　目标阐释示例二

具有进行组织的能力（制定合理规划的能力、正确把握目标和选择有效实现目标途径的能力、交流沟通能力、执行能力、激发人的积极性为实现目标服务的能力等）	期待结果：帮助学生学会制定合理的行动规划（不是个人的，而是就一个项目），能有效管理事项、财物和人员，具有良好的沟通和交流能力，能调动其他人的积极性以实现行动规划 实现途径：非正式课程，如学生（社团）活动、讲座 参考教学方法：各种需要领导的活动 目标达成程度：高 参考评价方法：学生参加活动的记录 落实单位：团委、各院系

目标的评价问题是目标平台建设中最关键但也是最复杂的问题。通常来讲，目标的确立和目标达成情况的评价应该联系起来考虑。评价手段的选择问题在这里是一个关键，在理论界有很大的争论。争论的焦点主要是

这样两个问题：一个是目标是否必要？这个问题的争论是在科学主义学者和人本主义学者之间展开的，虽然人本主义学者对目标问题持不赞成态度，但在具体的操作中，不可能完全回避目标。所以争论的结果也只是认为，目标的作用，特别是那些以行为来描述目标的做法，其作用是有限的。第二个争论的问题是，目标的测量和评价是否会造成教学活动的格式化？科学主义者主张以学生的可观测的行为来确立表述目标，并依据这些行为来对学生的学习进行评价，所以评价学上将这样的目标称为“行为目标”。但有些学科不适合用行为目标来描述期望学生达到的结果，如文学艺术学科，如果预先确定学习结果，等于抹杀了文学艺术的创造性。因为创造活动是无法预先确定出一个固定的结果的。所以持人本主义观点的一些学者认为应该强调教学的过程而不是目标。当强调过程时，具体到操作层面，评价学生的成绩应该主要考查学生就某个问题或知识点的表达情况。为此有学者提出表达式目标，这种目标通过学生参与某些活动及在活动中的各种表达或表现来评价学生的学习。

以上争论并没有达成一致意见。但在具体的实践中，实际工作者已开始注意不同的学科和教学内容对评价的不同要求。我们这里提出的参考评价方法，是将行为目标和表达式目标都加以考虑，在可能的情况下将两者结合运用。表 10－3 中的“参考评价方法”一栏所提示的评价手段，可以主要参照行为目标的评价办法，而表 10－4 中的“参考评价方法”则主要参照了表达式目标的办法。

还有一个问题应该说明。在谈及目标时，通常都具体到那些细小的教学目标。我们的目标平台给出的二级目标还没有具体到那样的程度。所以，这里提出评价手段的问题，还带有很大的笼统性。作为给教师们后面的课程和教学目标的确立和评价工作提供参考，这里只是给出原则性的意见。当把课程目标和教学目标细化到每一门课程和每一个知识点上的时候，对于如何评价，还有很多工作要做。

这里还要谈谈实现途径和落实单位的问题。我们的目标平台的一个很大的好处，就是当把目标确定下来，在实现途径和落实单位上给出了明确的指导意见，使得我们在实现目标的过程中，可以整合全校以至校外的各种可用资源，从而避免资源的浪费。同时，我们的管理机构，特别是那些与学生工作联系密切的管理部门和社团，可以用目标将自己的工作规范统一起来，从而在教学单位和行政单位、课内和课外、校内和校外建立起有机联系。这样一种以目标作为平台的实施教育的办法，不仅符合教育和教学的规律，也同样符合社会发展规律，更是在大学教学改革领域落实科学发展观的一项重要的举措。

诚然，我们的这些想法和初步的方案，还没有进行全面的实践，但这些想法和方案中的某些具体部分，应该说在一些大学的教学改革实践中已经得到贯彻，只是还没有作为一个总体来实施。从那些具体部分的改革实践中，我们已经看到了这个平台的效果。

特别应该指出的是，为整个学校制定培养目标，并将学校整体的课程设置和教学活动与这些目标联系起来，将为学校教学活动的评估提供一个很好的途径。在这方面，国外也有同样的考虑。美国教育委员会在一份报告中就提出过这样的建议，主张学校必须为学生制订一整套教学目标，而且应该由学校负责评估实现目标的能力。有美国学者认为，这样的评估活动是提高教育机构效能的多种努力中的一个关键部分。①

我们提出的这个平台，在思路上与美国目前进行的大学教学改革和教学评估的思路不谋而合，相信这将是我国以至全球的大学深化教学改革，提高教学质量的必经之路。这里提出这个方案，希望能引起学界的重视。

---

① ［美］L. 迪·芬克. 创造有意义的学习经历——综合性大学课程设计原则［M］. 杭州：浙江大学出版社，2006：156－157.

第十一章　高等学校课程评价研究60年回顾

第一节　概　　述

教育的复杂性就集中表现在评价的复杂性上，这是中外教育理论界的一个共同的认识，情况也的确如此。评价是教育活动的一个组成部分，从教育诞生的那天起，也就有了评价，尽管这种评价是基于经验上的。课程评价是教育评价的核心。科学的课程评价，或者说课程评价从经验走向科学，是随着大工业和近代科学技术的发展而发展起来的。美国著名的"八年研究"（Eight-year Study）既是课程领域研究的范例，也是教育评价领域的范例，说明课程与评价之间有着紧密的联系。后来的发展也证明，课程和评价有着不解之缘。但居于教育事业核心地位的课程和教学领域，评价无论从理论上讲还是从实践上看，在研究的进展上和科学性上都要落后于其他领域的评价（例如管理领域的评价、科研领域的评价等）。而且在课程和教学领域中，相对课程的其他方面的进展，课程评价又更为落后。课程评价如果作为课程编制的一个环节来看，它与目标的确定和表述、课程内容的选择和组织都有着密切的关系。尤其是课程目标的确定和表述，与目标达到程度的评价紧密相关。所以，课程评价就具有双重品格：它既可以作为一个单独的部分来加以研究，也可以作为课程编制的一个环节来加以研究。而从理论上看，把课程评价作为课程编制活动的一个环节来加以研究，比泛泛地探讨课程评价更具有针对性。尽管课程研究领域的发展要落后于教育研究的其他领域，但科学的评价最早产生于课程领域，多少说明了这种针对性对于课程领域来说是多么重要。

课程评价之所以落后，与它的复杂性有关。这个领域之所以复杂，是很多因素造成的。

首先，人们对课程评价的概念理解不尽相同。最早的课程评价是泰勒作为课程编制的一个有机组成部分提出来的。所以就课程编制的角度看，课程评价就是要看我们设定的目标是否实现以及实现的程度如何。这里，评价是和目标的达成紧密联系的。而且，对目标的达成情况进行评价，其先决条件是必须使目标的表述能以某种方式来进行评价。所以，后来很多研究者将主要的精力放在了对目标的表述和如何使目标能够达到可测量和可评价。为此，科学主义学者提出了所谓的“行为目标”，将目标按照某种行为来表述，以便对目标的达成情况作出评价。但目标的表述随学科性质的不同和培养目标的多样而显得格外复杂，单纯从“行为”来描述课程目标，似乎难以涵盖所有的课程目标。尤其像人文艺术学科，目标的表述很难在开始就把预先想得到的教育结果（或学习结果）预设出来，因为这不符合文学艺术学科对学习结果的创新性的期待。正是因为这个原因，课程评价无法完全按照行为来描述所有的目标。后来的评价活动不再仅限于课程目标的实现这样的目的，也开始从其他角度来探讨评价问题。但作为课程编制活动和人才培养活动的一个重要的环节，对实现目标的情况进行评价，至少是课程评价的一件重要的而且是必须的事情。其他方式的评价，同样也碰到评价的很多技术上的问题和理论上的问题，这些问题有些还远没有得到解决。这些情况对课程评价的研究的深入就难免造成影响。

再后来的评价，不仅对课程本身目标实现情况进行评价，还同时对大学的课程条件进行评价。这种评价后来演变为大学的认可制度。其主要目的在于对一所大学以及这所大学在提供的教育服务方面是否具备基本的软硬件条件进行评价，以便从中得出是否允许大学开办的决定。认可制度相对课程目标的评价来说，成熟性要高很多，在实践中也屡屡证明是有效的。但办学条件并不能说明教育质量，更不等同于教育质量。所以，课程条件的评价或认可制度对于教育质量问题的判定也是具有局限性的。

课程评价最早都是学校内部的评价，在普通中小学，这种评价多少掺杂了对教学条件的评价，包括对师生比例、投入情况、教室的多少等进行评价。如上所述，这些条件作为对质量的检测显然是不合适的。所以后来开始从外部对学校的课程结果进行评价，旨在了解学生究竟学到了什么。这种外部评价是以不同科目领域为单位进行的，为的是能从外部判别各个学校学生在各个科目领域学习的真实效果。这种做法后来在高等教育领域则表现为对某类专业学生的资格考试，例如医师、会计师、律师等的资格考试。但由于高等学校的学科太复杂，这样的评价难以在所有学科和专业实行。此外，学科和专业的口径问题、学科交叉情况的关照问题等，也为进行这样的评价带来了新的挑战。

其次，人们对评价方式和过程的理解不同。西方最早的评价主要是测量技术，后来逐步发展到把测量和价值判断结合起来，并逐步发展为教育测量学和教育评价学两个学科。

考试是学校对学生学习情况进行的主要评价方式。对考试的研究，可以说是评价领域里比较热门的课题。西方一些国家的所谓“成就测验”，实质上就是一种考试研究。这种研究从考试的历史、考试的方法、考试的文化以及后来的标准化考试等很多方面进行探讨，最终形成了独立的学科——考试学。

高等学校的课程评价借鉴了以上诸多研究的成果，在具体的实践上也运用了上述诸多的成果。但由于课程和教学领域的复杂性，对上述成果的使用不断地受到批评和非难。站在不同的角度和立场上，评价主体和评价目的不同，价值选择的不同，必然导致评价活动的多样和纷繁。西方有学者将目前所形成的高等学校课程评价的模式归纳为5种，见图11－1（模式后括号内的英文姓名为提倡者姓名）。

最后，课程评价的复杂性归根结底主要是由于课程领域自身的复杂性所致。在整个教育领域，最难以研究的就是课程和教学领域。这是因为，在这个领域，既有哲学成分也有科学成分，既有技术成分又有艺术成分。这个领域本身就是跨学科的。此外，在这个领域也充满了价值选择。人们的价值观不同，对课程和教学以及它们服务的人才培养活动，都站在各自不同的价值立场上进行判断。难怪美国教育学者布鲁纳在他总结美国20世纪六七十年代的课程改革的专著《教育过程再探》中感慨：教育是一个深刻的政治问题，当我们保证一部分人的利益的时候，就会伤及另一部分人的利益。这样的例子不胜枚举。像能力分组、文理分科、快慢班、重点学校等等，是这种利益的博弈；像教育体制上、政策上的双轨制度和单轨制度的较量，更是政治利益的博弈。在中国，在农民工上学问题、贫困地区教育资源的贫乏与大城市教育资源的相对富有之间存在的差距的问题，都会涉及多个群体的利益，背后也都含有政治意义。课程和教学居于教育的核心地位，这些教育上的林林总总的复杂情况，会最集中地体现在课程领域。

中国高等学校的课程评价60年来的发展，和课程编制领域的发展一样，经历了4个阶段。只是相对于课程编制领域，评价这个环节的研究更加落后。蔡克勇先生在《中国高等教育研究50年（1949—1999）——高等教育管理卷》的序言中，统计了从1949—1997年的论文、专著和法规文献，其中关于教育评估的论文在1984年以前为零，1985—1989年只有45篇，1990—1994年36篇，1995—1997年26篇；教育评估方面的著作1984年以前也为零，1985—1989年10部，1990—1994年11部，1995—1997年1部；与教育评估有关的法规文献同样在1984年前为零，1985—1989年只有1部，1990—1994年4部，1994—1997年4部。①

① 陈学飞. 中国高等教育研究50年：1949—1999［C］. 北京：教育科学出版社，1999：487－488.

模式 1："专业专家评价"(传统的"认可评价"方式)
对评价标准提出建议
从相关的同行专家那里获得关于标准的一致意见
要求依照标准进行自我评估
让同行专家组检验自我评估
报告检验结果
让同行专家决定是否达到了标准
模式 2："自然主义评价"(Guba & Lincoln)
搜集关于评价目标、背景、环境条件方面的描述性信息
确定有关对象所需要的信息
搜集关于有关问题方面的信息
搜集关于价值观方面的信息
搜集关于值得做的事和优秀标准方面的信息
与有关对象分享
商量进行决策
模式 3："环境、输入、过程、产品模式"(CIPP)(Sufflebeam)
描述：
方案目的
方案设计
方案实施
方案结果
模式 4："支持模式"(Countenance model)(Stake)
描述：
居先条件（前提）
实施（执行）
结果
模式 5："传统评价"(Tyler)
以"行为术语"表述目的和目标
确定测量手段和方式
测量目的和目标达成情况
将目标与被测量的结果进行比较
解释结果；做出评论

图 11－1 高等学校课程评价的 5 种模式①

这里，所统计的还是所有教育评估的文献，并不是高等教育评估的文

① Joan S. Stark and Lisa R. Lattuca. Shaping the College Curriculum: Academic Plans in Action, Boston. Allyn & Bacon, 1997: 285

献，而且，在这些论文、著作和法规文献中，有关高等学校课程和教学评估的文献就更少了，甚至可以说基本上是一片空白。在这一卷收录的所有高等教育管理文献中，也没有一篇是关于高教评估的，更不用说高等学校课程和教学评估了。这个领域的落后状态由此可见一斑。尽管如此，按照我们对课程和教学领域的划分，仍然可以对这一领域进行描述，只是由于这个领域的落后状态，我们把前面两个阶段一并进行回顾。

第二节　经验主导阶段和理论探索阶段的进展（1949—1989）

在这一阶段，我国内地高等学校在课程和教学评价方面开展的实践，基本上都是凭借经验来进行的。有极少量的文献对高等学校课程和教学评价进行的探讨也主要集中在学生的学业考核上。潘懋元教授在这一阶段撰写的《高等学校教育学讲义》中涉及的也是学业成绩考核问题。

“文化大革命”结束后，1984年，潘懋元教授主编的我国第一本《高等教育学》（人民教育出版社1984年版）中，对课程和教学评价的研究也是以大学学生学业考核这个问题为研究对象的。

这一阶段，对课程和教学评价进行了相对比较集中探讨的，是刘玉柱主编的《高等学校教学管理》（山东大学出版社1986年版）一书。该书的第七章以“教学质量管理”为题，并用了一节的篇幅阐述教学质量评价（第198～208页）。在这一节中，作者就教学质量评价问题进行了论述，论述的内容主要集中在人才质量标准上，提出了“基础要厚、知识面要宽、能力要强、外语要好”等4项要求。在评价方法上，介绍了苏联的一些定量评价方法。当时刚刚结束“文化大革命”不久，尽管论述中还带有一定的政治色彩，但毕竟已经开始用现代化的观点看待教学质量评价的问题。在这一节中，作者将教学评价分为教学质量评价和教学工作质量评价两个小节分别阐述，显然是后来本科教学工作水平评估的较早的理论铺垫。这一章中也粗略地涉及课程和教学评价的一些关键组成部分，只是没有对其他部分进行详细阐述。

值得注意的是，有关课程评价和教学质量评价的内容出现在高等学校管理著作中，而没有出现在高等教育学著作中，现在看来，显然是把课程编制的评价环节与课程编制活动分开了。正因如此，我国内地早期对高等学校课程和教学的评价的研究，就难免在系统观上有所欠缺。这在后来的研究中得以逐渐弥补。

值得一提的还有1988年出版的陈谟开教授的《高等教育评价概论》（吉林教育出版社1988年版），书中所涉及的高等教育评价主要是从方法论角度和评价学的角度进行阐述的。其中仅有一章在讨论高等教育评价对象时涉及高等学校教学评价的3个主要方面：学校的办学水平、专业教育质量评价和课程教学质量评价。书中几乎没有涉及具体的评价过程和评价指标问题。但该书对高教评价的3个层次的观点，显然在后一个阶段被一些学者所采用。

第三节 理论初建阶段（20世纪80年代末—1997）

在这一阶段，有3本专著值得一提。一本是卢曲元主编的《高等学校教学原理与方法》（湖南教育出版社1990年版），另一本是李希主编的《高等学校教学论》（兰州大学出版社1991年版），再一本是张圻福主编的《大学课程论》（江苏教育出版社1992年版）。这3本书都是在20世纪90年代初期出版的，且都用了整整一章的篇幅来写大学课程和教学评价问题。只是所用的专业词汇不同。所以可以认为，这一阶段我国的高等学校课程和教学评价领域处于理论初建阶段。

这里有必要将这3本书中的内容具体做一介绍，以便从中看出理论初建阶段我国高等学校课程评价领域的一些基本情况。

卢曲元教授主编的《高等学校教学原理与方法》一书，在第八章用了一章的篇幅讨论了高等学校的教学评估问题。在阐述这些问题的时候，这一章以教学质量评估为主线，从性质与作用以及评估的标准与实践两个维度进行阐述，兼顾了教学评估的宏观理念层面和具体的操作层面。在第二节中集中探讨了教学质量评估的标准和实施问题。按照这本书的思路，评估标准分为：教师教学质量的评估标准、学生学习质量的评估标准、教学内容和教学手段的评估标准3个范畴。书中对每个范畴都进行了比较详细的阐述。在教师教学质量标准中，提出了思想政治、教学态度、教学水平、教学方法、教学效果等5个具体测度；在学生学习质量范畴中，提出了世界观和人生观，学习目的，基础知识，基本理论和基本技能，思想方法学习方法和研究方法等4个测度；在教学内容和教学手段这个范畴，针对教学内容提出了教学计划和大纲要符合教育目的、培养目标和科技发展的需要，符合大纲要求的高质量的教材，教材内容的科学性和先进性，教学环节的明确要求和具体落实等4个方面；针对教学手段则提出了相应的设施设备、教辅人员配备、经费的到位和合理使用、教学手段的更新和现代化等要求。

总体上看，这个评价标准与后来的本科教学工作水平评估的指标体系相比，就教学工作的具体实施者来说，应该说是相当完整的。美中不足的是对整个学校的教育思想和现代教育理论等方面的关照有所欠缺，在教学目的和培养目标应该符合社会需要和个体发展需要方面也还嫌不足。当然，与当前强调的人才培养模式改革的整体设计相对照，对人才培养的整个计划的生成过程的评价几乎没有涉及。但总体上看，在理论初建阶段能有此比较全面的论述，实属不易。也可以认为，这些内容对于高等学校课程和教学评价领域的理论建设，起到了奠定基础和框架的作用。

李希主编的《高等学校教学论》(兰州大学出版社 1991 年版）也同样用了一章的篇幅来阐述高等学校的课程和教学评价。在该书的第九章“高等学校的教学评估”中，作者分别对高等学校教学评估的目的意义、评估类型和内容、评估方法以及评估应处理好的几个关系进行了专门的探讨。

在评估类型和内容这一节，作者将高等学校教学评估分为学校教学评估、专业教学评估和课程教学评估 3 个类型，并认为这 3 个类型也是 3 个层次，而最核心的是课程教学评估；专业教学评估最能体现和反映高等学校专业教学特色；学校教学评估则综合反映一所大学的办学水平。可以看出，这样的分层与上一阶段提到的陈谟开教授的分层是相当一致的。根据该书作者的分析和研究，书中提出了学校教学评估的指标体系。这可能是我国内地第一个比较系统的本科教学评估的指标体系。以下是这个评估指标体系所包含的 7 个一级指标（见该书 217 ~ 218 页)：

（1）领导的群体素质。包括的二级指标有：办学指导思想；思想理论水平；专业知识与一般科学文化知识；管理经验与能力；决策能力；结构状态等。

（2）教师队伍。包括的二级指标有：结构状态（年龄、职称、学历等)；学部委员、学位委员、教学指导委员数；指导博士生数；指导硕士生数等。

（3）专业学科建设。包括的二级指标有：学校专业设置、学科建设的整体结构与特色；博士学位专业点数；硕士学位专业点数；基础雄厚或具有特色的本科专业点数等。

（4）教学质量。包括的二级指标有：培养方案、教学计划的合理程度及实施状况；公共课及一般基础课的布局及教学质量；专业基础课及主干课教学水平；教材建设状况；实验课的开出率及水平；教学实习基地建设情况；高职称教师上课率；获国家级、省部级教学奖教师奖数及优秀教学成果奖数；学生质量（含德智体美诸方面）；编、译出版教材数；博士、硕士、本科生论文发表率；毕业生教学质量跟踪调查反馈信息；社会综合评价（德智体美）等。

（5）科研成果及水平。包括的二级指标有：获国家级攻关、自然科学基金项目数；获省部委级科研项目数；发表学术论文及教学研究论文数（国外学术刊物、全国性学术刊物、地方性学术刊物）；出版专著、教材、教学参考书数（国家、专业、地方、高等学校出版社）；国家级、省部级鉴定及奖励科研成果数等。

（6）教学管理水平。包括的二级指标有：校风、学风建设及教学环境状况；专业教学计划的科学性、合理性；教学过程和教学活动的全面质量管理；教学改革及实施效果；教学规章制度的完善程度及教学管理水平；教师业务培养提高措施；学生质量管理及措施；学校现代化管理手段等。

（7）教学设施条件。包括的二级指标有：实验室面积与学生人数之比及利用率；仪器设备台数与学生总人数之比；实验仪器的完好率及使用率；教学仪器更新改造率；图书馆藏书的总册数及利用率；教室、学生宿舍、图书馆、运动场及后勤保障；学校各项经费比例及教学经费的使用效益等。

尽管这个指标体系还比较粗糙，但比照2002—2008年第一轮本科教学工作水平评估指标体系（2002年，2004年），可以看出，后来评估了500多所本科高等学校的评估指标体系基本上没有超出该书的这个思路。而且该书中对学校领导专业化的要求，在今天看来具有前瞻性。

该书对专业层次的评估也给出了一个相对系统的评价指标体系。这个体系涉及师资、教学水平、学生质量、科研水平、设施条件、教学管理以及社会综合评价等方面。比照上面提到的学校教学评估指标体系，除了“领导的群体素质”和“专业学科建设”两项外，其他各项基本相同。对比之下，整个专业评估指标体系实际上就是学校教学评估指标体系的节选，仅仅在范围上有所区别。

该书谈到的教学评估第三个层次是课程层次。这里是指单门课程的建设问题。作为一个层次，对单门课程的建设给予关注，这在我国课程建设、改革和研究史上也是值得肯定的事。该书同样就单门课程的评估提出了指标体系。其中包括了目标指标、过程指标和条件指标3个部分。这些指标将单门课程的一些环节围绕质量保障进行了框定。但不足的是，对单门课程在实现专业培养目标中的作用，以及单门课程目标与专业培养目标之间的联系并没有给出评价的指标。这在单门课程的建设上，难免造成与培养方案整体目标的脱节。

作者对3个层次的评价之间的关系和联系并未做深入探讨，这是这本书讨论教学评价问题的一个最大的不足。尤其是今天看来对教育质量最核心的首要问题——人才培养模式的最终体现“人才培养方案”的生成过程没有得到关注，显然是一个大缺陷。但作者能从无到有将教学评价从经验总结提升到一定的科学程序，应该说对课程和教学评价领域的理论发展，的确作出了重要贡献。

与前两本著作不同的是，张圻福主编的《大学课程论》是用“大学课程评价”作为该书第九章的标题。在这本书中，对“课程”的概念采用的基本上是微观课程概念，亦即单门课程概念。所以，第九章的课程评价也是围绕单门课程的评价进行阐述的。与李希的著作不同的是，这本书对课程评价所给出的指标体系，和我们今天理解的课堂教学评价体系比较接近，而不是前一本书所侧重的单门课程建设的评价。所以，这里是用狭义的课程概念来进行研究的。但这里给出的课堂教学评价的指标体系，对建立这方面的理论以及将理论进行应用提供了一个很好的范本。不足之处是在当时的情况下，无法借鉴国外和心理学界的研究成果，对指标体系的描述基本上还处于经验总结阶段。值得肯定的是，对课程评价指标体系的建设从方法论的角度进行了一些探讨，在涉及的方法论方面提出了一些有益的见解，这对于这个领域向科学化发展提供了一个很好的范例。

如果将上述3本书作为这一阶段我国课程和教学评价的代表性的著作整体进行估量，可以看到，这些著作基本上都是第一次用理论研究的方式，尝试着建立这个领域的理论框架。这为我国后来在这个领域的理论发展起到了开路者和铺路石的作用。除了对人才培养方案的生成过程缺乏评价外，基本上涉及了高等学校课程与教学领域评价的所有内容范围。尽管还没有著作能独自对这些范围的总体进行科学的描述，但这个阶段总体上看，在高等学校课程评价这个领域的理论初建已初具端倪。这些成果为后来的理论发展奠定了良好的基础，也为后来的实践奠定了良好的基础。

这里还要提到的一本书是笔者1993年出版的《高等学校教学改革的理论研究》(云南教育出版社)。在这本书中，虽然笔者没有用一章的篇幅来讨论课程评价问题，但在看待课程评价的系统观点上具有独自的见解。该书的第八章在讨论课程编制理论和方法时，特别引入了系统观点，将课程研究领域根据实践上的路径，提出两个相互关联的子系统。后来这成为研究这个领域的一个基本思路（见图11－2）：

笔者根据这张系统图，将课程评价分为4个部分（参见《高等学校教

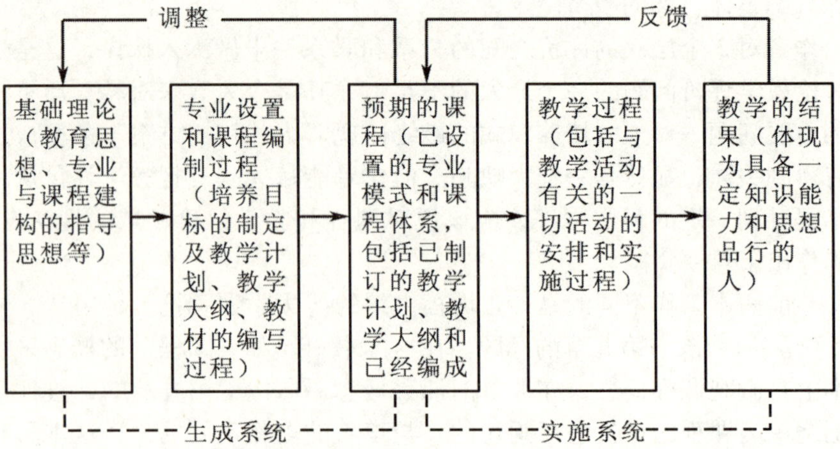

图 11－2　高等学校课程研究系统图

图注：此图根据（英）菲利浦·泰勒、科林·理查兹著《课程研究导论》中第一章的图改制。在引述这个图的时候，本书作者做了一些修改。将原来的"小循环系统"和"大循环系统"改为"生成系统"和"实施系统"。

学改革的理论研究》245～247 页）：

1. 对教学计划、教学大纲和教材制订过程的评价

这个部分的评价主要集中在两个问题上：一是制订过程中有些内容需要遵循教育科学理论或采纳现代教育教学思想，因此要对是否遵循了这些理论和思想进行评价；二是在制订过程中是否遵循了课程编制的科学程序。

2. 对教学计划、教学大纲和教材制订结果的评价

评价内容就是图中标示的"调整"回路，目的在于检测我们制定好的课程与先前选择的指导思想和科学理论是否一致。

3. 对教学计划、教学大纲和教材实施过程的评价

这是我们比较熟悉的，评价的标准就是那些基本的教学原则和科学的教学方式方法。

4. 对教学计划、教学大纲和教材实施结果的评价

这部分的评价工作也就是我们最常用的课程考核和考试。目的在于检查学生通过学习，在多大程度上达到了教学计划、大纲和教材设定的目标。

课程研究领域的评价问题历来没有一个公认的范围，提出上述 4 个方面的评价范围应该说具有重要的理论意义。因为在今天看来，我们过去的课程评价基本上都集中在后面两个方面，而对前面两个方面，我们的评价

无论在理论上还是实践上几乎都是一个空白。但作者在这里并没有对这后面两个方面做详细的阐述，原因似乎很简单，就是评价本身的复杂性太强，从制定评价标准到确定评价工具以至最后的利用评价信息进行决策，这中间涉及的各种理论、实践和技术的问题非常多样也非常复杂。这些都有待以后课程研究者的探索。

第四节 理论发展阶段（1997—2009）

1997 年以后，我国高等学校课程评价的研究和高等学校课程领域其他方面的研究随着国家对高等学校课程和教学领域的逐渐重视也得到了发展。从理论上看，1997 年以后，高教理论界主要还是借鉴和介绍国外这方面的研究成果。在课程评价领域，主要有如下几个方面的重要进展：

（一）开始注意到课程编制的层次性

根据美国一位学者的研究，高等学校课程编制活动可以在 4 个层次上进行：第一个层次是教师对自己所教的教程或单门课程进行的编制；第二个层次是以学科专业为单位的课程编制活动，在我国如专业教学计划的编制，主要是某专业人才的培养方案的编制；第三个层次是以大学中的学院为单位进行的课程编制活动，如某大学的经济学院对本学院学生的课程方案进行的编制；第四个层次是以学校为单位进行的课程编制活动，这一层次主要针对的是普通教育课程的编排问题，也就是我们常说的，所有学生都要学习的公共课程或基础课程的编排。美国、日本等国家的高等学校所推行的大学前两年的普通教育计划课程的编制就属于这一层次。学校没有设立学院时，第三、第四层次就成为同一个层次。①

当然，这种划分只是相对的意义。不同层次的高等学校有不同的特点、不同的要求，课程编制活动的规律也不同，其理论、方法和策略因而也不一样。对这些特点和规律进行总结和描述，是课程编制理论建设的任务之一。

也正是由于课程编制活动的层次性，课程评价也就具有层次性，各层次的编制方法和要求不同，评价的重点和方式也必然有所区别。对层次的认识无疑会影响到课程评价理论和方法的研究思路。

（二）对各层次课程编制中评价标准的探索

过去在各个层次的课程编制理论研究中，侧重的是对编制模式的研

---

① Joan S. Stark and Lisa R. Lattuca. Shaping the College Curriculum：Academic Plans in Action. Allyn & Bacon，1977.

究，而较少涉及编制模式中的标准问题。而标准是课程评价赖以进行的航标灯。没有一定的标准，就没有课程编制过程的评价。这里我们仅举单门课程编制和培养方案编制的例子来说明评价标准上的一些进展。

表11－1是一位美国学者通过研究，对单门课程的编制（即我们所说的单门课程的教学大纲或课程标准）提出的一些标准和步骤，这里，这位学者将评价标准和课程编制模式放在一起考虑。

表11－1　单门课程编制的步骤①

1. 记录下你的（关于所教课程内容的）那些想法或打算
2. 给该课程拟一个标题或名称
3. 拟订一个你所要讲授的内容的纲要
4. 制订一个清单，列出想要达到的各种ILOs（intendend learning outcomes，即预期的教育结果，也就是教学目标）
5. 将上述清单上的条目进行分类，如分为知识、技能、理解、态度、价值等
6. 从这些ILOs中提炼出中心问题
7. 根据学生的现有技能、知识基础和背景，扩充上述ILOs
8. 确定所需要的新的有关概念和术语（vocabulary）
9. 为包含在ILOs中的各种概念建立起“概念树”
10. 对拟发展的各种技能建立起流程图
11. 陈述并阐明该课程的基本原理
12. 将ILOs分解成大小适当的单元（应注意其适用性）
13. 确定ILOs中的重点
14. 确定内容的程序排列
15. 确定所要使用的教学方式
16. 对如何评价该课程做出计划

表中所谈的预期的教育（学习）结果，在高等学校同样也可以是认识对象（如关于各种原理、事实、概念的知识）、认识过程（学习方式）、情感（态度或情绪）或心理运动技能。

表11－2和表11－3是两位美国学者对教育结果进行的分类。这些教育结果就是我们设置的课程和教育教学活动要达到的目标的一个清单。这个清单一旦被我们选择了其中的教育结果作为我们的课程目标，就成为我们进行课程评价的依据。过去我们在研究课程评价的时候，缺少的就是对目标清单的表述，

① 参见Posner，G. J. & Rudnisky，Alan N. Course Design：A Guide to Curriculum Development for Teachers，4th ed.，White Plains. NY：Longman Press，1994：134.

以致我们几乎无法对课程的方向和有效性进行有意义的评价。

表11－2　艾斯丁关于大学本科教育结果的分类

层面分类	教育结果类型	
	认知	情感
心理的	学科材料知识	价值观
	学术能力	兴趣
	批判思维能力	自我观念
	基本学习技能	态度
	特殊能力	信念
	学术成就	对学校的认同感
行为的	学位获得	领导
	职业成就	公民
	奖赏或具体认可	人际关系
		嗜好和爱好

资料来源：Joan S. Stark and Lisa R. Lattuca：Shaping the College Curriculum：Academic Plans in Action. Boston：Allyn & Bacon，1997：300.

表11－3　芮特（Ncripta）关于教育成果（或学生学习结果，或教育目标）的分类

测度	学术范围
认知的	成就（事实、原理、思想、技能） 批判思维技能 问题解决技能
动机的	对学校的认同感 参与和努力 动机 自我功效
行为的	生计与生活目标探索 多样化探索 坚持性 与教师的关系

资料来源：Joan S. Stark and Lisa R. Lattuca：Shaping the College Curriculum：Academic Plans in Action. Boston：Allyn & Bacon，1997：301.

以上所列都是一般的结构，在具体学校和具体培养方案制订过程中，还要根据具体情况做出修订或进行具体化。这两个教育结果分类既适合于单门课程，也适合于培养方案。

在进行课程目标的选择过程中，各个大学都会因为自身的校情不同而有所不同，但其中也会有一些共同的目标。前面提到的美国学者提出的15个重要的共同目标，对我们本科教学的目标设立和评价提供了另一个参照系（参见本书第八章）。这15个目标或原则的阐述，为我们提供了一个进行教学和课程编制的思路，也同时为我们提供了进行评价的标准。在我们的各个层次的课程编制中，如果能把目标清单列出，并由各个大学根据自己的校情进行选择，同时就选择出来的目标如何实现以及如何评价其实现程度进行思考并找出相应的办法，那么我们的教育活动就是在按照科学的方式进行。这条思路后来在一些学校得以付诸实践。笔者所在的汕头大学，已经开始了这方面的研究和实践。相信这项实践会在一定时候归纳总结出适合我国大学的一套方法体系或科学的程序模式。

以上主要是从理论建设方面看的。在实践上，1997年以后，不少大学都开始把课程和教学领域的改革纳入学校发展的战略高度来加以重视。在实践中，人们深切体会到理论和方法的重要。从经验的角度出发，人们也发现，从确定目标到选择和组织课程再到评价，这个早在1949年由美国的泰勒总结出来的课程编制模式，已经不自觉地成为我们实践的指导思想。但不自觉毕竟不能长久。中国大学的课程评价，没有科学的理论指导，终究会走弯路。在我们称之为理论发展阶段的这个时期，高等学校课程评价实践已经在向理论工作者提出了紧迫的呼吁，希望能尽早看到我国教育工作者自己研究的具有中国特色的高等学校课程评价理论体系。

第五节　关于高等学校本科教学工作水平评估

在阐述和回顾我国60年来高等学校课程评价的发展历程时，不可能不提到从1994年开始的我国高等学校本科教学工作评估。这项自上而下的评估影响之大、涉及范围之广、引起的争议之多，在我国高教发展史上都是前所未有的。这里不可能对这个评估进行全方位的评判，根据我们的目的，这里只从学理角度和课程评价的范围等学术角度对这一评估作出一些分析。

我国高等学校本科教学工作水平评估经历了一个产生和发展的过程。最初的评估方案分为合格评估、优秀评估和随机性水平评估3种类型。合格评估在某种意义上讲，有点类似于国外的大学认可评估，主要侧重于评估1976年以后新办本科院校的办学条件。优秀评估和随机性水平评估则既包含了认可评估的一些内容，也涉及高等学校课程和教学评估，包括对课程和教学结果的评价，但同时还涉及与课程和教学有关的一些保障条件（如师资队伍、管理队伍等）。3种评估后来于2002年合并为一个方案，就是人们所熟悉的《普通高等学校教学工作水平评估方案》，2004年教育部又对这个方案进行了修订。

从时间上看，评估的启动和发展，对比我们对高等学校课程研究领域的发展的阶段划分，恰好处于理论初建阶段的后期和理论发展阶段的早期。鉴于课程评价领域的落后，可以认为，在我国大规模进行评估工作的相当一段时间内，我们可以参考的课程评价理论是非常有限的。因此也可以认为，我国高等学校的本科教学工作水平评估的方案的研制和推行，大体上是凭借多年的经验完成的。作为一个大规模评估方案的理论依据或理论基础，这一阶段所能得到的成熟的评价理论相当有限。尤其是，越是接近课程和教学核心的评价理论越是显得薄弱。相反，在对课程和教学条件等外围因素进行评价的那些内容，反而理论和经验都相对比较丰富。所以，在一个几乎囊括了大学所有工作内容的评估方案中，最核心的部分常常由于其他方面的经验的成熟和相对有所依据，而掩盖了人们对课程和教学核心内容的评价的关注。

这里不妨分析一下评估指标中各个部分所占的分量或比例。以下是2004年修订的评估方案的7个一级指标、19个二级指标和44个观测点的总表（表：11－4）。

表11－4　普通高等学校本科教学工作水平评估方案（试行）（教育部，2004年）

一级指标	二级指标	主要观测点
1. 办学指导思想	1.1　学校定位	学校的定位与规划（权重1.0；以下括号中数字均为权重）
	1.2　办学思路	1. 教育思想观念（0.5） 2. 教学中心地位（0.5）
2. 师资队伍	2.1　师资队伍数量与结构	1. 生师比（0.3） 2. 整体结构（0.4） 3. 专任教师中具有硕士、博士学位比例（0.3）
	2.2　主讲教师	1. 主讲教师资格（0.3） 2. 教授\副教授上课情况（0.3） 3. 教学水平（0.4）

续上表

一级指标	二级指标	主要观测点
3. 教学条件与利用	3.1 教学基本设施	1. 校舍情况（0.2） 2. 实验室、实习基地状况（0.2） 3. 图书馆状况（0.2） 4. 校园网建设情况（0.2） 5. 运动场及体育设施（0.2）
	3.2 教学经费	1. 四项经费占学费收入的比例（0.6） 2. 生均四项经费增长情况（0.4）
4. 专业建设与教学改革	4.1 专业	1. 专业结构与布局（0.5） 2. 培养方案（0.5）
	4.2 课程	1. 教学内容与课程体系改革（0.3） 2. 教材建设与选用（0.3） 3. 教学方法与手段改革（0.3） 4. 双语教学（0.1）
	4.3 实践教学	1. 实习和实训（0.4） 2. 实践教学内容与体系（0.3） 3. 综合性、设计性实验（0.2） 4. 实验室开放（0.1）
5. 教学管理	5.1 管理队伍	1. 结构与素质（0.6） 2. 教学管理及其改革的研究与实践结果（0.4）
	5.2 质量控制	1. 教学规章制度的建设与执行（0.3） 2. 各主要教学环节的质量标准（0.3） 3. 教学质量监控（0.4）
6. 学风	6.1 教师风范	教师的师德修养和敬业精神（1.0）
	6.2 学习风气	1. 学生遵守校纪校规的情况（0.3） 2. 学风建设和调动学生学习积极性的措施与效果（0.3） 3. 课外科技文化活动（0.4）

续上表

一级指标	二级指标	主要观测点
7. 教学效果	7.1　基本理论与基本技能	1. 学生基本理论与基本技能的实际水平（0.7） 2. 学生的创新精神与实践能力（0.3）
	7.2　毕业论文或毕业设计	1. 选题的性质、难度、分量、综合训练情况（0.5） 2. 论文或设计质量（0.5）
	7.3　思想道德修养	学生思想道德素养与文化、心理素质（1.0）
	7.4　体育	体育（1.0）
	7.5　社会声誉	1. 生源（0.6） 2. 社会评价（0.4）
	7.6　就业情况	就业情况（1.0）
特色项目	特色鲜明	

对上述评估方案的19个二级指标进行分析，不难看出，这个方案实际上把狭义的课程和教学评估、高等学校的认可评估（条件评估）、课程教学的保障体系的评估以及学校整体的一些综合情况（如声誉和就业情况等）的评价放在了一个框架内来执行，可以认为是一种综合评估的方案。在19个二级指标中，直接与属于最核心部分的课程和教学评估有关的指标有7个（专业、课程、实践教学、基本理论与基本技能、毕业论文或毕业设计、思想道德修养和体育）；属于办学条件评估的有4个（师资队伍数量与结构、主讲教师、教学基本设施和教学经费）；属于校园文化的（可以把它们看作是核心部分的延伸）有2个（教师风范和学习风气）；属于制度和管理保障的有2个（教学管理和质量控制）；属于学校整体定位和社会形象的有4个（学校定位、办学思路、学校声誉和就业情况）。从整体看，加上校园文化中的学习风气和与人才培养模式有关的学校定位和办学思路，直接反映课程和教学评估内容的共有10个指标。而体现人才培养模式这个教育质量的首要问题的评估指标，也就是我们所说的人才培养方案产生过程的评价指标一个也没有。这种情况至少说明，我们在设计评价指标的时候，所关注的一个是输入部分，包括条件和保障，另一个是输出部分，包括人才培养的最后结果。而对于能导致结果的那些课程和教学因素的变化而应该有的评价指标，却真的没有。而导致人们忽略中间过程的一个重要原因，在于我们的方案设计者没有这方面的理论支持。这正是我国高等学校课程评价研究的欠缺所造

成的。

在实践上，就这个评估方案本身的效果来看，最有效的部分是教学条件的评价。这个部分即使没有理论支撑，单凭多年积累的经验也是可以完成的。社会对本科评估的肯定，也多是针对这部分内容的。但这个部分所占比例和分量不是太大。

与评价理论研究关系最为密切的，应该有两个部分内容：一个是直接与评价理论相关的专业结构和布局、课程和实践教学，这 3 个二级指标都属于人才培养模式这个高等教育质量的首要问题。所以如何设置专业，如何编制培养方案以及如何在培养方案中体现现代教育思想和理论，本来应该作为这个部分评价的最重要的内容。但与这几个指标相关的观测点并没有给出评价的标准，而只是根据外界的某些评价（如推荐教材的选用、精品课程的多少、双语教学的比例、获得教学奖励的情况等）来加以评判。所以，各个大学是否真的进行了教学改革，改革的思路是否正确，收效是否真的大，都只能凭借间接的指标来衡量，而那些间接的指标不可能考虑到不同学校的不同校情。与课程评价理论间接有关的还有学校定位、办学思路两个方面，但观测点所表述的极为含糊，几乎无法让专家判定一所大学办学思路和教育思想的情况。除非把一些直接违反常识的思路呈现给专家，不然几乎不可能给一所大学不好的评价。关于教学效果部分，基本上都集中在对基本理论和技能以及毕业论文和毕业设计这两个方面。但正是由于我们不知道如何将这些最后的综合训练与最初的培养方案的目标联系起来，所以评价的标准也难以掌握。通常都是一种模糊的判断，甚至连模糊判断都很难作出。

课程评价的一个最直接的目的在于发现课程中的问题，从而使问题能及时有效地改正或解决。但整个评估方案由于没有评价理论的介入，“改进”在这个方案中几乎没有任何体现。即使有体现，在评价的分数中也没有占有相应的分量和比重。而是全凭专家的理解。

整个评估方案如果用来评价一所大学的基本教学工作情况，应该说还是能起到一定作用的，特别是对办学条件这部分的评价，如果排除弄虚作假、劳民伤财等负面情况，对大学办学条件的改善是有较大作用的。但不能因此就推演出对课程和教学这个核心领域的评估也具有重要的正面作用。因为我们看到，第一轮本科教学评估过后，我们的人才培养质量还是存在很多问题，甚至是严重问题。温家宝总理提出，高等教育质量急需提高。这恰恰说明我们的课程评价的最本质的东西还没有在评估方案中体现出来，而这正是课程评价理论研究者应该认真思考的。

客观地说，本科教学工作水平评估既然是工作评估，与直接的课程教学评估毕竟有区别，其产生的背景也主要是因为高等教育大量扩招而产生的教育条件的相对明显不足。评估活动的确缺少理论的支撑，特别是课程和教学领域这部分。但通过实践而积累经验，常常是评价活动得以提高水平的不可逾越的过程或阶段。在实践中总结，同样会提高评价方案的科学性和可行性。截至笔者撰写这一章的时候，新一轮的评估思路和评估范围的初稿已经出台。笔者有幸参加了第一次讨论会。从这次评估的指导思想到具体的指标范围的设计，都与第一轮截然不同。第一轮评估实践中出现的缺欠得到了弥补，错误得到了纠正，片面的地方得到了补充，不过仍然缺少理论的支撑，但比起第一轮评估来，的确吸收了更多的理论要素。这也许是中国高等教育课程与教学评价向前发展的中国特色的道路。相信不久的将来，这个领域无论是从实践的提炼还是从借鉴国外高等学校课程和教学评价理论方面，还是从两者的结合方面，都会有较大的起色。

后　记

最初，我个人曾萌生过把新中国成立60年我国高等学校课程和教学的实践与理论探索做一个系统梳理和总结的想法。但因为个人的能力有限，对一些历史事件的把握不是很到位，而且自己个人来写这本书，因行政事务繁忙，难以保证在较短的时间内完成，所以迟迟没有动笔。2009年，广东高等教育出版社张耀荣社长约我写这样的一本书，促使我作出最后的写作决定。正是由于上述的原因，我决定组织汕头大学高教研究所在课程理论研究和实践上都具有很好基础的两位同仁一起来完成这个很有意义的任务。目前呈现给读者的这本著作，就是由我校三位教师共同完成的。本书分为三个部分，第一部分由陈小红博士撰写，第二部分由马凤岐教授撰写，最后一部分由我自己撰写。书稿的初稿写出后，由马凤岐教授进行修改和统稿。

这里需要特别说明的是，在我本人撰写的第三部分内容中，第一次将汕头大学目前正在开始实施的学校层面人才培养目标体系的原始研究框架公布出来。这个框架是2008年由我提出，经过与马凤岐教授和陈小红博士几次的讨论并帮助修改、补充后形成的。它的意义在于，一方面能为高等学校的人才培养模式改革的科学化和精细化提供一个可以参考和选择的目标菜单；另一方面，我们将其中的一些目标作为案例进行了分解和阐释，为其他大学进行同样的工作提供了一个程序性的参考样本或范例。这可以说是一项创新工作，其中的理论依据，在该部分的文中都有比较详细的介绍。这个框架或菜单后来成为汕头大学人才培养模式改革的一个重要依据。汕头大学从中选择了19个一级目标（其中18个为通识教育目标，1个为专业教育目标），后来的工作参与的人越来越多，而且随着改革实践的深入，在目标阐释等很多方面还进行着和将会进行改动。考虑到著作权问题，所以书中只把我们三个人的最初版本公布出来，以求教于读者。

最后，我们要感谢所有对本书写作提供帮助的各位朋友，特别要感谢广东高等教育出版社，为我们的专著的出版所提供的帮助。

王伟廉

2012 年4 月于汕头大学